AF610867

CHARLES DALBARET

UN

ASSASSINAT JURIDIQUE

(1815)

LES GÉNÉRAUX FAUCHER

OU

LES JUMEAUX DE LA RÉOLE

Fusillés à Bordeaux sous LA TERREUR BLANCHE

PARIS

A. BELLIER & CIE, IMPRIMEURS-ÉDITEURS

7, RUE BAILLIF, ET RUE DE VALOIS, 18

1894

UN

ASSASSINAT JURIDIQUE

(1815)

CHARLES DALBARET

UN

ASSASSINAT JURIDIQUE

(1815)

LES GÉNÉRAUX FAUCHER

OU

LES JUMEAUX DE LA RÉOLE

Fusillés à Bordeaux sous LA TERREUR BLANCHE

PARIS
A. BELLIER & CIE, IMPRIMEURS-ÉDITEURS
7, RUE BAILLIF, ET RUE DE VALOIS, 18

1894

Un des historiens qui savent le mieux réunir et combiner ensemble l'amour de la vérité avec l'amour de la patrie et de la liberté, de Vaulabelle, a écrit, dans son Histoire des deux Restaurations *:*

« Raconter toutes les fureurs de 1815 à 1816, dire toutes les sentences rendues, après Waterloo, par les tribunaux correctionnels, les conseils de guerre, les cours d'assises et les cours prévôtales, serait une tâche impossible à remplir.

» On serait effrayé de la lâche cruauté des sentences et du nombre des victimes, si l'on pouvait relever toutes les condamnations prononcées durant cette époque sanglante, condamnations motivées, presque toujours, non sur une offense quelconque au gouvernement, mais sur des faits accomplis durant les Cent Jours et mis solennellement en oubli par trois amnisties successives. »

Cette réaction, qui fut la Terreur Blanche, *ne saurait en rien être comparée à la Terreur de 1793-1794. A cette dernière époque, en effet, la France était attaquée par une partie de l'Europe, elle était déchirée par l'insurrection royaliste, réduite à moins de quarante départements ; elle se trouvait en plein combat, en pleine lutte pour son indépendance ; en un mot, elle se défendait. Au contraire, à l'époque de la Restauration, un million de soldats étrangers couvrait le sol de la France; mais ces soldats n'avaient plus à combattre la forme du gouvernement; ces soldats n'étaient plus, pour la Restauration, comme pour la Révolution, en 1793, des ennemis ; ils étaient les alliés du roi; ils l'avaient ramené en France, ils le protégeaient.*

La Restauration n'avait donc aucune lutte à soutenir, aucune attaque à repousser : elle se vengeait !

De cette vengeance, l'assassinat juridique des frères Faucher est l'un des épisodes les plus odieux et les plus émouvants. Qu'on lise les documents authentiques de leur procès, de leur détention, de leur condamnation, et, ne s'arrêtant qu'aux preuves, sur les faits et sur les hommes, jugeant avec impartialité, sans haine comme sans complaisance, tous ceux qui sont également prêts à flétrir la corruption, la lâcheté, l'ambition égoïste et cupide, et à glorifier l'honnêteté, le courage et le patriotisme, porteront sur les frères Faucher, un jugement équitable. Ce sera le commencement d'une réparation tardive, dans un temps où tant d'autres, qui n'en étaient pas aussi dignes, ont été vengés, par la plume de l'historien, les strophes du poète ou le ciseau de l'artiste, de la haine aveugle et de la lâche injustice de leurs contemporains.

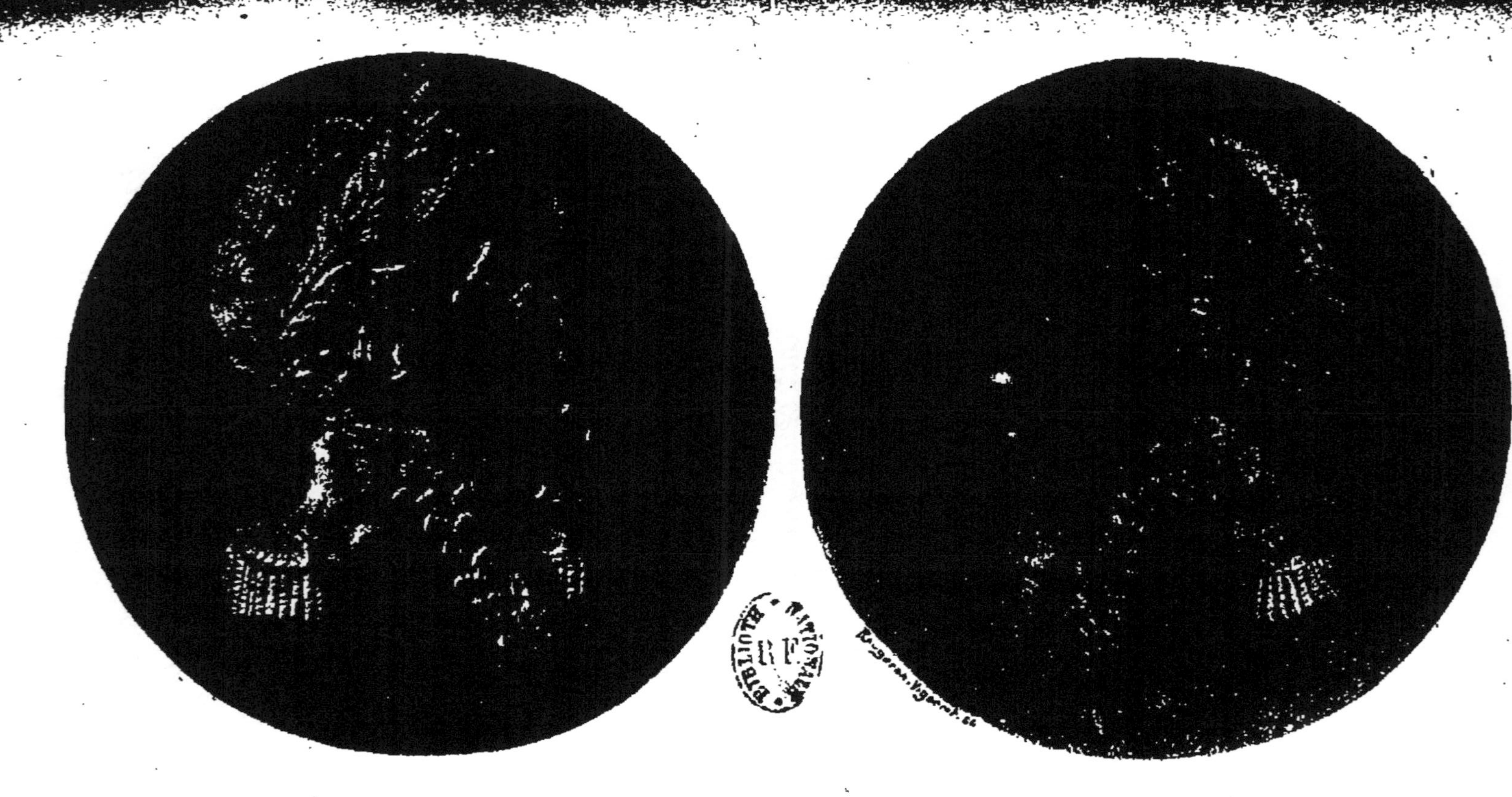

CÉSAR ET CONSTANTIN FAUCHER

(*D'après un médaillon de* David d'Angers.)

I

En 1614, Élie de Faucher, seigneur de Lacoune et de la Ligerie, vint se fixer à Fontaine, petit village d'un millier d'habitants, dans la Saintonge.

Ses descendants habitaient encore la contrée en 1790, et une branche de la famille s'était établie, dans les environs de Saintes, à Saint-Georges des Coteaux.

En 1733, Étienne de Faucher, petit-fils du chef de cette maison, avait embrassé l'état militaire et, devenu officier supérieur sans acquérir beaucoup de goût pour le métier des armes, il était entré dans la diplomatie en 1748. Il fut chargé d'affaires de France près la République de Gênes, premier secrétaire d'ambassade à la Cour de Turin et, à la suite d'un désaccord avec ses chefs, il demanda un poste administratif en France. On le nomma commissaire ordinaire des guerres au département de Bordeaux et secrétaire du gouvernement de Guyenne.

Les Archives historiques contiennent de nombreux documents qui attestent les services rendus par Étienne de Faucher dans ses fonctions à l'intérieur. C'est pour l'en récompenser que lui furent conférés les titres de conseiller du roi et de chevalier des ordres de Saint-Michel et de Saint-Louis.

Le 26 novembre 1759, Étienne de Faucher se maria, à La Réole, avec Mlle Marie-Françoise-Constance Faugeroux, dont le père avait une étude de notaire à Floudès, commune située à trois kilomètres de La Réole, et possédait des propriétés dans les environs. Quelques années plus tard, sa fortune personnelle, qui était assez considérable, et les bénéfices de sa charge lui permirent d'acheter les deux fiefs privilégiés de Lesparre et de Caplebrey, près de Caudrot, à dix kilomètres de La Réole.

A la même époque, messire Durand de Laubessac lui vendit, dans la partie sud de La Réole, un terrain confinant à la rue de la Mar, sur les bords de la Garonne, et sur lequel il fit construire une maison où il vécut, avec sa famille, jusqu'à sa mort.

C'est dans cette maison que naquirent les *deux jumeaux de La Réole*, le 12 septembre 1760.

Ils furent ondoyés le lendemain et baptisés le 16 septembre 1762.

Voici la copie des deux pièces constatant ces deux cérémonies :

Extraits des Naissances, Décès et Mariages.

ÉGLISE PAROISSIALE ET COLLÉGIALE DE SAINT-MICHEL DE LA RÉOLE

13 Le douze septembre mil sept cens soixante, sont nés deux
enfans jumeaux, fils naturels et légitimes de messire Jean-
her134 Étienne de Faucher, écuyer conseiller du roy, chevalier de son ordre de Saint-Michel, commissaire des guerres et secrétaire général du gouvernement de Guienne, et de dame Marie-Françoise-Constance Faugeroux, son épouse.

Le treize dudit mois, je soussigné les ai ondoyés et différé les cérémonies ordinaires du baptême, en vertu d'une permission obtenue de Monseigneur l'évêque par ledit messire de Faucher, datée de ce jour, en présence d'Antoine Fouilloux et de Jean Billard, sacristains, ledit Billard n'a signé pour ne savoir de ce requis par moi.

Duclos, de Faucher père,
Fouilloux.

(1762) Le seize septembre mil sept cens soixante-deux, les cérémonies du baptême ont été suppléées à deux enfans gémeaux de messire Jean-Étienne de Faucher, écuyer, chevalier de l'ordre de Saint-Michel, commissaire des guerres, seigneur de Lesparre-sur-Garonne, et de dame Marie-Françoise-Constance Faugeroux, mariés; lesquels enfans sont nés le douze de septembre mil sept cens soixante et furent ondoyés le treize dudit mois, an dit mil sept cens soixante, par permission de Monseigneur l'évêque. L'un a été nommé Jacques-Marie-François-Étienne, et a été son parrain messire Jacques de Lavaissière, sieur de La Brande, écuyer, et sa marraine dame Marie-Françoise Faugeroux, veuve de M. Fortis de Lostau, juge royal de cette ville. L'autre a été nommé Pierre-Jean-Marie; son parrain a été M. Pierre de Lostau, juge royal de cette ville, et sa marraine demoiselle Jeanne-Scolastique de Faucher, sœur consanguine desdits enfans. Lesdits parrains et marraines habitans de cette ville soussignés.

Faugeroux, de Lostau, Lavaissière, de Lostau,
J. de Faucher, de Faucher.

Les registres du clergé tenant lieu, à cette époque, d'état civil, j'ai cru devoir reproduire ces deux extraits de ceux de l'église paroissiale de La Réole. On remarquera que les prénoms César et Constantin, avec lesquels les deux jumeaux sont toujours désignés dans l'histoire, ne figurent pas parmi ceux qui leur furent donnés à leur naissance. Ce n'est en effet que plus tard, au cours de leurs études et dans l'intimité, que les prénoms César et Constantin remplacèrent les autres : ils devaient leur rester.

Je ne pense pas qu'il soit utile d'entrer dans beaucoup de détails sur leur enfance, leur jeunesse et leur éducation. Aussi bien, c'est dans leur conduite comme citoyens et soldats, dans leur vie privée et politique, qu'ils doivent être jugés, et il suffira de connaître de leurs premières années ce qui put exercer une influence sur les actes dont ils eurent la responsabilité.

Leur père, très partisan des idées préconisées par les philosophes du XVIIIe siècle sur les meilleurs modes d'éducation, les soumit de bonne heure à un régime sévère. Pour eux, les heures et la nature des occupations étaient l'objet d'une réglementation inexorable : une grande part était réservée aux exercices physiques, et quelques-uns de ceux-ci, considérés par le père à la fois comme hygiéniques et récréatifs, étaient assez durs : c'est ainsi qu'il leur faisait faire de longues promenades, à travers les champs et les bois, légèrement vêtus, la tête découverte et les pieds nus. Pour la nourriture, loin d'être traités en enfants de maison riche, ils n'avaient que des aliments très simples et très grossièrement préparés.

Et cependant, ainsi qu'il arrive très souvent aux enfants jumeaux, César et Constantin étaient d'une constitution débile et maladive. Constantin surtout se ressentit assez longtemps des difficultés qui avaient entouré le moment de leur naissance; ses jambes étaient mal conformées et ses parents durent, jusqu'à sa huitième année, lui appliquer un appareil d'orthopédie pour les redresser.

Dans leur adolescence, grâce peut-être au genre d'éducation physique auquel ils étaient soumis, les deux jumeaux devinrent plus robustes et leur père put exiger d'eux une plus grande assiduité à leurs études.

Ils étaient intelligents et laborieux, et on a dit à tort qu'ils avaient montré peu de goût pour la littérature classique. Sans doute, la sévérité même du régime qu'on leur imposait était peu faite pour donner de l'attrait à leur travail. Mais il n'y a qu'à parcourir les nombreux écrits qu'ils ont laissés pour reconnaître qu'ils avaient des connaissances assez étendues et assez précises. La mythologie et l'histoire ancienne leur étaient familières et leur correspondance ainsi que leurs poésies abondent en citations et en réminiscences de l'antiquité.

Ils avaient de l'esprit, et si, quelquefois, leur conversation et leur style, généralement corrects, avaient plus de rudesse que d'élégance, si leurs idées étaient exposées avec plus de fougue que de logique, cela provenait du rude système d'éducation qu'ils avaient subi et, plus tard, de l'influence du métier des armes, plutôt que de leurs dispositions naturelles.

D'ailleurs, jusqu'à la Révolution, ils vécurent dans une société aristocratique, et l'influence de ce milieu ne pouvait manquer de s'exercer sur la tournure de leur esprit. Ils y avaient acquis ce que l'on s'accorde à appeler la distinction des manières, une grande urbanité dans toutes leurs relations, et même un peu de recherche et d'affectation. Ce n'est que plus tard, lorsqu'ils eurent vécu dans les camps, lorsqu'ils eurent été mêlés aux événements dont les chocs terribles et la rapidité vertigineuse ne laissaient pas toujours le temps de la réflexion et des précautions oratoires, ce n'est enfin que lorsqu'ils eurent ressenti les atteintes de la calomnie et de la haine, qu'une légère âpreté apparut quelquefois dans l'expression de leurs pensées.

Et qui donc n'aurait pas été aigri, plus qu'ils ne le furent jamais, par l'ingratitude de tous ceux auxquels ils avaient fait du bien, par l'injustice de ceux auxquels ils n'avaient jamais fait de mal ?

Il faut être de mauvaise foi ou aveuglé par l'esprit de parti pour ne pas convenir que, jusqu'au dernier moment de leur vie, même lorsqu'il ne leur fut plus possible de conserver le moindre espoir dans l'équité de leurs ennemis, la moindre illusion sur le sort que leur réservaient lesbourreaux qui furent leurs juges, ils gardèrent le plus grand calme, la plus parfaite sérénité, et que, dans leur correspondance officielle ou amicale, jusqu'à l'heure de leur mort, on ne trouve nulle part la trace de la plus légère rancune, de la plus petite animosité qui eussent cependant été bien excusables.

De bonne heure, ils s'enthousiasmèrent pour les œuvres de Voltaire et, de son commerce, ils gardèrent particulièrement un peu de causticité à signaler les travers et les ridicules; ce qui, dans leur petite ville, leur suscita de mesquines et sourdes inimitiés. Ceux qui ne leur pardonnèrent jamais d'avoir déserté la classe aristocratique où ils étaient nés, au milieu de laquelle ils avaient été élevés, pour adopter les principes de la Révolution, ne manquèrent pas de les rendre solidaires de toutes les attaques du grand philosophe contre la société et la religion. Non seulement on les accusa de mobilité, d'irréflexion, d'athéisme, mais encore on les considéra comme dangereux parce qu'ils s'étaient passionnés pour les idées nouvelles dont la réalisation menaçait de ruine le vieil édifice social et, dans les haines qui naquirent de là contre eux, on trouve déjà une explication de ces lâches abandons, de ces paroles ou de ces silences perfides qui devaient les perdre, à l'heure où la réaction triompha.

Ne trouve-t-on pas, au contraire, dans ce mépris que César et Constantin manifestèrent, dès leur jeunesse, pour toutes les conventions de la vieille société; dans l'indépendance dont ils durent faire preuve pour adopter, préconiser et pratiquer les idées des précurseurs de la Révolution; dans la fermeté, pleine de modération d'ailleurs, qu'ils apportèrent toujours à mettre leur conduite d'accord avec leurs principes ; ne trouve-t-on pas la preuve indéniable qu'ils eurent l'intuition des grands événements qui allaient se produire; assez d'intelligence et de perspicacité pour comprendre que le moment était venu de rompre avec les traditions du passé; la preuve enfin d'un rare courage ?

Il n'est pas jusqu'à l'attention qu'ils donnèrent au *Mesmérisme* qu'on ne leur ait reprochée et dont on n'ait pris texte pour les accuser d'inconsistance et de goûts puérils. Or, la théorie de Mésmer, qui prétendait mettre l'humanité en communication avec le monde planétaire, était bien faite pour captiver les esprits, à une époque où, chez les uns, le vide d'une existence toute composée de futilités, chez les autres, la curiosité de l'avenir et le dégoût du passé, permettaient à toute nouveauté de frapper l'imagination et produisaient vite l'engouement.

César et Constantin n'étaient donc pas plus blâmables que tant d'autres de prêter quelque attention aux idées du docteur allemand. Ils l'étaient moins : car il n'y avait pas là, pour eux, une doctrine, un système scientifique ; ils y trouvaient quelque chose de vague, d'indéterminé, qu'à la manière de ceux qui croient à la survivance de l'âme affirmée par la théologie, ils n'essayaient ni de comprendre ni de définir, mais qui répondait à leurs aspirations vers l'idéal d'un monde meilleur.

Croyaient-ils, comme on l'a dit, à la suppression de la douleur et de la mort par une existence nouvelle quoique encore matérielle ? — C'est possible, bien qu'invraisemblable. Ce qui est certain, ce qui ressort de leurs paroles, de leurs écrits, de leur conduite, ce sont des preuves nombreuses qu'ils avaient foi à l'avènement de ces améliorations qu'on traitait de rêves, d'utopies, à cette époque et longtemps encore après eux, et qui, de nos jours, ont enfin commencé à se réaliser, s'imposant par la nécessité, par l'évidence, à l'attention de tous, comme le véritable et unique problème social.

Aussi leur goût, quelquefois même leur enthousiasme pour tout ce qu'ils pensaient pouvoir améliorer les conditions de la vie humaine, leur donnèrent-ils, toujours et pour tous, beaucoup de cette indulgence qu'on leur refusa si durement plus tard, au point que, non seulement on ne trouva aucune atténuation aux quelques erreurs où ils étaient tombés de bonne foi, mais qu'encore ils payèrent de leur vie des crimes qu'ils n'avaient pas commis.

II

Le 1er janvier 1771, César et Constantin furent admis comme cadets aux chevau-légers de la garde, sur la recommandation du général de Bonsol, ami de leur père, et dont la famille habitait aux Esseintes, commune située à quatre kilomètres de La Réole.

Les deux frères, dont les nombreux bienfaits furent si facilement oubliés plus tard par tous ceux qui en avaient été comblés, se souvinrent, eux, de l'amitié qui avait uni leur famille à celle du général de Bonsol et de l'appui que ce dernier avait donné à leur père pour les faire admettre aux chevau-légers. Lorque le général de Bonsol fut forcé, pendant la Révolution, de quitter précipitamment son pays natal, ils ne l'abandonnèrent point et l'aidèrent au contraire avec fidélité et discrétion. Au moment de la Terreur, le frère du général habitait encore aux Esseintes : grâce à la protection des deux jumeaux, il ne fut nullement inquiété et ce n'est qu'après leur départ pour la Vendée, à la tête des *Enfants de La Réole*, qu'il dut fuir la maison paternelle.

Le père des deux cadets, par une faveur toute spéciale, obtint de les garder auprès de lui, et ce n'est qu'au mois d'août 1780, qu'ayant été nommés officiers au régiment de dragons de

Boufflers, ils rejoignirent leur corps pour entrer dans le service actif.

Leur passage aux dragons de Boufflers ne fut marqué par aucun événement important. Ils étaient très aimés et écoutés par leurs subordonnés, pour leur douceur et leur équité, très appréciés et estimés par leurs chefs et leurs camarades pour leur intelligence, leur loyauté, la sûreté de leurs relations. Afin de se faire reconnaître des uns et des autres, ils étaient obligés de porter une fleur différente à l'une des boutonnières de leur uniforme, tant cette ressemblance qui avait souvent trompé leurs parents eux-mêmes était parfaite. Dans la suite, quand ils eurent atteint leur complet développement physique, Constantin fut d'une taille un peu inférieure à celle de César et les traits du premier devinrent un peu plus rudes que ceux de son frère, comme aussi sa démarche un peu plus raide. Mais leur ressemblance, étonnante et rare même chez des jumeaux, persista toujours, surtout dans le geste et dans le timbre de la voix.

La monotonie de la vie de garnison, le contact permanent d'officiers dont la plupart, insouciants du lendemain, ne partageaient pas leurs préoccupations, qui ne voyaient pas s'amonceler l'orage prochain, n'étaient pas pour développer chez les deux frères l'amour du métier des armes. Aussi, afin de remplir les grands vides d'une existence peu conforme avec leurs goûts et leurs espérances, ils poursuivirent des études spéciales et travaillèrent le droit.

Leur avancement fut régulier et lorsqu'ils quittèrent le régiment, en 1788, ils étaient capitaines, grade alors fort envié, même par les fils des familles les plus titrées et les plus protégées.

Le père des deux jumeaux était mort en 1781. Vers la fin de sa vie, il n'avait pas vu sans inquiétude et sans regret ses fils rompre avec l'aristocratie, adopter avec ardeur les idées libérales et se montrer tout prêts à se jeter dans un mouvement social et politique qui donnerait satisfaction à leurs tendances. Toutefois, le profond respect qu'ils professaient pour leur père leur avait toujours imposé une grande modération.

Mais, lorsque la Révolution éclata, ils n'hésitèrent pas à se déclarer ouvertement. Reçus avocats, ils employèrent, auprès de leurs concitoyens, toute la force de leur parole, toute la chaleur de leur enthousiasme patriotique, pour répandre et faire aimer les grands principes de la régénération qui commençait. Ils acquirent rapidement de l'influence à La Réole et dans la contrée, en même temps qu'ils achevèrent de s'aliéner la noblesse. Aussi semblaient-ils désignés pour représenter le tiers-état dont ils avaient chaudement défendu les intérêts. Mais, leur origine, leur jeune âge, leurs alliances et quelques relations que des convenances de famille leur avaient fait conserver avec quelques nobles [1], éloignèrent d'eux, au début, certains suffrages qui se portè-

(1) Quoiqu'ils eussent supprimé la particule de leur nom.

rent sur des hommes plus éprouvés et d'un âge plus mûr.

Ils n'en continuèrent pas moins à applaudir aux événements, aux premières réformes accomplies, à en faire comprendre les bienfaits à leurs concitoyens. Bientôt s'offrit à eux une occasion de donner des preuves de leur mérite et de leur dévouement.

Lorsque l'Assemblée Constituante, ennemie de tous les privilèges, supprima les *Pays d'États*, qui jouissaient du droit de régler leurs affaires respectives, et voulut substituer aux provinces la division départementale, cette organisation si nécessaire ne se fit pas sans produire une grande émotion, sans soulever des compétitions, des conflits d'intérêts, sur tous les points du territoire. Combien de privilèges allaient être détruits, de vieilles habitudes bouleversées, de vanités locales froissées ! Sans compter le déplacement de fonctionnaires nombreux, la diminution d'une quantité de charges diverses. Et ce n'étaient pas seulement les villes importantes, les petites capitales qui s'agitaient ; les chefs-lieux des sénéchaussées, les simples bailliages étaient inquiets et déployaient la plus grande âpreté dans la lutte pour la conservation de leurs avantages. Les protestations, les mémoires, les suppliques affluaient à l'Assemblée et rendaient très ardue la tâche du Comité qu'elle avait désigné pour élaborer le plan de cette réorganisation.

Des diverses parties de la Guyenne et de l'Agenais allaient être formés plusieurs départements. Bordeaux et Agen, naturellement désignées pour être les chefs-lieux de deux d'entre eux, firent tous leurs efforts pour conserver la plus grande étendue des provinces dont elles avaient été les capitales, particulièrement sur la portion du territoire qui forme aujourd'hui les confins des départements de la Gironde et du Lot-et-Garonne.

C'est alors que La Réole et Bazas intervinrent pour proposer au Comité de former un département intermédiaire avec leur territoire.

Les frères Faucher furent chargés par leur ville natale d'aller appuyer cette proposition. Ils s'acquittèrent brillamment de cette mission et, secondés par la députation, ils avaient fait adopter le principe du projet, lorsque, ainsi qu'il fallait s'y attendre, la prétention de La Réole et de Bazas d'être chacune le chef-lieu du nouveau département, vint en empêcher la réalisation. On ne put s'entendre, et le Comité de l'Assemblée le repoussa définitivement.

C'est avec un vif regret d'avoir vu leur zèle échouer que les frères Faucher rendirent compte de leur mission à leurs concitoyens dans des lettres où éclatent les preuves de leur profond dévouement.

Ces lettres prouvent aussi que, pendant leur séjour à Paris, ils s'étaient créé d'importantes relations, notamment avec Necker, dont ils déplorèrent la chute, ainsi que la majorité de la nation, et qui, redevenu ministre, leur manifesta publiquement son désir et son espoir de les voir élire à l'Assemblée législative.

Ils avaient aussi noué de solides relations avec Mirabeau qui ne tarda point à leur témoigner la plus vive amitié. Ils vivaient dans l'intimité du grand tribun et voici dans quels termes ils annonçaient sa mort à leurs amis de La Réole :

« La nation vient de faire la plus grande perte » qu'elle pouvait éprouver. Celui qui avait le » mieux défendu ses droits, qui avait prêté à la » raison l'éloquence la plus fière et la plus puis- » sante, celui qui pouvait être regardé comme le » génie de notre Révolution, qui pouvait la diriger » et l'aurait dirigée vers le but le plus utile aux » hommes, Mirabeau expire; c'est de chez lui » que je vous écris, accablé de ce coup affreux.

» Nous ne l'avons presque pas quitté depuis » soixante heures et voilà la seconde nuit que » nous passons dans son appartement. Il a » conservé toute sa raison et toute sa philosophie » jusqu'à tout à l'heure. Je vous rendrai, quand » je serai plus à moi, les détails excessivement » intéressants des derniers moments du plus » étonnant de nos contemporains. Nous sortons » d'auprès de son lit; il n'est pas encore froid. » Houdon, d'après notre avis et nos instances, a » été mandé et est occupé à prendre l'empreinte » de son visage, etc. »

Après l'arrestation du roi à Varennes, les deux frères rentrèrent à la Réole.

Au mois de novembre 1791, les deux jumeaux se présentèrent aux élections municipales : Constantin fut élu maire et César président de l'Administration du district. En même temps,

César était élu commandant de la garde nationale.

A la première séance du Conseil municipal qu'il présida, Constantin prononça l'allocution suivante :

« Le peuple a tout fait pour moi et je n'ai rien
» fait pour le peuple. En m'élevant à ce poste
» d'honneur il y a placé l'enfant des patriotes, et
» son affection, aussi prévoyante que tendre, l'a
» entouré des meilleurs citoyens. Il a voulu,
» messieurs, que je trouvasse en vous tout ce
» qui manque à ma jeunesse : la maturité des
» réflexions, la prudence du jugement et cette
» expérience à qui rien ne supplée et qui
» supplée à tant de choses.

» Mais, en vous demandant des conseils que
» vous me devez, puisque le peuple vous a faits
» mes tuteurs, j'appellerai l'avis de tous les
» citoyens; car ma religion à moi est que nous
» sommes en même temps les ministres de la loi,
» les organes des besoins et de la volonté du
» peuple. Nous tendons ensemble au même but,
» la félicité publique, et elle sera le résultat de
» nos efforts communs.

» Je demanderai à mes concitoyens de ne pas
» oublier que l'adoption qu'ils font aujourd'hui
» de moi me donne des droits à leur indulgence,
» quand je ne mettrai pas de bornes à mon
» dévouement. Quant à vous, messieurs, ils vous
» devront le calme, le repos, la sécurité et tous
» les avantages d'une bonne administration. »

Ces idées, les deux frères les mirent scrupuleusement en pratique dans l'exercice de leurs nouvelles fonctions. Toujours soumis à la volonté du peuple, n'agissant que dans l'intérêt public, ils ne cessèrent, avec la plus grande modestie, de donner des preuves de leur zèle et de leur dévouement pour leurs concitoyens. Par leur esprit conciliant et équitable, ils aplanirent souvent des difficultés, évitèrent de nombreux procès entre leurs concitoyens, toujours prêts à les aider de leurs conseils et de leur bourse.

Ils avaient ainsi acquis une influence considérable qui, dans les circonstances de l'époque, devait leur attirer la suspicion des autorités supérieures, très jalouses de leurs prérogatives. En même temps, certaines rancunes de la noblesse épiaient l'occasion de les surprendre en défaut.

Elle se produisit à propos d'un mariage que Constantin célébra, au mois de février 1792, en se conformant à la nouvelle Constitution qui ne considérait l'union des époux que comme un contrat civil.

Le fait fut dénoncé au directoire du département qui prononça contre le maire de La Réole une suspension d'un mois, motivée sur ce que « si l'Assemblée législative avait décrété de » nouvelles formalités pour les actes de l'état » civil, la loi qui devait les réglementer n'était » pas encore promulguée ». Par suite, ajoutait l'arrêté du directoire du département, « l'autorité » supérieure était forcée de réprimer un écart qui » offensait la loi, qui faisait gémir les bons

» citoyens et mettait la tranquillité publique en » péril ».

Il est à peine besoin de dire que les deux mariés que Constantin avait unis *constitutionnellement*, considéraient leur contrat comme très valable et ne songèrent jamais à réclamer contre l'illégalité dont le taxait le directoire du département.

En réponse à cette taquinerie, des protestations indignées furent rédigées par les électeurs des deux frères, et Constantin, cédant à leurs sollicitations, les envoya à l'Assemblée législative avec un récit très digne et très exact du fait incriminé.

L'Assemblée « considérant que la loi organique » sur les actes de l'état civil allait être très » prochainement mise en discussion et que le » mariage visé avait été accompli dans les formes » qu'elle proposait », passa à l'ordre du jour. — Constantin obtenait ainsi pleine satisfaction; mais il avait, pendant le conflit, manifesté l'intention, quelle qu'en fût l'issue, de ne pas reprendre ses fonctions de maire. Il céda cependant aux instances de ses concitoyens.

Ce fut une fête à La Réole. Un cortège nombreux et enthousiaste reconduisit Constantin à la mairie, et cette affaire, qui couvrit de ridicule ceux qui l'avaient suscitée ou approuvée, eut pour résultat d'augmenter la popularité des deux jumeaux.

Ils continuèrent à propager les idées libérales, se consacrant sans réserve aux intérêts de leurs concitoyens, et ils ne cessèrent leurs fonctions qu'à la mort de Louis XVI.

A ce moment, quoique toujours et plus que jamais très fermement attachés aux principes de la Révolution, ils se démirent de leurs fonctions, plaignant le sort du roi et blâmant son supplice.

De quelque façon qu'on apprécie la conduite des frères Faucher dans cette circonstance, on doit convenir qu'ils donnaient un rare exemple de courage civil.

Il faillit bientôt leur coûter la vie.

III

La République n'avait pas eu qu'à repousser la première coalition de l'Europe. Au milieu des plus grands dangers venant du dehors, des plus grandes crises révolutionnaires de l'intérieur, la guerre civile avait éclaté avec toutes ses horreurs.

Déjà, au temps de la Constituante, les départements de l'Ouest s'étaient agités ; une conspiration royaliste avait échoué en Bretagne, au mois d'août 1792. Bientôt l'insurrection se propagea dans le Poitou et le bas Anjou, c'est-à-dire dans le pays situé sur la rive gauche de la Loire, entre le cours inférieur de ce fleuve et la Sèvre Niortaise.

Dans le *Marais*, la *Plaine* et le *Bocage*, contrées accidentées, couvertes de bois et de ravins, dont les champs étaient entrecoupés de haies impénétrables de ronces et de genêts, de sentiers étroits et encaissés, vivait, en de misérables chaumières dispersées, une population pauvre et rude, courageuse mais ignorante, simple et d'une extrême crédulité.

La Révolution avait bouleversé toutes les habitudes de ces paysans, et ils détestaient tous ceux qui avaient accepté les idées nouvelles qu'ils ne pouvaient pas comprendre. Aussi, quand on voulut les enlever à leurs chaumières et à leurs bois pour aller combattre les envahisseurs, ils résistèrent, préférant se battre chez eux, sur le sol qui, pour eux, était la seule et vraie patrie.

Cette guerre de la Vendée, dans un pays souvent impraticable, dans des terrains essentiellement favorables aux embuscades, fut d'autant plus difficile, au début, que la Convention ne put d'abord opposer aux insurgés que les gardes nationales des villes et des troupes de ligne assez médiocres, sous des chefs peu capables.

Les paysans, excités par des prêtres influents ou des chefs d'une piété austère, sous la conduite d'hommes pleins d'audace et d'intelligence pour la guerre de partisans, comme Charette, d'Elbée et Lescure, d'une valeur héroïque comme La Rochejaquelein et Bonchamp, se dispersaient à l'approche des soldats, se cachaient derrière les haies, dans les bois, et, excellents tireurs, ils décimaient les *bleus* par leur feu, puis se précipitaient sur eux dès qu'ils étaient ébranlés par ces attaques partielles.

Devant le danger grandissant, des colonnes de volontaires se dirigèrent sur la Vendée, pendant que Kléber, avec 10,000 Mayençais, venait au secours des généraux incapables qui avaient jusqu'alors dirigé les opérations.

C'est dans le bataillon qui prit le nom d'*Enfants de La Réole*, que les frères Faucher partirent, comme simples volontaires, pour aller combattre l'insurrection.

Était-ce, comme l'ont dit des biographes partiaux, parce qu'ayant perdu leurs illusions, n'osant pas répudier ouvertement les violences de la Révolution ou se ranger courageusement parmi les victimes, ils espéraient encore voir se réaliser des projets ambitieux qu'on leur a, du reste, prêtés sans preuves ?

Et que pouvaient-ils donc ambitionner, dans la terrible situation où se trouvait la République ?

Après la chute de la royauté, la France était restée sans Constitution. La Convention avait bien pour mission de lui en donner une ; mais ne devait-elle pas tout d'abord protéger la Révolution contre les partisans de la royauté, contre les puissances coalisées ? — Ainsi fut-elle obligée d'exercer tous les pouvoirs, d'être une véritable dictature.

Existait-il du moins une administration ? — Pas davantage. — La Constituante avait introduit partout le principe de l'élection et si elle avait réussi, par ce moyen, à affaiblir la royauté, elle avait en même temps retiré toute action légale au pouvoir central sur les tribunaux, les municipalités, les directoires des départements. — Ainsi la Convention fut-elle obligée fatalement de recourir à des moyens violents pour se faire obéir.

Ni l'intelligence, ni la résolution ne manquèrent aux conventionnels, pour exercer cette dictature. Le malheur fut que, parmi eux, il ne put se former une véritable majorité, et quand, tour à tour, les minorités parvinrent au pouvoir, elles crurent n'avoir pas de meilleur moyen de s'y maintenir que d'exterminer les vaincus.

Est-ce au milieu de ces luttes sanglantes, de ces immenses dangers, pendant que le salut de la France exigeait les plus graves mesures, que les frères Faucher pouvaient former des projets ambitieux? Au lieu d'être les premiers à répondre à ce cri d'alarme : *La Patrie est en danger*; au lieu de partir comme simples volontaires, ne pouvaient-ils pas, avec leurs antécédents, obtenir un poste plus en vue, ou mieux encore, s'ils étaient réellement des ambitieux, rester dans leur pays natal et mettre à profit leur influence qui n'avait fait que grandir et les nombreuses sympathies que leur avaient assurées leurs bienfaits?

Dans la Vendée, leur conduite fut admirable; ils montrèrent un entrain irrésistible, un rare courage; chaque rencontre fut pour eux une occasion de se signaler et d'acquérir un nouveau grade. Habitués dès leur enfance à parcourir les champs et les bois par toutes les intempéries, ils étaient habiles à déjouer les plans des paysans, à éviter leurs embuscades, à deviner leurs desseins. Très écoutés par leurs compagnons d'armes, ils leur communiquaient cet élan qui, en campagne, est la première condition du succès.

Le 20 avril 1793, au combat de Fontenay, César venait d'être blessé, quand il vit Constantin tomber sous un coup de sabre. Il se précipite, couvre son frère de son corps, tient en respect les chouans qui s'acharnent contre lui et donne ainsi le temps aux *bleus* de les dégager.

Quelques jours plus tard, le 13 mai, les deux frères faisaient partie d'une colonne chargée d'attaquer la forêt de Vouvant pour en déloger un gros parti d'insurgés qui s'y était massé afin de protéger la route de la Châtaigneraie. A la tête de leurs cavaliers, tous deux les entraînaient par leur vigueur et leur audace. Tout à coup, Constantin, trois fois blessé, a son deuxième cheval tué sous lui. Pris sous le corps de sa monture, dans l'impossibilité de faire un mouvement, il va être criblé de coups. Mais, cette fois encore, César l'a vu tomber; il vole à son secours, malgré douze blessures reçues depuis le commencement de l'action et qui s'ajoutent aux seize blessures des combats précédents ; déjà il a abattu trois chouans penchés sur Constantin et qui vont l'achever, lorsqu'il est lui-même renversé près du corps de son frère par une balle qui l'atteint en pleine poitrine.

A ce moment, les cavaliers qu'il commandait se précipitent dans une charge furieuse ; d'autres suivent leur mouvement et, en dégageant les deux jumeaux, contribuent à assurer la victoire aux républicains.

Après cette affaire, César écrivait, pour la raconter à sa mère, une lettre qu'il terminait ainsi : « La balle que j'avais reçue m'est arrivée
» revêtue des trois couleurs nationales, avec un
» morceau de mon habit, un de ma veste rouge
» et un de ma chemise. Ces trois couleurs
» l'enveloppaient encore à son extraction qui
» s'est faite sept jours après. »

Les deux frères racontaient ainsi, à leur mère et à leurs amis, les aventures auxquelles ils étaient mêlés, dans des lettres spirituelles quoique très simples, où le récit de ce qui leur était personnel, même de leurs actes de bravoure, des sérieux dangers qu'ils avaient courus, était toujours fait brièvement et avec la plus parfaite modestie : ils pensaient avoir accompli leur devoir, rien de plus. On trouvait aussi, à chaque page de ces lettres, la preuve de cette profonde amitié, de ce touchant et inaltérable accord de sentiments qui unissaient les deux jumeaux, quelque chose comme un pressentiment réfléchi de ce qui les intéressait, même à l'insu l'un de l'autre.

On ne saurait trop le redire : dans ces deux existences si étroitement unies, y avait-il place pour une malsaine ambition ? Et cette union elle-même ne suffirait-elle pas à prouver qu'ils avaient d'autres vertus ?

Leurs qualités militaires, leur bravoure, leurs actions d'éclat, leur avaient valu un rapide avancement : tous leurs grades leur furent donnés sur le champ de bataille. Simples volontaires au mois de février 1793, ils avaient été nommés : capitaines, le 3 mars ; adjoints à l'état-major de l'armée, le 20 avril ; adjudants généraux chefs de bataillon le 21 juin ; généraux de brigade le 27 septembre.

IV

Pendant leur séjour en Vendée, les frères Faucher s'étaient fait recevoir dans la Société des Amis de la Liberté et de l'Égalité de Niort. Ils assistaient aux séances autant que le leur permettait leur service. Ils y prononcèrent plusieurs discours empreints du plus pur attachement aux idées républicaines, du plus profond amour de la patrie.

Tout à coup, le 28 novembre 1793, le ministre de la guerre les suspendit de leur grade. Une dénonciation, partie de La Réole, les accusait d'être affiliés au Comité royaliste dit Autrichien, d'avoir fait l'éloge de Louis XVI étant fonctionnaires publics, d'avoir plaint le sort des Girondins.

Après les explications qu'ils fournirent aux représentants du peuple en mission à Niort, ceux-ci les maintinrent à leur poste.

Ils rejoignirent leurs brigades, se signalèrent au combat de Bressuire où ils reçurent tous deux de nouvelles blessures qui nécessitèrent leur transport à Saint-Maixent.

Ils étaient dans cette ville lorsque, le 1er janvier 1794, ils furent arrêtés, par ordre du représentant Laignelot. Cette fois, les mêmes délations avaient été adressées, de La Réole, à la Société des Jacobins de Paris qui avait chargé le Comité de surveillance de Rochefort de faire une enquête.

Gardés à vue à Saint-Maixent, ils furent conduits à Rochefort dès que l'état de leurs blessures le permit, et traduits devant le « Tribunal révolutionnaire ».

D'énergiques et élogieuses protestations contre leur arrestation les y accompagnèrent.

La Société des Sans-Culottes de La Réole leur écrivait :

« Citoyens, amis et frères, il nous serait difficile
» de peindre la douloureuse sensation que nous
» avons éprouvée, en apprenant que vous aviez
» été arrêtés. Nous nous sommes tous assemblés
» extraordinairement et avons, à l'unanimité,
» exprimé nos vœux pour vous, et nous espérons
» que les lauriers que vous avez glorieusement
» cueillis ne seront pas longtemps ternis par la
» calomnie. »

A cette lettre était jointe la délibération suivante :

« La Société, au nombre de quatre cents et
» quelques votants, étrangement étonnés que de
» si braves défenseurs, qui ont si constamment
» donné des preuves de leur civisme, aient été
» victimes de quelque trame secrète ourdie pour
» leur faire perdre la liberté, lorsqu'ils l'ont si
» bien défendue, lorsque des traits aussi généreux
» de leur âme les ont fait connaître aussi avanta-
» geusement partout où ils ont porté les armes
» que la patrie avait mises dans leurs mains,
» lorsqu'enfin tous ces motifs ne devraient laisser
» aucun doute sur la manière de penser à leur

» égard, en sorte que ce qui peut avoir donné » lieu actuellement à cette arrestation ne peut » être que la calomnie que le souffle impur de » quelque pervers de la Gironde a répandue dans » la contrée où la chose publique les retient » encore; que ce qui ajoute encore davantage à » l'accablement que cause cette nouvelle à la » Société, c'est que ces braves sans-culottes ont » toujours donné des preuves du plus pur patrio- » tisme, de leur opiniâtreté à déjouer les manœu- » vres des Girondistes, et de leur constance à » vaincre les obstacles au progrès de l'esprit » public ;

» Le Conseil de surveillance a appris avec » autant de surprise que d'indignation que la » calomnie la plus atroce n'avait pas épargné les » deux frères Faucher, et qu'elle avait surpris la » religion du Comité de surveillance de Rochefort » qui a demandé l'arrestation de ces deux respec- » tables citoyens.

» Dans ces conditions, que le Comité regarde » comme périlleuses pour la chose publique, il » croit devoir à lui-même, à sa conscience et à » l'intérêt de la patrie, de manifester de la » manière la plus éclatante l'innocence, les vertus » et les talents de ces deux accusés. »

De son côté, le Conseil général de la commune de La Réole écrivait aux deux jumeaux :

« La nouvelle de votre arrestation a pénétré » jusqu'à La Réole. Le bruit en est public, mais » il n'affaiblit pas les sentiments d'estime que » vous ont voués tous les bons citoyens, les vrais

» sans-culottes. Ils savent que la calomnie qui » plane sur la tête de tous ceux dont le républi- » canisme est le moins équivoque, peut bien vous » poursuivre, mais ne saurait vous atteindre, » encore moins vous entamer. Ils sont persuadés » que les armes se briseront contre l'égide de » patriotisme que vous leur opposerez, comme les » armes fragiles de Turnus contre le bouclier du » héros troyen. Les membres du district s'empres- » sent de prendre part à votre situation actuelle » et de vous témoigner toute leur sensibilité. Ils » n'ont en vue dans leur démarche que de payer » d'un juste retour les services connus que vous » avez rendus aux citoyens de votre commune. » Ils s'estimeront heureux s'ils peuvent parvenir » à vous persuader qu'ils saisiront toujours les » occasions qui pourront les mettre à même » d'exiger de vous le droit de paternité en coopé- » rant aujourd'hui avec vous dans le triomphe » que nous attendons tous que vous remporterez » sur les ennemis secrets qui ont cherché à vous » nuire. »

Cette lettre était accompagnée d'une délibération rédigée dans le même sens.

A son tour, le bataillon du district écrivait :

« Instruit de l'arrestation des citoyens Faucher, » le bataillon du district a été pénétré d'une » douleur d'autant plus vive que ces braves » défenseurs de la patrie n'ont jamais dévié des » principes du républicanisme, et que, depuis le » commencement de la Révolution, ils ont tou- » jours été les amis du peuple et de la liberté.

» De semblables principes doivent attacher la » calomnie à leurs pas. Ils y furent sans doute » en butte lorsque les ennemis de la patrie s'agi- » tèrent pour *fédéraliser* les départements et » porter atteinte à l'unité de la République. Nous » espérons que bientôt le voile disparaîtra et que » les enfants de La Réole et de la Liberté paraî- » tront triomphants, foulant aux pieds l'odieuse » calomnie qui ne cesse de les poursuivre. »

Enfin, pendant que le Conseil général de la Commune faisait le plus grand éloge des deux frères et protestait contre leur arrestation, Tallien et Izabeau, représentants du peuple qui se trouvaient en ce moment dans le département de la Gironde, envoyaient les lignes suivantes au tribunal de Rochefort :

« Les citoyens Constantin et César Faucher » nous sont parfaitement connus. Ils se sont » toujours conduits en vrais républicains. Ils ont » été constamment dans ce département les » antagonistes les plus prononcés des meneurs » girondins. On ne les a jamais vus s'écarter du » sentier du patriotisme, et il n'y a pas un sans- » culotte qui ne leur rende la justice la plus » éclatante. »

On ne pouvait réunir plus de témoignages spontanés et sincères, plus d'attestations importantes et autorisées, que les deux frères avaient rendu d'éminents services à la cause de la Révolution.

Devant le tribunal révolutionnaire de Rochefort, il leur fut facile de démontrer l'absurdité du chef d'accusation qui les représentait comme affiliés au Comité royaliste, dit Autrichien.

Quant à l'accusation de *fédéralisme*, on vient de voir ce qu'en pensaient ceux de leurs concitoyens qui étaient le mieux placés pour juger leurs opinions et leur conduite. D'ailleurs, les Girondins eux-mêmes étaient-ils *fédéralistes* dans la véritable acception de ce mot, c'est-à-dire dans le sens du démembrement de la patrie ?

Lorsqu'ils disaient que Paris ne devait avoir que 1/83e d'influence, lorsque Barbaroux s'écriait, dans la séance du 30 octobre 1792 : « Il ne doit plus y avoir de capitale dans une République », étaient-ils animés de l'esprit réactionnaire contre le libre esprit de la grande cité révolutionnaire ? N'étaient-ils pas plutôt aveuglés par leurs rancunes contre leurs adversaires, entraînés par un malheureux esprit de parti, irrités d'être dépassés ?

Non, jamais les frères Faucher n'avaient été fédéralistes; jamais ils ne songèrent à faire appel aux jalousies locales, à l'esprit étroit des masses rurales que leur ignorance et leur isolement rendaient plus faciles à gouverner, c'est-à-dire à dominer, pour transformer la République française en un amas de petites républiques fédératives.

Ayant, au contraire, partout et toujours, ouvertement combattu les tendances des Girondins, étaient-ils bien coupables d'avoir témoigné de l'admiration pour leurs talents, leur éloquence et leur courage, en même temps que de la pitié pour leur destinée tragique ?

Mais on les accusait aussi d'avoir plaint le sort de Louis XVI. — Ils n'hésitèrent pas à le reconnaître et, devançant le jugement de l'histoire, ils osèrent déclarer, devant le tribunal de Rochefort : « qu'en demandant la mise en jugement du roi, les Montagnards avaient pris la violence pour le signe le plus certain de la sincérité du patriotisme ; que la Convention n'avait ni le droit, ni la mission, ni le pouvoir de juger Louis XVI, pour des faits antérieurs à la déchéance ; que si, au point de vue du droit rigoureux, Louis XVI était coupable, on ne pouvait le juger équitablement sans tenir compte de son origine, de son éducation, des idées qu'il avait reçues, du monde où il avait vécu ; qu'enfin sa condamnation à mort n'était pas politique, car elle exciterait l'effroi et la pitié et aliénerait bien des sympathies à la Révolution. Ils ajoutaient, avec raison, que ni la masse de la nation, ni l'armée n'avaient exigé la mort de Louis XVI ».

Contre tous les témoignages qui précèdent, contre l'évidence des preuves qui se produisirent à sa barre, cet aveu suffit au tribunal révolutionnaire de Rochefort pour établir l'hostilité des deux frères à la Révolution : ils furent condamnés à mort.

Affaiblis par leurs blessures, ils marchèrent cependant d'un pas ferme à l'échafaud ; déjà ils en gravissaient les degrés lorsque le représentant du peuple Lequinio donna l'ordre de suspendre l'exécution.

Le procès fut revisé, l'arrêt du tribunal de

Rochefort cassé, et les frères Faucher réintégrés dans leur grade.

Cependant, au milieu des émotions violentes qu'ils venaient de traverser, leur santé s'était d'autant plus altérée que leurs nombreuses et graves blessures étaient loin d'être guéries. Ils durent demander un congé et rentrer à La Réole où ils furent reçus avec enthousiasme. Pendant plusieurs jours la ville fut en fête et la maison des deux jumeaux reçut la visite de tous ceux qui partageaient leurs idées, qui étaient justement fiers de leur gloire, heureux de leur délivrance. De tous les environs, des députations vinrent les féliciter en même temps que leur parvenaient de nombreuses lettres, dont les plus chaudes, les plus sympathiques, émanaient de ceux qui, en 1815, les abandonnèrent lâchement ou les accablèrent de leurs calomnies.

V

A La Réole, César et Constantin continuèrent à donner des gages de leur dévouement à la Révolution, tout en désapprouvant hautement les excès qui étaient commis en son nom et qu'autour d'eux ils s'efforçaient d'empêcher ou d'atténuer.

Ces idées, les deux frères n'hésitaient jamais à les exprimer publiquement et avec la plus grande franchise. Voici, comme exemple, une adresse que César, en sa qualité de président de la Société populaire, envoyait de La Réole à la Convention, le 24 septembre 1794 :

« Les Républicains français qui habitent La Réole vous font entendre aujourd'hui cette voix qui n'a jamais retenti que dans les temps de crise. Les circonstances sont ardues, fortes. Le crime médite en silence la perte de la République et, dans la lutte impie de l'esclavage contre la liberté, le patriote, qui voit des deux côtés les couleurs nationales, hésiterait s'il ne reconnaissait le crime à ses poignards.

» Vous avez frappé de grands coupables : les triumvirs ne sont plus, mais leur armée existe encore. Leurs licteurs sont encore là et la hache est encore levée.

» Sauvez les citoyens, Pères de la Patrie, sauvez

les bons citoyens. La justice éternelle vous crie que l'indulgence pour les méchants est cruauté pour les bons. Périssent les coupables !

» Pour toi, Sénat de sages, poursuis ta brillante carrière. Tu as déjoué les machinations les plus criminelles et les plus perfides. Elles voudraient renaître, mais le génie l'emporte. Dans ta course rapide vers la félicité publique, ne jette jamais tes regards en arrière. La nation entière te suit, elle ne voit que la liberté et toi ! Elle n'a qu'un sentiment, qu'un désir : c'est le bonheur de la patrie, la libération du monde ; et le centre de son affection, de sa confiance et de sa volonté toute-puissante est la Convention nationale qui saura seule sauver la patrie et la liberté.

» Nous jurons une égale haine à l'aristocratie, au fanatisme, au modérantisme et aux continuateurs des fureurs atroces qui ont ensanglanté le règne du triumvirat. »

Robespierre était tombé et une réaction irrésistible s'était rapidement produite contre le régime de la Terreur. Au nombre des mesures nécessaires, l'abolition des lois sur le maximum s'imposait. Mais, comme il arrive toujours, la brusque substitution d'une saine doctrine économique à des erreurs funestes eut momentanément de terribles résultats.

Le cours des assignats n'étant plus forcé, les marchands en profitèrent pour exiger les paiements en numéraire et, abusant de la liberté qui était rendue au commerce, ils rançonnèrent effroyablement le public. Bientôt, la cherté de toutes choses devint excessive et jamais, depuis le commencement de la Révolution, on n'avait eu à souffrir autant de privations. Sur plusieurs points du territoire, il y eut une véritable famine et, dans les arrondissements de La Réole et de Bazas, elle prit des proportions effrayantes.

César fut député auprès des Comités du gouvernement pour demander des secours : il obtint 40,000 livres. Cette somme eût été insuffisante si les deux frères n'avaient pas pu, grâce à leur fortune personnelle, faire au loin d'immenses achats de céréales qui épargnèrent à leur pays natal les horreurs du fléau. Dans cette circonstance, comme dans tant d'autres, ils donnèrent largement, sans compter, à leurs adversaires, à leurs ennemis même, à tous; à beaucoup, qui bientôt devaient élever contre eux les plus infâmes accusations, ourdir les plus odieux mensonges.

Ils s'appliquèrent aussi, et on en verra les preuves à propos de leur procès, à faire disparaître les traces que la Terreur avait laissées dans la contrée; leur influence fit obtenir aux uns la liberté, à d'autres la restitution de leurs biens. Et parmi ceux dont ils furent ainsi les bienfaiteurs, plusieurs vinrent déposer contre eux devant le Conseil de guerre, non seulement en étouffant tout sentiment de reconnaissance, mais encore en les calomniant.

Pendant son séjour à Paris, à cette occasion, César assista aux dernières convulsions de la Convention.

Voici comment il en parlait dans une lettre adressée de Paris, le 31 mai 1795, au comte de Marcellus :

« Les papiers-nouvelles vous disent le matériel des événements qui se succèdent sur le sol mobile où je marche depuis quatre mois. Ils nous racontent les faits de la veille, et sans beaucoup d'efforts ils pourraient nous prédire ceux du lendemain.

» C'est plus facile que sage ; car, dans l'atmosphère où les passions s'agitent, il n'est pas prudent d'annoncer les orages. Vous avez reçu le détail de celui qui a ensanglanté la Convention dans les premiers jours de ce mois. J'ai couru à deux reprises les plus grands dangers ; mais au moment du péril le plus imminent pour moi, j'eus l'aspect le plus affreux du tableau le plus horrible qui puisse souiller les regards.

» Il y avait trois heures qu'on n'avait aucune nouvelle de la Convention. Les révoltés en obstruaient toutes les avenues et formaient à eux seuls toute la garde prétorienne ; ils avaient tourné leurs canons en batterie contre le palais national. Le petit nombre d'officiers généraux que les menaces n'avaient pas intimidés formaient encore un groupe, mais impuissant, car nous n'étions pas vingt. Les bruits les plus alarmants sur le sort des députés enfermés dans la salle se répandaient à chaque minute.

» Pour sortir de ces angoisses ou plutôt de ces affres d'une longue agonie, je me dévoue. Je pars, accompagné de quatre grenadiers de la Convention que je recrute sur mon passage, et j'arrive, au travers de ces flots de boue et de sang, dans le lieu même des séances.

» Un déluge de brigands l'avait inondé; ils refluaient jusqu'au bureau du président qu'ils entouraient de poignards. Tous les bancs étaient hérissés de haches et de piques. Des bacchantes, ou plutôt des furies, à moitié nues, le crime sur le front, le blasphème à la bouche, agitant des glaives au milieu des vociférations de la rage, les traces de la débauche se mêlant, sur les lambeaux dont elles étaient couvertes, au sang qui se répandit sous mes yeux, offraient un enfer de crimes éclairés par des lampes rares qui jetaient un jour livide sur cette scène épouvantable.

» Mon habit d'officier général dirigea sur moi un de ces courants homicides, qui me pressa contre le bureau, et, sans le dévouement héroïque de mes quatre grenadiers, qui me couvrirent de leur corps, j'aurais vécu.

» Enfin, vous savez les déterminations subséquentes du Corps législatif devenu libre. Mais je suis sur le volcan et je puis vous dire l'état du cratère. Le calme n'est véritablement que l'intervalle des éruptions. Je pense qu'elles deviendront plus rares, moins dangereuses pour la liberté publique; mais je redoute la réaction des incarcérations où l'esprit de vengeance se mêle; on compte les détenus par demi-mille dans les sections. La Convention ordonnera une révision pour réparer les injustices, ou, pour parler plus juste, pour les réformer, et je crains qu'à la faveur de cette nouvelle mesure, on rompe les chaînes de plusieurs scélérats.

» C'est au milieu de ces écueils que se trouve maintenant jeté le vaisseau de l'État. Je ne sais si tout l'équipage dort tranquille, mais les pilotes ne sont pas sans soucis. »

Les deux frères, très absorbés par leurs affaires privées, souvent retenus par leurs blessures sur un lit de douleur, traversèrent la période du Directoire sans remplir aucune fonction publique.

Ils s'occupaient beaucoup d'agriculture. Ils avaient acheté, en 1795, dans le canton de Pellegrue, au prix de 21,000 livres, le vaste domaine de Boirac, sur lequel s'élevait une ancienne habitation seigneuriale. Ils s'y intéressaient vivement aux travaux des champs, aux améliorations à leur apporter, trouvant un grand charme, qu'ils exprimaient avec enthousiasme, dans le calme de la campagne qui contrastait si vivement avec l'agitation de leur vie politique.

L'auteur a connu, à La Réole et dans les environs, plusieurs personnes dont les parents avaient été les fermiers ou les domestiques des deux jumeaux, sur leurs diverses propriétés. Tous se rappelaient leur avoir entendu vanter la bienveillance et la justice de leurs maîtres, leur générosité surtout; les deux frères, par de nombreux legs, leur en avaient donné une dernière preuve au moment de leur mort.

Leur fortune, quoique considérable, avait été entamée par leur bienfaisance inépuisable, particulièrement pendant la famine de 1794, et par deux affaires malheureuses : l'achat du parc de Saint-Ferme, dont nous allons parler, et la faillite de la Banque territoriale.

Un vol considérable commis dans cette banque en nécessita la liquidation. Les deux frères avaient un grand nombre d'actions ; pour les garantir, ils avaient engagé leurs propriétés. Responsables vis-à-vis des tiers en qualité d'administrateurs de la banque, ils les désintéressèrent tous, sans procès, sans la moindre difficulté.

Est-il besoin de faire ressortir cette honnêteté rare d'hommes aussi loyaux en affaires qu'en politique ?

VI

En 1803, le parc de Saint-Ferme, dont Constantin s'était rendu acquéreur en 1796, fut l'occasion d'un procès dans lequel les deux frères devinrent l'objet des accusations les plus graves.

La jalousie et la haine les exploitèrent habilement contre eux et, bien qu'après de longs débats, après plusieurs jugements, ils en soient sortis, non seulement sans que leur honorabilité fût atteinte, mais encore en faisant éclater les machinations odieuses dont ils auraient pu être victimes, l'opinion publique, travaillée par leurs ennemis, égarée par des influences nouvelles, ne connaissant pas d'ailleurs les détails exacts de faits qu'on dénaturait à plaisir, s'en préoccupa pendant plusieurs années en les interprétant de diverses façons.

Aussi convient-il, pour les faire apprécier avec justice, de les exposer impartialement, de présenter les articulations des accusateurs et les réponses qu'y firent les deux frères.

Le parc de Saint-Ferme, dans le canton de Pellegrue, avait appartenu aux bénédictins ; la Révolution l'avait déclaré propriété nationale. Peu de temps après l'avoir acheté, Constantin le revendit pour 79,000 francs à Jacques Bouillac-Lafeuillade. Dans l'acte de vente, il avait été stipulé que le prix en serait acquitté en numéraire, parce que le papier-monnaie avait déjà subi une dépréciation considérable et qu'avec les délais de paiement consentis par lui Constantin prévoyait une trop grande perte. Mais les lettres de change que Bouillac-Lafeuillade avait signées ne furent pas payées à leurs échéances, et Constantin fut obligé de le poursuivre.

Le débiteur prétendit qu'il avait été trompé par son créancier; qu'en acceptant de solder son achat en marcs de banque, il ignorait la valeur réelle de cette monnaie; que s'il l'avait connue, il n'aurait pas accepté cette condition.

La mauvaise foi de Bouillac fut établie, et il eût été sans aucun doute condamné, si une transaction n'était pas intervenue, conseillée et rédigée par les avocats des deux parties, MM. de Martignac et Joubert. En vertu de cette transaction, le prix de vente primitif était maintenu, mais l'acquéreur pouvait se libérer entièrement en payant une somme de 52,000 francs à soixante jours.

Malgré cette réduction considérable, Bouillac ne paya point dans le délai fixé et il continua à exploiter le parc de Saint-Ferme, faisant des coupes et des ventes de bois qui lui rapportaient de gros bénéfices. Il fallut le poursuivre de nouveau. Condamné par le tribunal civil de Bordeaux, Bouillac fit appel. Mais cette instance n'ayant pas été suivie dans les délais prescrits par la loi, Constantin l'actionna en dernier ressort devant le tribunal de Périgueux et le fit condamner, le 19 mai 1799, au paiement de la somme principale de 72,000 francs, stipulée en cas de non-exécution de la transaction précitée, et en outre aux dépens et à plusieurs amendes. Mais, au commencement de 1803, ce jugement n'était pas encore exécuté : Bouillac possédait et exploitait toujours le parc de Saint-Ferme.

Tout à coup, le 9 janvier 1803, Louis Martin Grenouilleau fils, greffier de la justice de paix du canton de Pellegrue et percepteur de la commune de Dieulivol, âgé de trente-quatre ans, déposa une plainte en crime de faux et extorsion de signature contre : Constantin Faucher, sous-préfet de La Réole; Abdon Latour, maire de Saint-Ferme; Jacques Martel, notaire à Saint-Ferme, domicilié à Monségur; Jean Amé, corroyeur à Monségur; Jacques-Cyprien Chollet, gendre d'Amé et secrétaire de la sous-préfecture de La Réole.

Voici ce que racontait Grenouilleau :

« Le 24 septembre 1799, j'avais acheté à Bouillac, propriétaire du parc de Saint-Ferme, une coupe de 125 journaux de bois taillis, pour le prix de 10,000 livres que je lui payai. Mais, en vertu de sa créance contre Bouillac, Constantin Faucher fit opérer la saisie de cette coupe. Le tribunal civil de Bordeaux devant lequel je fis opposition à cette saisie me débouta de mon action, me renvoyant à me pourvoir contre mon vendeur direct. Cependant, Constantin Faucher n'ayant pas fait exécuter la saisie, je crus pouvoir continuer l'exploitation de la coupe que m'avait vendue Bouillac.

» Un jour, je fus mandé à la sous-préfecture de La Réole ; j'y fus reçu par le secrétaire, le citoyen Chollet.

— « Le sous-préfet, me dit-il, sait que vous avez commis des malversations, que vous avez détourné des fonds de la caisse de votre perception, sans doute pour payer à Bouillac la coupe de bois que vous lui avez achetée. Il a l'intention d'aller à Dieulivol vérifier votre comptabilité. Si vous voulez éviter cette vérification et les graves conséquences qu'elle peut entraîner pour vous, cédez au sous-préfet votre police de vente. »

» Je demandai au citoyen Chollet si, contre cette cession, on me rembourserait les dix mille livres que j'avais payées à Bouillac. Sur sa réponse négative, je refusai de renoncer au bénéfice de la vente.

» Quelques jours plus tard, le sous-préfet, en costume officiel, le receveur des finances de l'arrondissement Doucet, le maire de Saint-Ferme Abdon Latour, le maire du Puy Lamothe-Chaigne, le secrétaire de la sous-préfecture et les deux gendarmes Choizeau et Duthu, se présentèrent chez mon père, percepteur du Puy. Pendant qu'on vérifiait sa comptabilité, le sous-préfet envoya Latour et un gendarme au devant de moi, sur la route de Duras où j'étais allé ce jour-là. Le gendarme avait ordre de me mettre en état d'arrestation partout où il me rencontrerait. C'est donc en prisonnier que j'arrivai au Puy, dans la maison de mon père. Mais le sous-préfet et ceux qui l'accompagnaient n'y étaient plus : ils étaient partis emportant mes rôles à Saint-Ferme, chez Latour, où la vérification devait être opérée. J'y fus conduit par le gendarme. La vérification fut longue et minutieuse. Vers sept heures, on l'interrompit pour souper. Après le repas, le notaire Martel vint rejoindre le sous-préfet et ils eurent, avec Latour et Chollet, dans le plus grand secret, une longue conversation.

» Enfin, le sous-préfet me fit venir dans le salon, et, après m'avoir menacé de dresser procès-verbal de l'état de ma comptabilité qui, disait-il, était très défectueuse, il me renouvela l'offre qu'il m'avait déjà fait faire par son secrétaire, de ne pas m'inquiéter, si je lui cédais ma police de la vente que Bouillac m'avait consentie.

— « Choisissez, me dit-il en terminant, entre la cession immédiate de votre police ou *vingt ans de fers.* »

» Devant cette menace, je n'osai plus refuser.

» Aussitôt, le sous-préfet donna une procuration à son secrétaire et le notaire rédigea un acte par lequel je cédais à Chollet ma police Bouillac, moyennant 10,000 livres qui ne me furent point payées. Cet acte fut antidaté de trois jours. Latour et Amé le signèrent comme témoins. »

Tel est l'invraisemblable récit sur lequel était établie la plainte de Grenouilleau.

En admettant que Constantin ait eu la coupable intention d'arracher à Grenouilleau, par des menaces, sa police de vente, comment eût-il été assez peu avisé, d'abord pour se servir de l'intermédiaire de son secrétaire pour faire les premières tentatives dans ce sens; pour mêler ensuite à ses projets toutes les personnes désignées par le plaignant et dont la moindre indiscrétion pouvait le perdre; pour imaginer enfin, grâce à une procuration, une rétrocession, fictive mais en bonne et due forme, à son secrétaire Chollet qui aurait pu, à son tour, s'en prévaloir, d'autant plus facilement qu'il était, avec plusieurs témoins, en possession de tous les détails de cette criminelle machination?

Ces invraisemblances, Constantin les fit ressortir. Mais il n'avait pas à répondre qu'à la plainte de Grenouilleau.

En effet, par une coïncidence plus qu'étrange, dans le même moment où Grenouilleau fils déposait sa plainte, Bouillac, qui n'avait encore rien payé sur son acquisition totale du parc de Saint-Ferme; Bouillac, que Constantin pouvait facilement faire exproprier sans avoir recours à la police de Grenouilleau, obtenue par des moyens aussi dangereux; Bouillac enfin qui, sans compter les 10,000 livres de la coupe cédée à Grenouilleau, avait réalisé de beaux bénéfices dans l'exploitation de la forêt attenante au parc; Bouillac adressait au Premier Consul une supplique dans laquelle il reproduisait les accusations de Grenouilleau.

Il allait même plus loin. — Poursuivi trois fois par Constantin, défaillant après appel, condamné en dernier ressort, Bouillac se plaignait amèrement à Bonaparte d'être victime de dénis de justice de la part des tribunaux, du Conseil d'État, des ministres ! Il n'avait plus d'espoir que dans la haute impartialité du Premier Consul auprès duquel il pensait bien que César n'aurait plus la *pernicieuse influence* qui avait permis à son frère Constantin de commettre, sous d'autres gouvernements, toutes sortes de forfaits.

Bouillac accusait en effet Constantin d'avoir mis à profit sa situation pour extorquer des sommes énormes aux familles d'émigrés, aux conscrits, aux réquisitionnaires, par des menaces de poursuites, par des promesses de radiations ou de restitutions pour les uns, de congés, de sursis ou de réformes pour les autres. Bouillac affirmait que Constantin avait détourné ou vendu à son profit des matériaux provenant de démolition ou destinés à des constructions faites aux frais de la commune ou du département.

Dans l'instruction à laquelle donnèrent lieu les plaintes de Grenouilleau et de Bouillac, Constantin démontra les invraisemblances d'un récit dont plusieurs parties tenaient du roman. Il rappela quelles avaient été les conditions premières de la vente du parc de Saint-Ferme à Bouillac; comment, le prix convenu n'ayant pas été payé, un premier procès s'était terminé à l'amiable par une réduction de prix; que cette seconde transaction n'ayant pas été davantage exécutée par Bouillac, il avait dû le poursuivre trois fois en expropriation, mais que, trois fois, la procédure avait été annulée pour vice de forme; qu'enfin Bouillac avait frauduleusement cédé une coupe de taillis à Grenouilleau, ainsi qu'un jugement du tribunal de Bordeaux l'avait établi en annulant la vente.

« Quelque temps après, ajouta Constantin, je faisais une tournée officielle dans mon arrondissement; je m'arrêtai chez Grenouilleau père, pour vérifier sa comptabilité, et, par la même occasion, celle de son fils. Il résulta de cette vérification que le dernier avait un déficit dans sa caisse. Effrayés par les conséquences qu'allait avoir pour eux le procès-verbal de cette constatation, Grenouilleau et ses parents me supplièrent de ne pas les perdre; ils promettaient de combler rapidement le déficit. Puis, connaissant la situation de Bouillac vis-à-vis de moi et, pour me prouver sa reconnaissance, Grenouilleau m'offrit de me céder sa police de vente. Je n'avais aucun intérêt à la posséder, puisqu'un jugement l'avait déclarée sans valeur. Par pitié pour cette famille éplorée, le procès-verbal de vérification ne fut pas dressé. C'est mon seul tort. »

A la question du juge d'instruction qui lui demandait pourquoi il était accompagné de deux gendarmes pour aller chez Grenouilleau, Constantin répondit que, dans ses tournées officielles, il procédait souvent ainsi, en prévision des procès-verbaux, des recherches, des transports ou même des arrestations qui pourraient être nécessaires. Ce n'était point un moyen d'intimidation, mais une précaution toute naturelle.

A toutes les autres articulations de détail, Constantin opposa des dénégations formelles ou de très simples réponses. Jamais, par exemple, il n'avait fait intervenir son secrétaire auprès de Grenouilleau; le prétendu conciliabule tenu à Saint-Ferme, chez Latour, se réduisait à une conversation insignifiante, et dans laquelle il n'avait pas été question de Grenouilleau.

— « Dans quel but, lui demandait encore le juge d'instruction, Grenouilleau et Bouillac se seraient-ils, d'après vous, entendus entre eux, pour formuler de pareilles accusations? »

— « Peut-être, répondit Constantin, pour m'amener à abandonner mes poursuites et à donner quittance à Bouillac pour un prix infime. Mais, je suis convaincu qu'ils n'ont été que les instruments de ceux qui, une première fois, nous envoyèrent à l'échafaud, en nous dénonçant lâchement au tribunal révolutionnaire de Rochefort; de ceux qui ne nous ont jamais pardonné de nous être dévoués aux principes de la Révolution; de ceux qui, ayant été obligés de fuir autrefois, occupent maintenant des places et veulent se venger des proscriptions qu'ils ont subies et dont ils nous accusent. Beaucoup de ces derniers ne se souviennent de ce que nous avons fait pour eux que pour nous calomnier. »

Et Constantin produisait au juge d'instruction plus de cent lettres de personnes en vue appartenant à l'ancienne aristocratie, dans lesquelles éclataient les preuves de la plus vive sympathie pour le caractère des deux frères, ou de la plus chaude reconnaissance pour le bien qu'ils avaient fait.

Pendant l'instruction de cette affaire, le parquet

de La Réole s'était montré très défavorable à Constantin.

Celui-ci expliqua cette attitude par des motifs que César, de son côté, dans un mémoire qu'il adressa au Conseil d'État en faveur de son frère, exposa longuement, en même temps que toute l'affaire du parc de Saint-Ferme. Ces motifs, les deux frères les renouvelèrent et les maintinrent avec la plus grande énergie devant le Conseil de guerre, en 1815; ils les tiraient des faits suivants:

Lorsque M. Faugeroux eut marié sa fille au père des deux jumeaux, il voulut se défaire de son étude de notaire. Elle fut achetée par le nommé Dumoulin; mais le règlement de cette affaire souleva des difficultés d'intérêt qui brouillèrent les deux familles. La brouille se changea peu à peu en violente animosité à la suite de quelques rivalités, de ces propos mal compris ou exagérés, de ces incidents qui, dans une petite ville, grossissent de bouche en bouche et y deviennent le sujet de toutes les conversations brouillonnes, de tous les commentaires mesquins et malveillants. Plus tard, lorsque les deux frères eurent acquis une grande influence, lorsqu'ils eurent pris, à La Réole, la direction du parti révolutionnaire, la famille Dumoulin étant restée royaliste, ce fut entre eux une hostilité déclarée, connue de tous.

Les deux frères avaient eu une brillante carrière militaire, les honneurs ne leur avaient pas manqué. — La haine des Dumoulin était-elle avivée par la jalousie? — Il est permis de le croire. Enfin, Dumoulin avait été condamné à 60,000 livres d'amende par l'une de ces commissions militaires instituées par la Convention pour poursuivre aussi bien les royalistes émigrés que ceux qui étaient restés en France. Pensait-il qu'en raison de leur influence, de leur haute situation dans l'armée, les frères Faucher étaient pour quelque chose dans cette condamnation? — Lui seul aurait pu le dire; mais, ce qui est certain, c'est que Dumoulin, devenu substitut, manifesta ouvertement ses sentiments hostiles pour les deux jumeaux et qu'il les poursuivit, dans l'affaire du parc de Saint-Ferme, avec cette rigueur implacable et haineuse qu'il devait déployer encore davantage en 1815.

Pour pouvoir donner suite à la plainte de Grenouilleau contre Constantin, il fallait, à raison de sa qualité de sous-préfet, obtenir l'autorisation du Conseil d'État. Le rapporteur conclut au rejet de la demande en autorisation de poursuites.

Cependant, le 3 avril 1804, le procureur général près la Cour criminelle de la Gironde ayant renouvelé la demande de cette autorisation, et les deux frères y ayant ajouté leurs instances, elle fut accordée par le Conseil d'État et approuvée par Napoléon.

Mais Constantin, prévoyant le sort qui l'attendait devant cette juridiction, fit défaut et fut condamné par contumace.

Chose étrange! *la minute de cet arrêt a disparu des archives de la Cour de Bordeaux!*

Est-ce parce qu'il fut cassé ?

. . . .

L'affaire fut, en effet, renvoyée devant la Cour d'Orléans qui ACQUITTA Constantin. Les débats avaient établi aussi bien la fausseté des accusations contenues dans la plainte de Grenouilleau que des allégations de chantage formulées par Bouillac.

VII

César et Constantin conservèrent leurs fonctions de conseiller général et de sous-préfet aussi longtemps que dura la République. Mais, lorsque Napoléon quitta la dignité de premier consul pour prendre la couronne impériale, ils donnèrent leur démission et rentrèrent dans la vie privée.

César, pendant l'Empire, vécut beaucoup à Paris, tandis que Constantin se consacra presque entièrement à leurs propriétés, surtout au domaine de Boirac, pour l'amélioration duquel il était en relations suivies avec les meilleurs agronomes.

Leur sœur, Constance, demanda, à cette époque, que le partage des biens de la famille fût établi. L'inventaire dressé à cette occasion faisait ressortir à 600,000 francs leur fortune, autrefois beaucoup plus considérable. Le domaine de Saint-Ferme ne figurait pas dans cet inventaire.

Ils vivaient dans la retraite au moment de l'invasion de 1814. Quand les Anglais pénétrèrent dans le département de la Gironde, les deux frères se mirent à la tête des habitants de La Réole pour défendre leur ville natale. Le pays était déjà livré lorsque, par haine des envahisseurs, les deux patriotes tentèrent encore un audacieux coup de main en enlevant les postes placés à Saint-Macaire par lord Dalousie. Arrêtés, ils auraient été fusillés par les Anglais, sans l'intervention du maréchal Marmont, duc de Raguse, qui avait pour eux une très grande sympathie et la plus haute estime.

Ils avaient reçu à plusieurs reprises des offres de la part des royalistes, pour favoriser le retour des Bourbons, parce qu'en les voyant se démettre de leurs fonctions le jour de la proclamation de l'Empire, on avait cru trouver en eux des adversaires du gouvernement de Napoléon. Mais ils repoussèrent toutes les démarches faites dans ce sens, refusant énergiquement de s'associer à tout mouvement qui n'aurait pas pour but de repousser les ennemis de la France, offrant même, en 1814, de se charger de la défense d'une partie de la contrée.

Cette attitude patriotique les fit considérer, pendant la première Restauration, comme des révolutionnaires ardents et des bonapartistes incorrigibles, et même elle devait leur être imputée à crime en 1815. D'autant plus qu'au retour de l'île d'Elbe, ils demandèrent à reprendre du service et firent tous leurs efforts pour tourner l'opinion de leurs concitoyens en faveur du gouvernement des Cent Jours.

César fut nommé membre de la Chambre des représentants et Constantin fut élu maire de La Réole. En outre, le 14 juin 1814, tous deux furent mis à la disposition du général Clausel, avec lequel ils étaient liés depuis longtemps et qui commandait la division militaire de Bordeaux, pour être employés en qualité de maréchaux de camp à l'armée des Pyrénées-Occidentales.

Leurs ennemis, à cette époque et après leur mort, ont vainement essayé de tirer parti contre eux de ces apparentes contradictions dans leur conduite. Ainsi qu'ils en protestèrent devant le conseil de guerre, leur passé ne permettant pas de douter de leurs intentions, lorsqu'ils se déclarèrent pour Napoléon, à son retour de l'île d'Elbe, ils ne faisaient pas une adhésion tardive à l'homme néfaste qu'ils avaient refusé de servir à dater du jour où ils avaient reconnu les dangers de son insatiable ambition, à cet empereur auprès duquel ils auraient pu avoir une brillante position, à l'époque où il était à l'apogée de sa gloire. Non; mais, avant tout, ils voyaient les périls de la patrie; ils la voulaient libre et ils craignaient de la voir retomber aux mains des envahisseurs ou sous le joug de l'ancien régime.

Dumoulin, ce substitut de la République qui avait poursuivi Constantin pour l'affaire du parc de Saint-Ferme; qui, devenu procureur du roi sous la première Restauration, devait l'être encore sous la seconde et poursuivre de nouveau les deux frères; Dumoulin n'avait-il pas accepté le titre de procureur impérial pendant les Cent Jours? — Et Pirly, qui avait succédé à Constantin comme sous-préfet de La Réole, n'avait-il pas, dans les mêmes phases politiques, conservé ses fonctions? — Pourquoi donc ces deux hommes qui, à certaines heures, furent plus royalistes que le roi, qui firent tant de mal aux deux jumeaux, n'avaient-ils pas suivi leur exemple, eux qui, deux fois, par conscience, s'étaient démis, en 1793 parce qu'ils désapprouvaient le supplice de Louis XVI, en 1804 parce qu'ils ne voulaient pas servir l'Empire ?

Dumoulin et Pirly préféraient obéir à l'*usurpateur*, exécuter ses ordres d'arrestation contre les émissaires de leur roi en fuite, qu'on appelait alors comte de Lille et que, deux mois auparavant, ils saluaient, eux, du titre de Louis XVIII.

L'indignation ne saurait être contenue quand on pense que de tels hommes furent les accusateurs des deux patriotes qui allaient payer de leur vie leurs convictions, leur générosité, leur gloire acquise au prix d'un sang noblement répandu, sur vingt champs de bataille, pour la France et pour la liberté !

Après le désastre de Waterloo, le général Clausel déclara l'état de siège dans le département de la Gironde. Il donna à Constantin le commandement des arrondissements de Bazas et de La Réole, et chargea César de parcourir la contrée avec une colonne d'hommes dévoués, pour y maintenir la tranquillité.

(1) Le 12 juillet, la rentrée de Louis XVIII aux Tuileries fut connue à Bordeaux ; mais c'est seu-

(1) Nous ne donnons ici que les détails essentiels à l'enchaînement des faits, devant y revenir plus longuement, avec les documents authentiques, à l'occasion du procès.

lement le 21 qu'y arrivèrent la nouvelle de la soumission de l'armée de la Loire et les premiers ordres du nouveau ministre de la guerre, Gouvion-Saint-Cyr. Un de ces ordres, daté du 16, mais dont la copie ne parvint à Constantin que dans la soirée du 21, enjoignait à tous les officiers généraux nommés par suite de l'état de guerre ou de l'état de siège, de cesser leurs fonctions, et de rentrer dans la position où ils étaient au 20 mars. Partout, en outre, le drapeau tricolore devait être remplacé par le drapeau blanc.

Le 22, à l'aube, Constantin, comme maire de La Réole, fit arborer le drapeau blanc. Le lieutenant de gendarmerie assistait à cette opération dont le procès-verbal fut remis aussitôt au sous-préfet, en même temps que la déclaration des deux frères qu'ils cessaient toutes fonctions. Arnaud de Peyrusse, maire avant le 20 mars, et qui n'avait pas été révoqué pendant les Cent Jours, reprit immédiatement la direction de l'administration municipale et fut reconnu, en cette qualité, par Constantin lui-même. Plusieurs heures après le dernier acte administratif de Constantin, quelques scènes de désordre se produisirent à La Réole, dont on essaya bientôt de faire retomber toute la responsabilité sur les deux jumeaux. Voici dans quelles circonstances :

La veille, le 21, deux bateaux portant, l'un une centaine de nègres d'un régiment colonial, commandés par le sous-lieutenant Casimir

Duclos, l'autre vingt-trois hommes du 41e de ligne, commandés par le sous-lieutenant Warnet, passèrent, à la même heure, devant La Réole. Les deux détachements appartenaient à l'armée de Toulouse qui s'était débandée à l'apparition de la cocarde et du drapeau blancs. De la rivière ils aperçurent le drapeau tricolore qui flottait sur la maison des frères Faucher, puisqu'ils n'avaient point encore reçu l'ordre de cesser leurs fonctions et de faire arborer le drapeau blanc. A cette vue, ces soldats décidèrent de s'arrêter à La Réole. Une députation de quarante-cinq d'entre eux se rendit chez les jumeaux et les supplia de les conduire sous les trois couleurs à la défense de la patrie. Constantin leur donna des billets de logement et les engagea à attendre jusqu'au lendemain pour avoir le temps de prendre des ordres à Bordeaux. Mais, le soir même, il recevait la copie des ordres ministériels que lui transmettait le général Clausel.

Le lendemain, le 22, quand les soldats du 41e et les nègres virent les drapeaux blancs qui flottaient sur la sous-préfecture et la mairie, ils entrèrent en fureur, abattirent les drapeaux et les brûlèrent. Constantin les blâma de leur conduite, et, en présence de leur surexcitation, pour éviter de plus grands désordres, il leur conseilla d'aller rejoindre, dans la direction de Marmande, le chef de partisans Florian. Ils partirent et, chemin faisant, commirent des excès, tels que le pillage de la maison de Verduzan, à Montagoudin.

Après le départ des soldats de Duclos et de Warnet, les drapeaux blancs avaient été rétablis et le calme était promptement revenu dans La Réole. Mais la nouvelle de cette scène de désordre, de cet acte de colère de quelques soldats débandés, était parvenue à Bordeaux, dénaturée et singulièrement exagérée : on disait qu'à l'instigation des frères Faucher, La Réole s'était soulevée, que les représentants de l'autorité royale avaient été insultés, que la plupart des habitants refusaient de reconnaître Louis XVIII.

Le 24, une centaine de gardes royaux, sous le commandement de Johnston, arrivèrent à cheval de Bordeaux à La Réole; sur leur route, ils avaient ameuté et entraîné quelques paysans de l'arrondissement de Bazas. Ils agissaient sans ordre, mus seulement par leur zèle pour les Bourbons et par leur haine contre les républicains. La ville était dans le plus grand calme lorsqu'ils y pénétrèrent au galop de leurs chevaux, le sabre au clair, aux cris de : *A bas les brigands Faucher ! A bas les généraux de La Réole ! Il faut les tuer !* Les deux frères s'enfermèrent dans leur maison, avec quelques amis sûrs et quelques domestiques. Ils écrivirent aussitôt la lettre suivante au maire, Arnaud de Peyrusse :

« La Réole, le 24 juillet 1815.

» Monsieur le Maire de La Réole,

» Nous apprenons à l'instant qu'on pousse sur notre maison un attroupement armé sous le prétexte de nous demander un drapeau tricolore.

» Nous avons appris de vous qu'il fallait détruire les drapeaux qui cessaient d'être les couleurs nationales; nous avons détruit le drapeau tricolore comme vous avez détruit, il y a trois mois, les enseignes et le drapeau blanc.

» C'est à votre autorité que nous avons recours et nous vous demandons, Monsieur le maire. d'assurer l'inviolabilité de notre domicile. On annonce des hommes armés venant du dehors, encourageant des hommes de la commune dans l'erreur.

» Vous avoir donné cet éveil, c'est être sûr que respect sera conservé à l'ordre public.

» S'il en était autrement, de grands malheurs pourraient s'ensuivre, et la flétrissure en retomberait sur ceux qui les auraient amenés ou ne les auraient pas empêchés.

» Nous avons, etc. »

Le maire leur répondit :

« La Réole, le 24 juillet 1815.

» Messieurs,

» J'ai l'honneur de vous informer que j'ai donné les ordres les plus précis à la gendarmerie et aux chefs de la garde nationale pour qu'ils eussent à faire respecter les personnes et les propriétés; j'ai agi ainsi de concert avec les autres autorités de la ville.

» Je me flatte que ces ordres seront ponctuellement exécutés. S'il en était autrement, veuillez m'en informer.

» Je suis avec considération, etc.

» Arnaud de Peyrusse. »

Malgré les assurances données par le maire dans cette lettre, toute la journée et toute la soirée du 24 furent remplies de violentes scènes de désordre, de vexations de tout genre, provoquées et commises par les gardes royaux. Leur arrivée avait bouleversé La Réole. La population de cette ville était, au fond, parfaitement libérale et attachée aux principes de la Révolution; mais les ambitions déçues, les ressentiments nés au milieu de la tourmente, les rancunes créées par le despotisme de l'Empire, le tout aidé par une ardeur exaltée, chez quelques-uns, pour le nouveau gouvernement, ou par les fauteurs de troubles stipendiés par le parti royaliste, trouvaient une occasion d'éclater, de prendre une revanche : c'était le commencement d'une réaction aveugle et cruelle.

Le 25, les deux frères faisaient parvenir une seconde lettre à Arnaud de Peyrusse :

« Monsieur le Maire de La Réole,

» La journée d'hier a été un jour de deuil pour les bons citoyens; la voix du magistrat a été méconnue, et les lois ont été sans force.

» L'asile du sieur Gaubert a été violé par des

hommes armés qui, en l'absence de ce citoyen, ont fait dans sa maison des perquisitions que nos lois réprouvent comme un attentat.

» De nouvelles violations de domicile ont eu lieu chez la veuve Dupont, etc., par des étrangers en uniforme et en armes; des cris de sang ont été poussés même en votre présence et celle des autres dépositaires de l'autorité; et, malgré vos efforts, des hommes armés sont entrés de vive force dans la maison du sieur Albert, désigné patriote ou bonapartiste, en criant: « Il faut l'égorger! » — Sa fille et la dame Peyroulet ont été foulées aux pieds. Le sieur Albert fils a été saisi et entraîné; le sieur Albert père a pu s'échapper.

» Il est trop notoire que des hommes armés ont été appelés de Castets et d'autres lieux. Contre qui? Quand nul trouble, nul ferment n'existait à La Réole!...

» La transition du régime royal au régime impérial s'est faite, à La Réole, en paix. Plus tard, le maire et les adjoints élus de La Réole ont, dès leur entrée en fonctions, aboli les gardes de nuit même, et le plus grand calme a régné constamment.

» Le retour du régime royal, marqué actuellement à La Réole par l'appel d'étrangers en armes, par l'épouvante, le trouble, la violation des domiciles, doit-il être signalé par la consommation des égorgements déjà tentés! Le retour du régime royal doit-il être signalé, à La Réole, par la consommation des crimes médités!

» Monsieur le maire, vous n'avez pas empêché le mal, le crime commis hier : c'est une preuve sans réplique que vous ne l'avez pas pu. Il est permis de craindre que vous n'ayez pas les moyens de réprimer le crime préparé pour aujourd'hui, pour demain. Vos regrets seraient cuisants, nous n'en doutons pas; mais ils ne remédieraient point à des malheurs faciles à prévoir, à des forfaits hautement annoncés.

» La marche de l'autorité, il y a trois mois, et sa marche aujourd'hui, contrastent d'une manière trop alarmante pour ne pas justifier de funestes appréhensions. Permettez-nous de vous faire observer :

» 1° Que le 4 mai dernier, pour des cris : *A bas les royalistes!* mêlés aux cris de : *Vive l'Empereur!* des citoyens ont été mandés à l'hôtel de ville et conduits par la gendarmerie; que des procès-verbaux ont été faits de leur interrogatoire, et les procès-verbaux adressés à Bordeaux, au préfet et au procureur général qui, de concert avec le préfet, a été obligé d'ordonner qu'on cessât cette poursuite scandaleusement dirigée dans la voie criminelle;

» 2° Que pour les cris répétés hier : *A bas les bonapartistes! A bas les généraux Faucher! Il faut les égorger!* cris poussés au milieu des vociférations des étrangers, spécialement par un officier de la garde nationale de La Réole, nommé par le commissaire du roi; pour la violation des domiciles à main armée et pour les excès commis hier sur des citoyens, il n'a pas été arrêté un perturbateur du repos public, pas un provocateur au meurtre;

» Et cependant, ils sont en place, les mêmes magistrats qui ont si consciencieusement fait subir interrogatoire et dressé procès-verbal, le 4 mai. d'une promenade joyeuse sans violation de domicile, sans menaces, sans aucun des attentats qui souillent cette époque-ci.

» Ce rapprochement prouve avec évidence que les magistrats n'ont plus la force qui leur appartient, et qu'ainsi les citoyens rentrent dans le droit de défense naturelle et personnelle en présence des attroupements d'hommes en armes et étrangers à la commune, étrangers pour le plus grand nombre au pays, qui épouvantent la ville et menacent de l'ensanglanter.

» Nous vous déclarons, Monsieur le maire, que dans cet état de désorganisation sociale, notre maison *vaste* est devenue le lieu de réunion des bons citoyens menacés : et c'est au nom de nous tous que *nous vous l'offrons*, comme lieu de sauvegarde et d'*appui aux magistrats et aux lois*, quand vous le réclamerez.

» Monsieur le maire, les étrangers qui se sont portés hier chez Albert, en criant qu'ils voulaient l'égorger, et qui ont outragé et frappé Mme et Mlle Bousquet, qui ont violé le domicile des dames Dupont, etc., sont ici avec ou sans votre aveu; s'ils y sont avec votre aveu, ils doivent vous obéir, les méfaits d'hier doivent être punis, et toute sécurité doit être rendue aux citoyens; si ces étrangers sont ici sans votre aveu, en opposition à vos ordres, les bons citoyens sont nombreux ; donnez-leur vos ordres, et vos ordres seront obéis envers et contre tous perturbateurs.

» Nous avons, etc. »

A cette lettre, très judicieuse et dans laquelle, tout en offrant leur concours dévoué, les deux frères laissaient entrevoir leur intention d'user de leur droit de défense personnelle dans le cas où l'autorité serait impuissante à protéger les citoyens, le maire répondit :

« MESSIEURS,

» J'ai reçu hier au soir la lettre que vous m'avez fait l'honneur de m'écrire; je ne pus y répondre sur-le-champ, à cause des occupations qui survinrent à la Mairie.

» L'inexactitude des faits que vous me dénoncez et auxquels j'étais présent, me ferait croire que ceux dont je n'ai pas été le témoin ont été exposés sous de fausses couleurs. La conséquence n'est pas rigoureuse, mais mon caractère est assez connu pour donner cette assurance que le mal ne peut jamais se commettre en ma présence sans que je l'arrête par tous les moyens que les lois me délèguent.

» Si les personnes dont vous me parlez ont des plaintes fondées, qu'elles veuillent bien les préciser, et autant qu'il dépendra de moi, je m'empresserai d'y faire droit.

» Quant à ce qui vous regarde personnellement, Messieurs, et relativement aux craintes que vous me témoignâtes hier sur une violation de domicile, j'ai l'honneur de vous assurer de nouveau que nul rassemblement, de quelque genre qu'il soit, ne peut pénétrer chez vous, sans me passer sur le corps et ensanglanter l'écharpe municipale. Pour agir ainsi, je vous prie de croire que je n'ai pas besoin de ma qualité de magistrat.

» J'ai l'honneur, etc.

» *Le Maire de La Réole,*

» Arnaud de Peyrusse.

» A La Réole, le 26 juillet 1815. »

Le 26 et le 27, les deux frères écrivirent au maire :

« Monsieur le Maire de La Réole,

» Il se répand qu'on doit sonner le tocsin ce soir ; ce moyen extrême, qui fait appeler au secours de la chose publique, de par le magistrat, dans un péril imminent et imprévu, change étrangement de nature quand il est annoncé pour une heure fixe, et que surtout il paraît sous un secret renfermé par les adeptes d'un parti signalé.

» En nous référant à nos deux dernières lettres des 24 et 25, nous vous prions de nous dire si le tocsin doit, ou non, être sonné ce soir, et en ce cas nous prescrire la conduite que nous devons tenir en cette occurrence.

» Nous avons l'honneur, etc.

» La Réole, le 26 juillet 1815. »

« Monsieur le Maire de La Réole,

» Deux hommes à nous nous portaient, tout à l'heure, des bouteilles dans une corbeille couverte de foin, lorsque, auprès de notre porte, deux gardes royaux en uniformes et en armes, dont un fourrier et de grande taille, les ont arrêtés, ont fouillé la corbeille, et sur ce que notre domestique leur a dit : « Mes amis, il n'y a rien de suspect », ce fourrier a répondu : « Moi, ton ami..... Je suis plutôt ton ennemi. »

» Monsieur le maire, dans quelle position sommes-nous donc ? Qu'est-ce donc que cette force armée qui fait des suspects ? Sommes-nous, comme on nous le dit, sous le régime de Louis XVIII ?

» Le porteur de cette lettre est un des témoins que je vous désigne.

» Nous avons l'honneur, etc.

» La Réole, le 27 juillet 1815. »

En l'absence du maire, l'adjoint Levaissière leur répondit :

« Messieurs,

» D'après les renseignements sûrs que je viens de prendre, je peux vous donner l'assurance qu'il n'y a aucun projet de faire sonner le tocsin, ni cette nuit, ni dans aucun temps : soyez donc sans alarme à cet égard.

» J'ai fait part à M. le commandant des gardes royaux de la conduite des deux gardes dont vous vous plaignez, et il doit les engager à se conduire désormais avec plus de mesure.

» Agréez, Messieurs, etc.

» En l'absence de M. le Maire :

» LAVAISSIÈRE, *adjoint.* »

Les deux frères crurent devoir informer *confidentiellement* le général Clausel de ce qui se passait autour d'eux, par la lettre suivante qui était adressée à l'ami plutôt qu'au supérieur hiérarchique :

« GÉNÉRAL,

» Vous commandez encore, et jusqu'au dernier moment nous vous rendrons compte de la situation des contrées que vous aviez confiées à notre commandement.

» Nos fonctions de général *cessèrent avec la journée* du 21 juillet.

» Le 22, à l'aube, conformément à votre ordre du jour, le drapeau blanc fut arboré par mes soins, comme maire de La Réole. Quelques heures après, je déclarai par écrit au sous-préfet que je tenais à honneur d'avoir été élu maire de La Réole, mais que dès ce moment, je cessais mes fonctions de maire *provisoire*, parce que n'y ayant plus de danger, je ne voulais pas remplir des fonctions arbitrairement déléguées par le préfet.

» Peu après, *les drapeaux blancs furent abattus par des militaires d'un corps en marche*, qui allèrent auparavant en prévenir le sous-préfet.

» Ces militaires ont sans doute fait une faute; mais, général, jugez de l'influence de leur erreur! A l'apparition de la cocarde et du drapeau blancs, l'armée de Toulouse s'est débandée. Plusieurs militaires arrivant sur des bateaux, ayant vu, le 21, flotter sur notre maison un grand drapeau tricolore, s'y rallièrent, et une députation de quarante-cinq sous-officiers vint en leur nom me demander de les conduire sous ces couleurs au service de la patrie. « Nous voulons mourir pour elle », me disaient-ils... Puis les larmes tombaient sur leurs galons. En me voyant dans l'impossibilité de leur parler par ma trop grande émotion, ils me pressèrent dans leurs bras : les uns me touchaient les mains, d'autres mes habits... Général, ce ne sont pas là de mauvais Français.

» De nombreux soldats, une armée, se serait ralliée ici dans ces derniers moments; mais ouvertement, officiellement, on met en usage tous les moyens de dissoudre nos corps militaires. Des hommes revêtus d'uniformes, dits gardes royaux, sont arrivés, lundi 24, à La Réole, et, de concert avec les autorités constituées, ils disent aux divers détachements de militaires : « Notre bon roi n'a plus besoin d'armée; c'est un bon père, il vous renvoie chacun dans vos familles. Recevez une feuille de route, et on va vous fournir le logement et la nourriture. » — C'est ce qui est fait sur-le-champ. Par ce moyen, nous voyons régulièrement licencier, à La Réole, l'armée de Bayonne, une partie de celle de Toulouse, et de nombreux détachements de celle de Bordeaux.

» Les faits des hommes, dits gardes royaux, ne se bornent pas là. Nous mettons sous cette enveloppe les lettres que nous avons écrites au maire de La Réole, le 24 et le 25; vous y verrez la violation des domiciles, les excès commis sur des citoyens. Nous apprenons que des scènes semblables ont eu lieu à Bordeaux.

» Ces dits gardes royaux ont à leur tête [1] le fils unique d'un sieur D...and, employé de la régie de l'enregistrement à Bordeaux, et attaché à la maison du duc d'Angoulême; avec lui sont, entre autres, le fils unique du sieur Menou, de Casseuil [2], près La Réole; les autres sont plus connus à Bordeaux qu'ici.

» Le sieur D...and, à cheval à la tête de sa troupe, crie tout haut en parcourant les rues qu'il est venu avec ses amis pour enlever les généraux Faucher, morts ou vifs. Leurs complices sont Durand-Laubessac et Durand-Levison, cousins du sous-préfet.

(1) D...and a été désigné, par erreur, comme le chef du détachement des gardes nationales qui se porta à La Réole; c'est Johnston, capitaine de la garde nationale à cheval, qui le commandait.

(2) Le *Mémorial Bordelais* nomme ce village Cassenie. Il n'y en a point de ce nom près de La Réole. Il n'y a, dans les environs de cette ville, qu'une famille Menou et elle habite Casseuil. C'est la seule qui ait paru amie de César et de Constantin jusqu'en 1814.

» Dans cet état de choses, notre maison est réellement en état de siège; et, *au moment où nous écrivons, nos armes sont là ; nos avenues éclairées, et le corps de la place en défense, et nous ne craignons pas la désertion de la garnison de la place.*

» Cet état respectable est respecté par ces messieurs, qui attaquent, frappent des hommes faibles, des enfants.

» Le sous-préfet Pirly est l'âme de ce mouvement de crime et de désorganisation; c'est lui qui, par le moyen de MM. Duhamel de Castets, a fait venir ici, le 24, des bandes de paysans armés, appelés des arrondissements voisins ; c'est lui qui a appelé les dits gardes royaux; c'est lui qui ouvertement les pousse en avant; et comme les amis du préfet Fauchet doivent avoir une conduite analogue, chacun dans l'ordre de ses fonctions, son ami Dumoulin, procureur du roi, et son substitut Montaubric, viennent de lancer un mandat d'amener pour prévention de crime, non pas contre les criminels qui ont tenté d'assassiner le sieur Albert, qui ont frappé sa fille, foulé aux pieds la dame Peyroulet, etc., etc., mais contre G. Dubois, vigneron, qui a commis le crime épouvantable de dire hautement « que l'état actuel n'était que passager, et que les amis de la patrie triompheraient; qu'il l'avait lu dans un livre ancien ».

» Ces messieurs, dits gardes royaux à cheval, grossis des gardes royaux de ces contrées, ne s'élèvent pas à plus de cent chevaux; *nous enlè-*

verions ces messieurs, et comprimerions leurs satellites; ce serait l'affaire de deux heures en plein midi, avec les seules forces que notre population bonne nous donne; mais nous craignons que cet acte de juste défense ne puisse être le signal de la guerre civile, ou au moins ne contrarie les dispositions de notre général, spécialement encore chargé de tout ce qui tient à l'ordre public. Nous vous aurions une grande obligation si vous nous disiez quelle est la marche que nous devons tenir dans cet état de crise pour être *en aide à la patrie en souffrance.*

» Cette lettre vous est remise par *un patriote de confiance.*

» Nous sommes, etc.

» Le Général C. Faucher.

» A La Réole, le 27 juillet 1815. »

Cette lettre, qui était, il faut le répéter, une confidence amicale et non une pièce officielle, partit pour Bordeaux, le 27, dans la soirée. Le 29 au matin, le maire de La Réole, en rentrant de Loubens, commune voisine, trouva les deux lettres des frères Faucher, remises, en son absence, à l'adjoint Lavaissière. Il y répondit par une lettre qui visait à l'esprit et aux allusions fines, mais dont la dernière partie était inspirée par les bruits stupides que répandaient les ennemis des deux jumeaux et qu'avaient été les premiers à faire circuler les gardes royaux de Bordeaux.

« La Réole, le 29 juillet 1815.

» Messieurs,

» L'ermite de Loubens trouva hier, en arrivant de son ermitage, deux de vos lettres adressées au maire de La Réole, et heureusement, en son absence, à son adjoint. En vérité, je vous avoue que notre ancienne correspondance était bien plus gaie, plus aimable, et surtout plus riante.

» Vous permettrez donc que je me déclare absent pour répondre aux lettres officieuses qui sont par trop foncées en couleur et que je me réserve, pour dédommagement de l'ennui de ma place, le plaisir de causer avec vous *sicut erat in principio*. C'est donc en style d'ermite que vous permettrez que j'y réponde.

» Vous me parlez de tocsin qui devait sonner à une heure déterminée. Heureusement nous n'avons pas ici de clocher de Saint-Germain l'Auxerrois, et mon opinion, ainsi que la vôtre, est qu'il n'y a de tocsin à sonner que sur la nombreuse cohorte des personnes qui se croient, bien de la meilleure foi du monde, on ne peut plus nécessaires. La Fontaine l'a dit :

Se croire un personnage est très commun en France.

» Quant aux *secrets adeptes*, je sais qu'il y en a dans tous les partis, mais j'ai le bonheur de n'être d'aucun. Le maire de La Réole m'a dit en confidence qu'il n'en connaissait que deux :

le tranquille, quelle que soit son écharpe; le perturbateur, quelles que soient ses couleurs. Mais savez-vous que si vous m'apprenez ce qui doit se passer du côté des bouquets blancs, je puis aussi vous donner des nouvelles de la rose rouge?

» Par exemple, vous ignorez peut-être que vous avez fait miner toute votre maison; que vous avez des munitions pour soutenir un siège, des bombes, des canons, etc. Je n'ai pas encore ouï parler de fusées à la Congrève; vous faites faire l'exercice toutes les nuits, au clair de lune, à une compagnie de nègres, ce qui assurément est très divertissant.

» J'aurais encore d'autres gentillesses pareilles à vous conter; mais je suis un peu piqué : vous n'êtes point venu faire compliment à l'ermite devenu maire. Vous me direz peut-être que vous attendez que le maire redevienne ermite. Je ne me paie point de semblables raisons; ma robe tient un peu au clergé, ainsi je vous préviens que je suis très rancunier. C'est à vous à me tirer de cet état de perdition, car la rancune est un grand péché en tout temps, surtout sous Louis XVIII qui pardonne à tout le monde.

» Il aurait besoin de faire une grande mission pour catéchiser grand nombre.

» Je suis, messieurs, etc.

» *L'Ermite de Loubens,*

» Arnaud de Peyrusse. »

Clausel reçut la lettre des frères Faucher le 28 juillet. Le même jour, il était relevé de son commandement.

Pourquoi l'un de ses derniers actes, avant de le quitter, fut-il d'envoyer cette lettre au nouveau préfet de la Gironde, de Tournon ? — Il ne nous a pas été possible, malgré de longues et minutieuses investigations, d'en trouver une raison précise ayant laissé quelque trace. Seules, les suppositions acceptables sont permises : ou Clausel, en livrant la lettre des deux frères, voulait se faire bien venir du nouveau gouvernement, ou il commit une inadvertance, une légèreté. Nous aimons à croire que s'il avait pu prévoir l'usage que les ennemis des jumeaux allaient faire de cette lettre, il ne l'aurait pas transmise au préfet. Sa loyauté militaire, sa vieille intimité avec les deux frères, auraient reculé devant une indélicatesse qui, en raison des circonstances, prenait la forme d'une délation et qui allait les perdre.

Où donc, dans cette lettre, le préfet put-il voir l'aveu des deux frères qu'ils avaient, dans leur maison, un amas d'armes, une réunion d'hommes armés ? Où donc aussi put-il découvrir ce même aveu dans leur lettre au maire de La Réole ? — Ce dernier, mieux placé que de Tournon pour savoir la vérité sur ce point, n'avait-il pas prouvé, au contraire, qu'il n'avait rien vu de pareil dans la lettre des deux frères, pas plus qu'il ne croyait aux bruits qui circulaient à leur sujet dans la ville ? Ce maire n'avait-il pas écrit, dans une lettre précédente, qu'avant de faire violence aux deux frères *on devrait passer sur son corps et ensanglanter son écharpe municipale*, ajoutant que, pour *agir ainsi, il n'avait pas besoin de sa qualité de magistrat?* Ce qui signifiait évidemment qu'il connaissait et estimait assez les deux frères pour les protéger et les défendre à titre d'ami, comme simple citoyen. Mais les faits allaient démontrer, beaucoup mieux que ne pourraient le faire tous les raisonnements, l'inanité des considérants du préfet, leur puérile ou méchante exagération.

Dès le lendemain 29 juillet, le préfet de Tournon prenait l'arrêté suivant :

Extrait des arrêtés de la Préfecture de la Gironde.

LE PRÉFET,

Vu la lettre en date de La Réole, le 27 juillet, signée le général Faucher, adressée à M. le général Clausel et à nous officiellement transmise, par ledit général Clausel, le 28 courant;

Vu la lettre en date de La Réole, 27 juillet, signée César Faucher, Constantin Faucher, adressée à M. le maire de cette ville;

Considérant que de ces lettres résulte l'aveu que les sieurs Faucher ont dans leur maison un amas d'armes et qu'ils y ont réuni des individus armés;

Vu l'article 76 de l'acte constitutionnel du 22 frimaire an VIII,

ARRÊTE :

ARTICLE PREMIER. — Le capitaine de la gendarmerie du département de la Gironde est requis de faire, dans la maison des sieurs César et Constantin Faucher, de la ville de La Réole, les perquisitions nécessaires pour s'assurer si elle renferme une réunion d'individus armés, ou un dépôt d'armes.

ART. 2. — Le capitaine de la gendarmerie du département dressera procès-verbal de sa perquisition, conformément aux lois, et il le remettra à M. le procureur du Roi près le tribunal de première instance de La Réole, pour être, par ce magistrat, pris telles mesures que de raison.

Fait à Bordeaux, en l'hôtel de la Préfecture, le 29 juillet 1815.

Le Préfet de la Gironde,
DE TOURNON.

Le 31 juillet, vers une heure de l'après-midi, le capitaine Maury, commandant la gendarmerie royale du département de la Gironde, arrivait à La Réole, et se présentait aussitôt chez les frères Faucher avec trente gendarmes, un détachement de soixante-dix Espagnols et une centaine de gardes nationaux qui cernèrent la maison et en gardèrent toutes les issues, d'ailleurs toutes ouvertes à leur arrivée. Le capitaine de gendarmerie, assisté par l'adjoint Lavaissière, visita minutieusement les cours, le jardin, les chambres, les écuries, les greniers, les meubles, les placards. Les deux frères étaient présents à ces stupéfiantes perquisitions, avec quatre de leurs domestiques, un homme et trois femmes, et trois enfants, dont un neveu et une nièce. C'étaient là tous les individus armés, annoncés par l'arrêté du préfet.

Après cinq heures de perquisitions, le capitaine de gendarmerie dressa le procès-verbal suivant :

Aujourd'hui, trente et un juillet mil huit cent quinze, à une heure après midi, nous, Pierre Maury, capitaine commandant la gendarmerie royale du département de la Gironde, agissant en vertu d'un arrêté de M. le préfet du même département, en date du 29 du dit mois, étant en compagnie de M. Lavaissière, adjoint de la mairie de La Réole, que nous avons requis à cet effet, nous sommes transportés au domicile de MM. César et Constantin Faucher, citoyens français, domiciliés à La Réole, rue de la Mar, pour leur donner communication dudit arrêté ordonnant de faire perquisition dans leur maison pour s'assurer si elle ne renferme pas des individus armés ou un dépôt d'armes.

Où étant, nous avons requis lesdits MM. Faucher de tenir fermées les portes de leur maison afin que personne n'y entrât ni n'en sortît sans notre autorisation ; comme aussi d'avoir à nous présenter toutes les personnes qui sont actuellement dans leur maison, à quoi ils ont déféré; et à l'instant ils ont fait paraître devant nous un domestique mâle, appelé Jean Peytraud, âgé de vingt ans; Marguerite Riché sa femme, Anne Peytraud sa sœur, autre Peytraud également sa sœur, Jean Lussaud, âgé de onze ans, Mlle Anaïs Faucher et Jean-Jacques Bruno Faucher, nièce et neveu desdits sieurs Faucher.

Interpellés de nous déclarer s'ils n'ont pas d'autres personnes dans leur maison, ils ont répondu négativement, nous observant néanmoins qu'ils ont encore deux domestiques mâles, lesquels sont, en ce moment, dans leur château de Boirac, commune de Pellegrue.

Nous avons invité ensuite MM. Faucher à nous présenter toutes les armes qui sont dans leur maison, à quoi ils ont obtempéré en faisant porter devant nous dans une chambre basse, servant de salle à manger, celles dont le détail suit :

1° Deux fusils doubles de chasse; 2° huit fusils simples également de chasse, dont trois hors de service; 3° un fusil de munition avec sa baïonnette; 4° une carabine de chasse; 5° deux gros pistolets de cuivre; 6° une paire idem d'arçon; 7° trois sabres pour la cavalerie légère; 8° deux briquets, dont un sans fourreau; 9° sept vieilles épées, dont cinq ne peuvent sortir du fourreau; non compris leurs épées d'uniforme que nous avons cru devoir leur laisser; 10° huit pétards montés sur des affûts, et qui ne sont propres qu'à faire du bruit, et qui sont du calibre du petit doigt; 11° enfin, sept piques, dont deux pour des drapeaux, et qui étaient en évidence dans le vestibule de la maison.

Nous observons qu'une partie des armes à feu ont été trouvées chargées, mais non les pétards; nous observons aussi que les épées, les gros pistolets et la carabine de chasse, n'étaient point comme les autres armes réunies dans le premier salon où nous sommes entrés et où nous écrivons. Les MM. Faucher les y ont fait porter sur l'injonction que nous leur avons faite de nous présenter toutes les armes qu'ils avaient dans leurs mains.

Interpellés de nous déclarer pour quels usages ils ont réuni chez eux toutes lesdites armes, et pourquoi nous les avons trouvées chargées, ils ont répondu que c'était pour leur défense personnelle, se réservant de développer leurs motifs dans une note particulière qui sera annexée au présent procès-verbal;

mais ne voulant pas renvoyer jusque là à dire qu'ils n'ont fermé les portes de leur maison, et ne se sont mis en défense que le lundi 24 du courant, lorsque les gardes royaux à cheval traversant la ville, suivis de paysans armés venus de l'arrondissement voisin, les cris s'élevèrent de cette bande : « *Il faut tuer les frères Faucher!* » ; — que ce même jour, cette troupe se porta avec violence sur la maison du sieur Albert, désigné comme patriote ou bonapartiste, outragea sa femme et sa fille, saisit son fils qui fut excédé de coups et chercha le père qu'elle disait vouloir tuer ; que la même troupe en entrant dans la ville, sous le même prétexte de bonapartisme, excéda de coups le faisandier ou colon partiaire du sieur Vaquey, et qui, dit-on, en est mort hier ; qu'elle frappa et outragea les dames Bousquet ; que, dans cet état de choses, ils écrivirent au maire de La Réole, pour lui annoncer les dangers qu'ils couraient, et l'engager à faire respecter leur domicile ; que, n'ayant pas reçu de réponse, ils acceptèrent les secours des bons citoyens ; qu'ils en rendirent compte le lendemain à M. le maire, lequel, dans sa réponse, qui nous a été exhibée, ne blâme pas leurs mesures de précaution, mais leur dit que les attroupements ne forceront leur porte qu'après avoir ensanglanté l'écharpe muncipale. (Ce sont les propres expressions de M. de Peyrusse, maire de La Réole, et que MM. Faucher ont demandé à faire consigner littéralement dans notre procès-verbal, ainsi que toutes les expressions contenues dans la présente déclaration.)

Interpellés de nous désigner les personnes qui, d'après leur déclaration, se sont réunies chez eux pendant la nuit, depuis le 24 jusqu'au 30 du courant, ils ont répondu que ce sont leurs concitoyens qui ont pour eux amitié et estime ; qu'ils ont cessé de venir chez eux, comme eux-mêmes de prendre aucune mesure définitive du moment que les hommes armés s'appelant gardes royaux ont quitté la ville, et que la gendarmerie y est arrivée, ce qui a eu lieu simultanément, et a rendu toute sécurité aux citoyens.

Interpellés de nous représenter les munitions de guerre qu'ils peuvent avoir dans leur maison, ils nous ont à l'instant fait apporter un vase de terre contenant trente-neuf cartouches du calibre de guerre, qu'ils ne pouvaient employer qu'en coupant les balles comme cela a déjà été fait en partie, ainsi qu'il paraît dans le même vase, qui contient de plus six pierres à fusil (1).

Interpellés enfin de nous déclarer s'ils n'ont pas d'autres armes ni d'autres munitions dans leur maison, ils ont répondu négativement; sur quoi nous avons à l'instant procédé dans ladite maison et toutes ses dépendances aux perquisitions ordonnées par l'arrêté précité de M. le Préfet, et nous n'avons trouvé aucune arme ni munition, malgré les plus exactes recherches dans toute la partie des bâtiments occupée par MM. Faucher.

Nous déclarons qu'à notre arrivée au domicile de MM. Faucher, nous avons trouvé la porte d'entrée extérieure fermée au loqueteau seulement, que nous sommes entrés sans obstacles, et qu'ayant fait part auxdits sieurs Faucher de l'objet de notre mission, ils y ont déféré sans aucune hésitation ou difficulté.

De tout quoi nous avons fait le présent procès-verbal, lesdits jour, mois et an que dessus, au domicile de MM. Faucher et en leur présence, lesquels vont le signer avec M. l'adjoint du maire et nous.

César Faucher, Constantin Faucher,
Lavaissière, Maury.

Le procureur du roi, J.-J. Dumoulin, n'eut pas même la patience d'attendre que ce procès-verbal lui fût remis. Il avait été informé de l'arrivée à La Réole du capitaine de gendarmerie. Pendant que ce dernier opérait ses perquisitions, il lui écrivit :

La Réole, le 31 juillet 1815.

Monsieur le Capitaine de Gendarmerie,

Le bruit public m'informe que par suite de l'opération à laquelle vous procédez chez les frères Faucher, et dont vous m'informez par votre lettre de ce jour, vous avez trouvé plusieurs

(1) Les armes des frères Faucher furent vendues avec leur mobilier. — Le prix des *canons* fut de 4 à 7 francs.

fusils, épées, sabres et pierriers; si ce fait est vrai, il me paraît constituer le crime prévu par l'article 95 du Code pénal.

En conséquence, et procédant en vertu des articles 45 et 51 du Code criminel, j'ai l'honneur de vous requérir de faire saisir et traduire devant moi les deux frères Faucher, et d'y faire apporter les armes et autres pièces à conviction trouvées chez eux.

J'ai l'honneur de vous saluer.

Le Procureur du Roi,
J.-J. DUMOULIN.

Ainsi donc, sans connaître la teneur du procès-verbal, sur le simple *bruit public* seulement, le procureur Dumoulin prenait la plus grave des déterminations! — Mais il fallait bien gagner les bonnes grâces du nouveau gouvernement, se faire de l'arrestation de deux généraux signalés comme hostiles aux Bourbons, un titre à l'indulgence, un moyen de conserver sa place et son traitement! Et, en même temps, les vieilles rancunes trouvaient à se satisfaire! Aussi J.-J. Dumoulin ne parlait-il pas *de pétards, propres à faire du bruit seulement, et du calibre du petit doigt*, ainsi que les qualifiait le capitaine de gendarmerie; il parlait de *pierriers*, c'est-à-dire de canons en usage sur les navires de guerre!

En vertu de la réquisition du procureur, le capitaine de gendarmerie ajouta à son procès-verbal :

En suivant notre opération, nous avons de suite fait mettre en faisceau les armes susmentionnées, et les munitions susdites dans un sac, pour le tout être sur-le-champ transporté chez M. le procureur du roi de la présente ville, devant lequel nous avons fait sur-le-champ conduire lesdits sieurs César et Constantin Faucher en exécution de son ordonnance de ce jour, que nous venons de recevoir à l'instant et dont nous avons donné connaissance et laissé copie auxdits sieurs Faucher qui ont déclaré être prêts à y déférer.

Fait et clos lesdits jour, mois et an que dessus, à sept heures de relevée, et ont les susnommés signé avec nous :

CONSTANTIN FAUCHER, CÉSAR FAUCHER,
LAVAISSIÈRE, MAURY.

L'adjoint Lavaissière fit transporter chez le procureur et ensuite à la mairie les quelques armes dont la présence chez deux hommes qui avaient été longtemps soldats, chez deux généraux, n'avait rien d'extraordinaire et dont un officier subalterne n'aurait pas voulu pour composer la plus modeste panoplie. Un gendarme portait, à lui seul, et sans être le plus chargé, les huit pétards, les *huit pierriers* attachés avec la même ficelle !

Après un interrogatoire très sommaire, le procureur Dumoulin envoyait au maréchal des logis de gendarmerie le mandat ci-dessous :

Le procureur du roi près le tribunal de première instance séant à La Réole, en vertu de l'article 45 du Code criminel, mande au concierge de la prison de La Réole de garder sous la main de la justice, en état de mandat d'amener, les sieurs César Faucher et Constantin Faucher, frères, habitant La Réole, surpris et arrêtés en flagrant délit, ayant un dépôt d'armes, en contravention à l'article 93 du Code pénal;

En conséquence, de leur fournir tout ce qui est prescrit par les lois et règlements, notamment par l'article 18 du décret du 18 juin 1811.

Fait à La Réole, au parquet, le 31 juillet 1815.

Le Procureur du roi,
J.-J. DUMOULIN.

Je soussigné, maréchal des logis de la gendarmerie en résidence à La Réole, déclare avoir signifié le mandat de l'autre part à MM. César et Constantin Faucher, auxquels j'ai laissé la présente copie.

A La Réole, le 31 juillet 1815.

RAFCHET, *maréchal des logis.*

Ce mandat d'amener fut mis en exécution dans la soirée du 31 juillet. Aussitôt commencèrent, pour les deux frères, des vexations qui n'étaient que le prélude des plus horribles tortures physiques et morales qui leur étaient réservées. Le 1er août, au matin, ils écrivaient au maire de La Réole :

« MONSIEUR LE MAIRE,

» Un mandat d'amener nous tient dans les prisons. Ce mandat d'amener ne nous met point au secret, nous sommes détenus par l'autorité judiciaire, et seulement par elle ; nous devons être traités comme les autres détenus par de semblables mandats.

» Cependant l'autorité militaire qui n'a d'action que pour s'opposer aux attaques venant du dehors et qui ne peut entrer dans les prisons que sur une réquisition ou sur les cris partis du dedans, l'autorité militaire qui doit ignorer le nom, la qualité, la prévention, enfin l'existence des détenus, l'autorité militaire nous rend victimes de ses obsessions.

» Le sieur Delas-Coulomb, accompagné d'un

soldat, est venu hier au soir découvrir les plats de notre table.

» Le moment d'après, le chef d'escadrons commandant les Espagnols est venu nous dire qu'il avait ordre de faire sortir les gens qui étaient avec nous, qu'il prenait sur lui de laisser à table notre nièce et notre petit-neveu, mais qu'il fallait que M. l'Ingénieur des ponts et chaussées qui était avec nous sortît à l'instant, que tel était l'ordre de son chef.

» Un domestique qui nous portait des habits a été empêché d'entrer.

» Ce matin, on a refusé l'entrée aux citoyens qui voulaient nous voir.

» Notre nièce et notre petit-neveu se sont présentés ce matin pour déjeuner avec nous. L'officier de garde, le sieur Colineau, leur a dit que rien ne s'y opposait : un moment après, un sieur Tellier, secrétaire du sous-préfet, est venu demander qu'on fît sortir notre nièce et notre neveu. Ces ordres sans caractère n'ont pas été écoutés.

» Demi-heure après, le sieur Colineau est entré accompagné de deux soldats, dont l'un est le sieur Laubessac, neveu du sous-préfet, et il nous a lu un ordre signé le chevalier Dunoguès, commandant de La Réole, sans date, mais qu'il nous a dit qui venait d'être écrit à l'instant, et dont il a refusé de nous laisser copie. Ces ordres portent défense de laisser communiquer ces *messieurs* (sans dire lesquels) avec qui que ce soit excepté avec la personne chargée de porter les *vivres*, toutefois après visite faite ; et cet officier a dit qu'il avait ordre d'employer la force pour faire sortir notre nièce et notre neveu; que c'était par égard qu'il n'avait pas envoyé un caporal et deux soldats pour exécuter cet ordre. Pour éviter les fusils du sieur Laubessac et de son camarade, cet ordre quoïque très illégal a été obéi.

» Monsieur le maire, si le commandant de La Réole a un pouvoir hors la loi, nous nous taisons; mais s'il commande la force armée de par les lois, il n'a et ne peut avoir aucune action sur nous ni sur les gens qui veulent nous approcher. La force armée, sous Louis XVIII, est-elle destinée à autre chose qu'à résister aux attaques, à protéger les citoyens? A-t-elle mandat d'intervenir à l'insu des magistrats judiciaires dans l'action de ces magistrats?

» Nous vous demandons, Monsieur le maire, de faire respecter la loi qui nous protège, de faire lever les consignes qui nous tyrannisent dans nos relations, et de nous remettre dans la position de tous les citoyens détenus par de semblables mandats.

» Vous êtes maire, vous êtes chargé de la police en cette qualité : serait-il possible que sous votre magistrature on nous rendît victimes de vexations inouïes jusqu'ici!

» Le geôlier n'en a jamais vu d'exemple. Les condamnés à mort eux-mêmes ne sont pas privés de la consolation de voir leurs amis et leurs proches.

» J'ai l'honneur, etc.

» Constantin Faucher.

» A La Réole, le 1er août 1815. »

Le maire leur répondit :

« Monsieur,

» Aussitôt que j'ai reçu votre lettre je me suis occupé de son objet. Mademoiselle votre nièce et monsieur votre neveu ont dès ce moment la liberté de vous voir. Je me flatte que l'ordre en est arrivé assez tôt pour que vous ayez eu le plaisir de dîner en famille.

» J'ai l'honneur, etc.

» *Le Maire de La Réole,*
» Arnaud de Peyrusse.

» A Monsieur Constantin Faucher. »

Sans perdre de temps, le procureur Dumoulin adressait, le même jour 1er août, au juge d'instruction de La Réole, un réquisitoire d'information dont voici les points essentiels :

« Après avoir reçu l'ordre de cesser leurs fonctions militaires, les frères Faucher avaient converti leur maison en place d'armes, où les fédérés se réunissaient jour et nuit et faisaient guet et garde, au point qu'ils criaient « Qui vive ! » sur la garde bourgeoise ;

» Ils avaient des armes hors de proportion avec les besoins d'une maison particulière ;

» Des gens de la lie du peuple étaient sortis de chez eux et avaient parcouru la ville en insultant diverses personnes et en chantant le *Ça ira* ;

» Ils avaient fait enlever de la sous-préfecture *trente-cinq bustes du roi* qu'on avait salis d'ordures et portés à Bordeaux;

» Ils avaient créé une fédération dont ils s'étaient faits les chefs, et leurs affiliés avaient commis des vols, des exactions, et exigé des taxes arbitraires... »

Aussitôt le juge d'instruction convertit le mandat d'amener en mandat de dépôt :

Mandat de dépôt.

Nous, François Richon, juge d'instruction près le tribunal de première instance de La Réole, mandons et ordonnons à tous huissiers ou agents de la force publique, de conduire en la maison d'arrêt de La Réole, en se conformant à la loi, le sieur César Faucher, citoyen français, domicilié à La Réole; enjoignons au gardien de ladite maison d'arrêt de le recevoir et retenir en dépôt jusqu'à nouvel ordre.

Requérons tout dépositaire de la force publique de prêter main-forte pour l'exécution du présent mandat s'il en est requis par le porteur d'icelui; à l'effet de quoi avons signé le présent mandat scellé de notre sceau.

Fait au Palais de Justice, à La Réole,
le 1er août 1815. RICHON.

Nous, gendarme soussigné, certifions avoir motivé sur le registre du concierge de la maison d'arrêt le mandat de dépôt du sieur César Faucher : nous l'avons laissé à la charge et garde du concierge de la maison d'arrêt.

A La Réole, 1er août 1815. MOZELLE.

NOTA. — Le mandat de dépôt de Constantin est textuellement semblable, au nom près.

Le lendemain, le procureur général, tenu au courant des faits par le procureur Dumoulin, rendait l'ordonnance suivante :

Le Procureur général,

Ordonne d'extraire et conduire sans délai, sous bonne et sûre escorte, les sieurs César et Constantin Faucher, frères, des prisons de La Réole où ils sont détenus au château du Hâ, pour y être à la disposition du procureur général du roi.

Du 2 août 1815.

Rateau.

VIII

Dès que l'ordonnance du procureur général fut connue à La Réole, les ennemis des frères Faucher dépêchèrent des émissaires à Bordeaux pour en répandre la nouvelle et faire savoir aux royalistes l'heure de l'arrivée des deux victimes. Ce fut une vraie fête pour la partie turbulente et exaltée de la population qui forma aussitôt toutes sortes de projets extravagants et criminels où la vie des deux jumeaux était sérieusement menacée.

« Il n'était point besoin, disait-on, d'instruire le procès de deux monstres semblables ; les cachots du fort du Hâ étaient trop bons pour ces brigands ; il ne fallait même pas les fusiller ; il suffisait de les égorger et de jeter leurs cadavres à la rivière. » C'était à qui se vanterait de vouloir les frapper à mort : des plans furent combinés, des rendez-vous pris, des paris engagés. Il était juste du reste que Bordeaux eût ses victimes aussi bien que les villes du Midi. Deux généraux à la fois ! Quelle occasion superbe, unique !

On pensait que, pour se conformer à l'ordonnance de transfèrement, les autorités de La Réole feraient immédiatement conduire, en voiture, les deux frères à Bordeaux. Des dispositions avaient, en effet, été prises dans ce sens, et plus de mille personnes, ramassées sur tous les points de la ville, s'étaient portées par groupes sur la route de Langon par laquelle devaient arriver les deux prisonniers. Mais les ignobles projets de cette horde hideuse furent déjoués. Quelques vieux soldats, peu habitués à méditer des assassinats, avaient entendu parler par des gardes royaux du sort qu'on réservait aux généraux Faucher pendant leur trajet de La Réole à Bordeaux. Ils en informèrent l'État-Major qui donna l'ordre à la gendarmerie de changer de route, et ils dépêchèrent eux-mêmes quelques envoyés de confiance pour être sûrs que le chef de l'escorte serait prévenu.

L'officier de gendarmerie de La Réole avait été mis au courant, par les fanfaronnades de quelques royalistes de la ville, de la tentative qui se préparait et, sans attendre les ordres de Bordeaux, il avait pris sur lui d'y faire conduire les deux frères par la rivière; il avait réquisitionné un bateau dans ce but. Cependant il avait cru devoir informer de ce changement d'itinéraire le sous-préfet de La Réole. Celui-ci l'approuva, mais il donna l'ordre qu'un détachement de quatorze gardes nationaux se joindrait aux six gendarmes commandés par le maréchal des logis Bensfield qui devaient escorter les prisonniers. Par le choix de ces quatorze gardes nationaux qui furent pris dans la portion la plus abjecte de la population réolaise, et par les incidents qui se produisirent pendant le trajet, il est évident qu'on attendait d'eux tout autre chose qu'un renfort et une protection contre ceux qui avaient formé le projet d'assassiner les deux frères. Heureusement, les gendarmes, inférieurs en nombre, étaient assez énergiques et loyaux pour être les plus forts, et les hommes qui conduisaient le bateau étaient des amis pour les frères Faucher.

Dans la soirée, un nommé L..., parent de l'un des gardes nationaux de l'escorte, courut à cheval à Bordeaux, pour y faire savoir que les prisonniers allaient être amenés en bateau, et qu'ils débarqueraient le lendemain aux Salinières. Avant de partir, sous l'influence de l'ivresse et par forfanterie, il avait annoncé le but de son voyage à plusieurs camarades.

Rien ne transpira cependant avant le départ. Mais le bateau n'avait pas fait la moitié du trajet que deux des marins surprirent une grave conversation par laquelle les gardes nationaux se trahirent. Un nommé T..., leur chef, racontait comment leur camarade L... était parti pour Bordeaux, dans la soirée de la veille. « Prévenus par lui, disait-il, les amis prépareraient un attroupement d'apparence inoffensive qui se trouverait aux Salinières à l'arrivée du bateau. Au moment du débarquement, dès que les deux frères se seraient engagés sur le quai, une bousculade se produirait subitement qui éloignerait d'eux l'escorte avec d'autant plus de facilité que celle-ci s'y prêterait, et, pendant ce temps, les deux victimes seraient poignardées. »

Les matelots racontèrent sur-le-champ aux deux frères la conversation qu'ils venaient de surprendre, et le maréchal des logis Bensfield, qui en fut aussitôt informé, donna l'ordre de faire arrêter le bateau à trois kilomètres de Bordeaux, au port de Brienne. Il y eut alors une scène violente : T... prétendit qu'en sa qualité de chef du détachement de garde nationale et en vertu des instructions spéciales et formelles qu'il avait reçues du sous-préfet, il avait seul le droit de donner des ordres; qu'il voulait que le bateau descendît jusqu'aux Salinières; qu'il emploierait au besoin la force pour y contraindre les matelots. Mais Bensfield tint bon et les gardes nationaux n'osèrent pas mettre à exécution la menace de leur chef d'entrer en lutte avec les gendarmes. Ils avaient d'ailleurs l'intention d'arriver par la ruse au résultat qu'ils n'avaient pas pu atteindre par l'intimidation.

Le bateau aborda au port de Brienne. Aussitôt ce fut à qui des gardes nationaux s'empresserait auprès des deux frères, à qui s'offrirait pour aller chercher à Bordeaux une voiture qui leur épargnerait de parcourir à pied un assez long trajet. Bensfield et les matelots comprirent que la véritable intention de ces misérables n'était pas de se rendre utiles : ils voulaient seulement entrer le plus vite possible dans la ville, prévenir les complices qui devaient déjà être postés aux Salinières et aviser aux moyens d'empêcher les deux frères d'arriver vivants jusqu'au fort du Hâ.

On n'accepta point leurs offres de service, on les garda même à vue pendant qu'un matelot allait chercher une voiture à Bordeaux. Lorsqu'elle fut arrivée, Bensfield et deux gendarmes y montèrent avec les frères Faucher, et le maréchal des logis fit prendre par la rue Saint-Jean, afin de ne pas traverser la ville.

Un dernier espoir restait aux gardes nationaux. L'un deux se plaça derrière la voiture, faisant sur son passage toutes sortes de signes pour donner à comprendre que c'étaient bien les deux prisonniers attendus aux Salinières qui se trouvaient à l'intérieur. Mais la voiture allait vite, le quartier qu'elle traversait était peu fréquenté, les signes du garde national ne furent pas compris par ceux qui les aperçurent; les frères Faucher arrivèrent au fort du Hâ sans être reconnus.

Ils venaient d'échapper une première fois à un assassinat avec guet-apens; la tentative fut renouvelée pendant leur détention; ils étaient réservés à un assassinat juridique.

IX

Les frères Faucher n'étaient encore que des prévênus ; cependant, dès leur arrivée au fort du Hâ, on les jeta dans le quartier des condamnés ; trois de ces derniers leur furent donnés pour compagnons de cellule.

Ils étaient depuis quelques heures seulement dans le fort, lorsqu'à leur première apparition dans l'un des préaux, plusieurs condamnés se précipitèrent sur eux en proférant des menaces et leur remirent la lettre suivante :

« Fort du Hâ, 4 août 1815.

» MESSIEURS,

» Au nom de tous les détenus de cette prison vous êtes enjoints et tenus de payer votre bienvenue, comme étant entrés nouvellement dans cette demeure et, les lois étant telles, vous n'ignorez pas qu'il faut se conformer aux lois des plus forts.

» *Par M. le président :*

» BOCHARDON, MAGDONALD.

» *Les membres :*

» BELGY, DUTERTRE, RICHET, LACROIX, GROS. »

Sans l'intervention des trois misérables qui étaient leurs compagnons, les deux frères auraient été maltraités par les auteurs de cette lettre effrontée. Car, excités par ceux-là mêmes qui auraient dû protéger les deux prévenus, ils étaient résolus à tout, n'ayant plus rien à perdre.

Est-ce que la honte de la promiscuité dans laquelle se trouvaient deux braves soldats, deux généraux couverts de glorieuses blessures, la honte des vexations injustifiables, des dangers même auxquels cet ignoble contact les exposait, ne retombe pas tout entière sur ceux qui, avec une froide cruauté, pour satisfaire une lâche vengeance ou faire preuve d'un zèle atroce et stupide, l'avaient voulue, préparée, ou la toléraient?

Les deux frères, sur l'ordre du concierge, firent connaître le fait au procureur général, dans une lettre qu'ils ne lui envoyèrent que deux jours plus tard, parce que *par pudeur ils l'avaient retenue, pour ne pas remuer de pareilles sentines* :

« *A Monsieur Rateau, procureur général.*

» Monsieur le procureur général,

» Le concierge exige que nous vous rendions compte d'un fait qui a compromis notre existence, mais qui a été réprimé par la bonne contenance de trois condamnés qui habitent la même chambre que nous.

» Des condamnés nous ont porté en tumulte

une lettre que nous mettons sous cette enveloppe. Ils ont été repoussés. L'orateur de la troupe, à qui nous avons dit que nous allions nous plaindre à vous de cette insolence, nous a répondu : *Nous tous prisonniers vous en ferons voir.*

» Le concierge a fait venir devant nous, en sa présence, ces chefs de complot. Bochardon lui a répondu : *C'est la garde qui nous a dit de le faire ; venez, je vous le ferai dire par les gardes eux-mêmes.*

» Un moment après, M***, sergent, commandant le poste, et M***, caporal, accompagnés de quelques-uns de leurs camarades, sont venus nous demander de leur lire la lettre que nous avions reçue. Nous la leur avons lue, et nous l'avons confiée au concierge qui s'en est servi pour faire l'appel des signataires. M*** nous a affirmé que s'il avait distribué de l'argent aux condamnés c'était par charité et non pour nous attaquer.

» Ces coquins avaient eu l'audace criminelle de soutenir qu'on le leur avait donné pour cela, et le condamné Lacroix, Bordelais, avait dit : *Un gros monsieur de la garde nationale nous a dit que si on voulait nous punir, il se chargeait d'empêcher que nous fussions mis au cachot.*

» Le concierge a fait mettre au cachot ces brigands, et tout est rentré dans l'ordre.

» Nous sommes, etc.

» C^r^ FAUCHER, C^n^ FAUCHER. »

Quelques heures après avoir subi les premiers outrages des misérables au milieu desquels on les avait jetés, les deux frères étaient l'objet d'une nouvelle tentative d'assassinat, précédée et entourée de circonstances étranges qu'ils exposèrent ainsi au procureur général (1) :

« MONSIEUR LE PROCUREUR GÉNÉRAL,

» Il est de notre devoir de vous faire connaître ce qui, depuis le peu d'heures que nous sommes entrés au fort du Hâ, s'y est passé de plus important pour l'ordre public et nous ayant pour objet. Votre haute magistrature vous fera juger de ce qui a pu être fait méchamment contre nous à La Réole, à dix postes de l'autorité protectrice, par ce qui se passe ici à votre porte, et pour ainsi dire sous vos yeux mêmes.

» Vous êtes instruit que nous sommes déposés dans la division des condamnés et que la cour de cette division est séparée de la grande cour par une cour intermédiaire où sont les détenus pour dettes, etc.

» Il existe dans une muraille latérale de la cour des condamnés une ouverture fortement grillagée de fer, qui permet les communications avec la grande cour, où sont la garde nationale

(1) Il faut remarquer que dans toutes les lettres écrites par les frères Faucher au procureur général, et dont nous donnons une copie rigoureusement exacte, ils ne pouvaient faire qu'un récit fidèle des faits qu'ils lui signalaient et dont ils se plaignaient. Si leur loyauté avait pu céder à un mouvement de colère ou d'amertume, ces faits étaient trop récents et trop faciles à contrôler pour que la pensée de les dénaturer pût leur venir.

de service et tous les détenus à qui on accorde la faculté de s'y promener.

» Il n'y a jamais dans cette cour des condamnés, pendant le jour, nulle sentinelle militaire, ou factionnaire; c'est un usage constant.

» Dans sa visite occasionnée par le mouvement des condamnés, dont il vous a rendu compte il y a trois heures (et pour lequel on a exigé la lettre que nous avons eu l'honneur de vous écrire), le concierge a témoigné publiquement son étonnement de voir dans notre cour un factionnaire, quand il ne pouvait y en avoir que par son ordre, et il a dit qu'il le ferait lever. Ses occupations le lui ont fait oublier. On vient de fermer les portes, et la sentinelle n'a pas été levée.

» Il est remarquable qu'à courts intervalles, ce factionnaire a été relevé sans le caporal. Parfois des gardes nationaux sont venus seul à seul, prendre l'arme de la sentinelle et se sont mis successivement à sa place; et, ce que nous ne devons pas vous laisser ignorer, et que vous apprendrez avec peine, c'est que ces factionnaires successifs ont tous causé avec les condamnés.

» Les valets de prison *Pomez* et *Millepieds*, par l'ordre du concierge, ont vidé notre paillasse de sa vieille paille, dans notre cour, et elle y a été brûlée selon l'usage. Selon l'usage encore, on a apporté dans la cour la paille fraîche pour remplir de nouveau la paillasse. Trois bottes étaient portées; il en fallait encore deux, ces valets sont allés les chercher. Ils ont été longtemps absents. Une heure après ils sont revenus en disant qu'on ne voulait pas laisser remplir la paillasse dans la cour ; qu'il fallait emporter la toile, et remporter les trois bottes de paille fraîche.

» Aimant que pour nous on ne s'écarte pas de l'usage, et craignant qu'on ne mît de vieille paille, nous avons demandé qu'on remplît notre paillasse dans notre cour, en notre présence ; on nous a répondu qu'on avait ordonné le contraire, et le guichetier *Fourcade*, qui tenait la porte ouverte, a demandé qu'on emportât sur-le-champ la toile de la paillasse et les trois bottes de paille qui étaient déjà depuis quelques heures à la porte de notre chambre, ce qui a été fait malgré notre résistance.

» Un moment après, notre paillasse nous a été rapportée garnie de paille. En ce moment, nous causions avec M. Mathey, factionnaire de garde dans notre cour. C'est un horloger de la place Dauphine, qui nous a reconnus pour nous avoir vus à l'armée. Les valets qui portaient la paillasse nous ont appelés, et Pomez, l'un d'eux, nous a dit : *On a voulu nous donner de l'argent pour mettre deux boudins de poudre dans votre paillasse; un monsieur borgne, de la garde nationale, me les a présentés pour cela. La petite fille de M. Rey l'a entendu, et je l'ai chargée d'aller le dire à son père.*

» Et il est remarquable que cette enfant était venue le dire à son père avant que Pomez rentrât dans la cour avec la paillasse. Nous sommes sortis sur-le-champ de notre chambre, et nous sommes revenus auprès de M. Mathey, factionnaire, en le priant de faire appeler le concierge. Celui-ci est venu; nous lui avons rendu compte du fait devant M. Mathey. Pomez a persisté, en présence du factionnaire et du concierge, à soutenir que cette proposition lui avait été faite par ces messieurs, notamment par ce monsieur borgne, que la petite de M. Rey l'avait entendu, et le déclarerait.

» Le concierge a emmené ce Pomez pour le confronter avec ceux qu'il accusait. Ce Pomez n'est plus revenu dans notre cour.

» Nous avons continué à causer avec le factionnaire, et il nous a dit : « Je connais ce garde » national borgne, c'est un honnête homme. » Un quart d'heure après la sortie du concierge et de Pomez de notre cour, il y est entré un des militaires du poste de la garde nationale, gras, frais et de bonne mine, qui nous a dit, en présence de M. Mathey : *Ce Pomez est un coquin ; on ne lui a pas donné de poudre ni offert d'argent pour la mettre dans votre paillasse; mais c'est lui qui nous a dit que si nous voulions lui donner vingt sous il mettrait de la poudre dans votre paillasse. Ce brigand de Pomez vient d'être mis au cachot.*

» Messieurs les gardes nationaux ont répété au concierge que Pomez leur avait proposé de mettre pour vingt sous de la poudre dans notre paillasse.

» Monsieur le procureur général, nous devons être étonnés que ces messieurs, à qui on a demandé vingt sous pour mettre de la poudre dans notre paillasse, n'aient pas exigé sur-le-champ la punition du brigand qui a osé leur faire une proposition aussi scélérate, et qu'ils n'en parlent que lorsqu'il se répand que c'est d'eux que vient cette proposition.

» Le concierge est revenu avec M***, commandant du poste, et plusieurs gardes nationaux, et nous a dit, en présence de M. Mathey, que nous n'avions pas quitté, qu'il nous répondait de tout, que nous pouvions être en toute sécurité, et M*** a ajouté : « Le serment de fidélité que » mes camarades et moi avons fait au roi doit » vous rassurer parfaitement. » Et comme il a répété à plusieurs fois et avec feu, et avec un ton de reproche, que le serment au roi était une caution que ne donnaient pas les autres serments, nous avons laissé tomber la simple observation que M*** avait près de lui un exemple qui prouvait qu'on n'était pas poursuivi pour avoir prêté serment à l'Empereur et l'avoir servi dans ces derniers temps (1).

» Il est bon, peut-être, que vous sachiez que plusieurs des condamnés disent hautement qu'ils regrettent de n'avoir pas signé la lettre contre nous, parce qu'ils auraient été mis au cachot et qu'ils auraient partagé les deux écus de cinq francs et les pièces blanches qu'on leur a donnés au moment qu'ils traversaient la grande cour pour aller dans le cachot.

» Des gardes royaux sont venus en grand

(1) Le père de M*** était fonctionnaire public pendant les Cent Jours.

nombre pour entrer dans notre cour; le guichetier Maurice leur a en refusé l'entrée.

» Dans la conversation, M. Mathey nous a dit : « Vous êtes poursuivis pour vos opinions poli-» tiques; vous êtes bien heureux de n'être pas à » Marseille, vous seriez égorgés; au lieu que les » Bordelais sont doux, ils ne font que tourmenter » leur monde. J'aime beaucoup les Bordelais, » mais les Marseillais ont un plus grand carac-» tère. Cependant mes sentiments ne sont pas » dictés par mes opinions politiques. Je suis très » royaliste, et à un tel point, qu'à l'époque où » je vous vis à l'armée et où nous combattions » ensemble les Vendéens, je fus fait prisonnier; » je ne voulus plus revenir et je combattis plu-» sieurs mois avec eux. Vous étiez alors répu-» blicains : on dit que vous l'êtes encore, et cela » n'influe en rien sur mes sentiments pour vous. » Mais les Bordelais, très royalistes, vous poursui-» vent à outrance, parce qu'ils pensent prouver » ainsi leur amour pour ce bon roi que j'adore, » comme le meilleur des rois. Il n'y a pas de » quoi vous condamner à rien : mais en vous » laissant libres de vivre en France, on vous » défendra d'habiter votre pays où vous avez » une très grande influence. Cependant vous vous » êtes mis en révolte puisque vous ne vous êtes » point rendus *à la garde royale de Bordeaux* (1), » qui vous demandait à grands cris à La Réole. »

(1) On ne doit pas oublier que ce sont les volontaires royaux, qui n'étaient porteurs d'aucun ordre.

— « Mais, Monsieur, nous nous sommes rendus » au premier appel légal qui nous a été fait; nous » n'avons pas été contraints, nous avons obéi » librement. »

» M. Mathey nous a répliqué : « *Messieurs, ne » parlez pas à présent d'ordre, de tribunaux, ni » de lois, il n'y en a point, et il ne peut y en avoir » de quelques mois. Ceci est une révolution : les » plus forts doivent commander, les autres doivent » obéir. Je suis fâché qu'on ne vous ait pas mis dans » la grande cour, et que vous soyez dans celle-ci : » on dira que vous vous faites un parti parmi les » prisonniers.* »

» Nous nous sommes contentés de répondre à M. Mathey qu'il était difficile que, n'étant en prison que depuis quatre ou cinq heures, sans avoir parlé à qui que ce fût, lui excepté, nous pussions être accusés de nous être fait un parti parmi les condamnés qui avaient constamment parlé avec les gardes nationaux, dont ils recevaient de l'argent.

» Pardonnez la longueur de cette lettre à des hommes qui, après quarante ans de services, toujours fidèles à la patrie, et vingt-huit blessures reçues en la défendant, se voient attaqués plus que dans leur vie, car c'est leur honneur que la réaction veut immoler.

» Nous sommes, etc.

» Cr Faucher, Cn Faucher. »

Après les forçats, un prêtre, l'abbé Rousseau,

aumônier du fort du Hâ, outrageait les deux frères, en leur écrivant :

« *A Messieurs César et Constantin Faucher, frères,*
au fort du Hâ.

» MESSIEURS,

» Je vous ai attendus à la chapelle afin de vous procurer la consolation de la sainte messe. Je vous y attendais avec d'autant plus de confiance que j'imaginais que cet acte de religion vous était familier. Vous avez scandalisé *vos confrères* en ne remplissant pas ce devoir qui est commun à tous les *prisonnié catholique.*

» *J'imagine que vous vous ennuyés.* Je vous *envois* les nouvelles du jour. Elles sont propres à vous faire faire des réflexions sérieuses sur *les motif* et *les cause* de votre arrestation.

» Je vous salue.

» ROUSSEAU,
» *aumônier des prisons.* »

NOTA. — Cette copie est un fac-simile avec l'orthographe particulière à l'abbé Rousseau.

Par quel complet oubli de l'humanité et du caractère de ses fonctions ce prêtre pouvait-il commettre une action aussi lâche ? A quels vils sentiments, à quelle basse influence obéissait-il ? Était-ce le désir de se signaler qui le poussait, lui aussi, à tomber dans l'odieux, à changer son rôle de consolateur pour celui de bourreau ?

La lettre stupidement méchante de cet abbé Rousseau était accompagnée de l'article suivant découpé dans un journal de Bordeaux :

MÉMORIAL BORDELAIS

A Bordeaux, de la veuve J.-B. Cavazza, rue du Hâ, 41.

« Les frères Constantin et César Faucher, de La Réole, ces deux misérables que leur conduite forcenée a su rendre si fameux parmi nous, et dont on ne prononce le nom qu'avec horreur, viennent enfin d'être pris et jetés dans les prisons de La Réole. Nous nous empressons de faire connaître à nos lecteurs quelques détails assez curieux qui nous parviennent à l'instant sur cette arrestation.

» Le 31 juillet, M. Lavaissière, assisté de la force armée, s'étant transporté dans leur domicile, y trouva un petit arsenal composé de vingt fusils de chasse, quatre espingoles, une douzaine d'épées ou de sabres, les pierriers appartenant à la ville, et deux autres pierriers qu'ils avaient volés à M***.

» Toutes ces armes furent aussitôt enlevées et portées à la Commune.

» Ils ne tardèrent pas à subir eux-mêmes un interrogatoire sur ce premier fait; mais bien d'autres accusations pesant encore sur eux, acte en fut dressé, et ils furent conduits en prison.

» Le lendemain était jour de foire à La Réole; le bruit de leur arrestation avait attiré une foule considérable de curieux, dont pas un ne voulut se retirer avant d'avoir eu le plaisir de les suivre au tribunal, où ils devaient subir un nouvel interrogatoire.

» Il est impossible de peindre l'indignation de ce peuple immense, groupé autour d'eux et les accablant des injures les plus outrageantes : Monstres ! Bêtes féroces ! Scélérats ! — Telles étaient les épithètes qui leur pleuvaient de toutes parts. Celui-ci leur redemandait l'argent qu'ils lui avaient volé ; celui-là son père qu'ils firent jadis périr sur l'échafaud. Les paysans surtout étaient furieux, et tous les voulaient mettre en pièces. Un de ces paysans tenait même déjà César par son habit ; un mouvement de plus, et il était perdu.

» Si des êtres aussi vils, aussi profondément méprisables, pouvaient être humiliés de quelque chose, ils l'eussent été sans doute de se voir ainsi l'objet de l'exécration publique, et de ne devoir leur salut qu'à ceux-là mêmes qu'ils tourmentèrent le plus durant leur odieuse puissance. L'escorte dont ils étaient accompagnés se composait uniquement des citoyens de la ville.

» Mais, pendant toute cette scène, la contenance de ces deux jumeaux révolutionnaires était à étudier : on pouvait lire sur leurs méchantes figures la conviction du crime, la crainte du châtiment, l'effroi surtout que leur inspirait un peuple irrité, tout prêt à se faire justice lui-même ; et cependant une audace inconcevable, cette audace de la scélératesse qui leur est si familière, semblait parfois faire taire en eux tout autre sentiment; mais ce n'était là qu'un masque qui n'en imposait plus à la multitude.

» Le procès de ces coupables s'instruit sans relâche à La Réole. Nous pouvons donc espérer qu'enfin justice sera faite de leurs infâmes turpitudes. Puisse leur châtiment effrayer ceux qui seraient tentés de les imiter! Mais puissent surtout de bien plus grands coupables encore ne pas échapper à celui qu'appelle sur leurs têtes la France indignée de leurs exécrables forfaits! »

Cet article mensonger était d'autant plus blâmable qu'il travestissait des faits connus déjà non seulement par les magistrats, mais par beaucoup de personnes qui en avaient été témoins. Les frères Faucher le signalèrent dans une nouvelle lettre au procureur général, en lui faisant parvenir les deux premières qu'ils lui avaient écrites et non encore envoyées :

« Monsieur le procureur général,

» Vous avez eu connaissance des dangers que nous ont fait courir des brigands, nous menaçant d'assassinat à La Réole; ils étaient étrangers à cette ville.

» Des condamnés ont été amenés à prix d'argent contre nous à notre arrivée au fort du Hâ; quelques heures après, on a voulu mettre de la poudre dans nos paillasses.

» Nous vous prions de lire la lettre que nous

eûmes l'honneur de vous écrire au moment même, et que, par pudeur, nous avons retenue jusqu'ici pour ne pas fouiller de telles sentines.

» Un prêtre, un sieur Rousseau, se réunit à ces gens-là, pour ajouter à ces outrages et à ces dangers.

» Le concierge nous déclare que ce prêtre est entré chez lui et lui a demandé, après *sa messe*, à nous écrire la lettre dont nous joignons ici la copie, et en le chargeant de nous la remettre, il y a joint un bulletin calomnieux contre nous. Nous avons invité le concierge à nous procurer sur-le-champ quelques exemplaires de ce feuilleton; nous vous en envoyons un, et nous gardons celui dont nous a gratifiés le prêtre.

» Personne mieux que vous, Monsieur le procureur général, et les magistrats, ne connaît combien sont infâmes et calomnieuses les imputations contenues dans ce feuilleton, et dont ce prêtre se rend le complice. Votre ordonnance ne nous a condamnés ni à voir, ni à entendre cet homme; et j'ignore s'il existe une loi nouvelle qui dispense ces gens-là de la peine des calomniateurs.

» Votre haute surveillance fera ce qu'elle trouvera convenable contre l'auteur de cet outrage que nous avons dû vous faire connaître; nous nous réservons la poursuite en calomnie contre lui et ses complices.

» Nous sommes, etc.

» Cr Faucher, Ch Faucher.

» 6 août 1815. »

Les deux frères communiquèrent à M. Ravez leurs trois lettres précédentes au procureur général en lui écrivant :

« Monsieur,

» Nous vous conjurons de lire les trois lettres mises sous cette enveloppe et écrites par nous à M. le procureur général.

» La première vous apprendra la tentative machinée à prix d'argent, à notre arrivée au fort du Hâ.

» La deuxième, la tentative, aussi à prix d'argent, pour mettre de la poudre à canon sous notre lit.

» La troisième vous montrera la calomnie diffamatoire répandue contre nous par les presses de la veuve Cavazza, calomnie dont un prêtre, nommé Rousseau, se rend le complice et le propagateur en nous outrageant jusque dans nos cachots.

» Nous voulons satisfaction de l'outrage et réparation de la calomnie.

» Nos lois nous assurent l'une et l'autre.

» Sous le voile de l'anonyme, le complice de l'abbé Rousseau nous dénonce :

» 1° Pour avoir fait périr des hommes sur l'échafaud ;

» 2° Pour avoir volé de l'argent à des particuliers ;

» 3° Pour avoir volé les pierriers appartenant à la ville de La Réole ;

» 4° Pour avoir volé deux pierriers à M*** ;

» Et il affirme que ces pierriers volés par nous ont été trouvés chez nous par M. Lavaissière, adjoint au maire, et par la force armée, qui s'y sont transportés pour constater le crime.

» Monsieur, on attaque plus que notre vie, on nous assassine dans notre honneur. Nous demandons vengeance; nous l'obtiendrons, fût-ce par nos exécuteurs testamentaires (1), si la réaction actuelle doit réussir à nous assassiner physiquement, avec ou sans les formes, avant la réparation obtenue.

» En attendant, voici un nouveau fait que nous devons porter à votre connaissance.

» Des citoyens ont été assignés pour le fait de notre crime d'amas d'armes et de réunion d'une armée dans notre maison, au centre de la ville.

» Les assignations ont été données pour le vendredi 4 août ; et ce vendredi *quatre*, on a renvoyé les assignés en leur disant qu'ils devaient regarder les assignations comme non avenues.

» Ainsi, le procureur du roi peut impunément nous plonger et nous retenir sans motifs dans les cachots à l'aide des formes judiciaires !

» Ainsi, et parce que la réaction n'a pas réussi à nous assassiner avec le poignard des scélérats, après plusieurs tentatives bien patentes, et parce que le motif, le prétexte de notre arrestation se

(1) La vengeance qu'ils demandaient, la seule digne d'eux, ils l'ont obtenue par la publication des pièces qui prouvent leur innocence et dévoilent la conduite de leurs ennemis.

trouve démenti, annihilé par le procès-verbal de l'autorité, nous devons être indéfiniment retenus dans les cachots, et nous devons être diffamés dans les feuilles publiques.

» Nous avons soif de justice pour nous, et de vengeance pour notre honneur : nous vous conjurons avec des larmes de sang de nous indiquer les moyens de l'obtenir.

» Nous sommes, etc.

» César Faucher, Constantin Faucher.

» 7 août 1815, fort du Hâ. »

Qui donc, à part ceux qui avaient résolu la perte des deux frères, n'aurait pas compris ces cris d'une conscience indignée ? Qui donc n'aurait pas vu, dans cet appel désespéré à la justice, la preuve éclatante d'une innocence qui ne demandait que les moyens légaux de se produire ? Est-ce que les criminels ont de ces élans généreux, de ces mouvements de révolte dans lesquels ils ne pensent point à leur vie, mais seulement à leur honneur ? — Des larmes de sang ! — Oui : cette expression n'était pas exagérée sous la plume de ces deux honnêtes citoyens, lorsqu'ils se virent en butte à tant d'atrocités, à des tentatives répétées d'assassinat, lorsqu'ils comprirent surtout que, pour eux, les paroles de leur ancien compagnon d'armes, du factionnaire Mathey, allaient être justifiées : *Il n'y a plus d'ordre ni de tribunaux, ni de loi !*

Leurs trois premières lettres au procureur général restèrent sans réponse.

Ils demandèrent l'autorisation de choisir des avocats et de communiquer avec eux : on leur répondit qu'il ne pourrait être fait droit à leur demande qu'après l'instruction. Et le 7 août, c'est-à-dire trois jours après leur incarcération, huit jours après leur arrestation, on ne les avait pas encore interrogés ! Il est vrai que plusieurs citoyens de La Réole avaient été assignés comme témoins pour le vendredi 4 août ; mais lorsqu'ils se présentèrent au parquet de Bordeaux, on leur dit qu'ils devaient considérer leurs assignations comme nulles !

Les deux frères écrivirent de nouveau au procureur général :

« MONSIEUR LE PROCUREUR GÉNÉRAL,

» Des injustices répétées justifient nos réclamations successives. Ridiculement accusés d'avoir caché un arsenal et une armée dans notre maison à La Réole, nous avons été mis dans les prisons, quand le procès-verbal de perquisition fait par l'autorité civile et par l'autorité militaire prouvait qu'il n'y avait ni armes, ni hommes armés.

» Sur cela on nous a traduits à Bordeaux, et on nous a jetés dans le bagne des condamnés.

» Pour communiquer, même avec nos conseils, pour cesser d'être au secret, il faut attendre l'instruction, il faut que les pièces soient envoyées de La Réole à Bordeaux.

» On a assigné à La Réole divers citoyens au vendredi 4 août, et le vendredi 4 août, au lieu de les questionner, de les entendre, on leur a dit qu'ils devaient regarder ces assignations comme non avenues.

» Notre supplice immérité n'a désormais qu'un terme indéfini; et cependant on nous diffame dans les papiers publics, sous les yeux de l'autorité qui nous bâillonne !

» Nous sommes les victimes de la réaction qui triomphe depuis peu de jours; nous sommes spécialement les victimes de la haine personnelle d'un magistrat de La Réole.

» C'est par respect pour vous, Monsieur le procureur général, c'est par respect pour la magistrature dont est revêtu le sieur Dumoulin, que nous ne consignons pas ici les causes affligeantes, et depuis longtemps publiques, de ses ressentiments.

» Nous vous conjurons d'ordonner que sans délai on apporte devant vous :

» 1° Le procès-verbal de la perquisition faite dans notre maison par le capitaine de la gendarmerie de Bordeaux et l'adjoint au maire de La Réole;

» 2° Les procès-verbaux de nos comparutions devant le procureur du roi et devant le juge d'instruction;

» 3° La misérable ferraille qui, par une plaisanterie atroce, est appelée artillerie, et a servi de prétexte pour nous plonger dans les cachots. Et si rien dans tout cela n'est contre nous, si vous n'éprouvez qu'une vertueuse indignation contre de telles horreurs, ordonnez la cessation de la détention arbitraire de deux citoyens qu'une réaction voudrait proscrire, que des scélérats peuvent poignarder, mais que le magistrat protégera de toute la puissance de la loi.

» C'est avec la confiance que motive si bien la renommée de votre intégrité, que nous attendons la fin de nos persécutions.

» Cr Faucher, Cn Faucher.

» 7 août, fort du Hâ. »

X

Enfin, le 8 et le 9 août, le procureur général interrogea les deux frères. Ils étaient accusés :

1° D'avoir usé de leur influence pour comprimer l'élan de fidélité d'une partie de la population de La Réole, en faveur de l'autorité royale ;

2° D'avoir promené dans les rues de la ville un drapeau tricolore brodé par leur nièce, Mlle Anaïs Faucher ;

3° D'avoir, à leur arrivée de Paris, distribué, à trois cents personnes, deux barriques de vin. Ces gens avaient ensuite parcouru la ville en chantant le *Ça ira* et en insultant diverses personnes ;

4° Leur élection à la représentation nationale avait été faite précipitamment, par douze électeurs, sur vingt-trois votants ;

5° D'avoir excité la population à signer une adresse à l'usurpateur revêtue de 1,438 signatures ;

6° D'avoir enlevé de la sous-préfecture 35 bustes du roi et après les avoir promenés dans les rues, de les avoir portés à Bordeaux et jetés dans la Garonne ;

7° D'avoir distribué au peuple, après la bataille de Mont-Saint-Jean, un pain qu'ils prétendaient leur avoir été donné par l'usurpateur ;

8° D'avoir fait arrêter des royalistes qui avaient pris la cocarde blanche le 29 juin, en apprenant la rentrée du roi en France ;

9° D'avoir parcouru la ville le 30 juin en uniformes de maréchaux de camp et proclamé Napoléon II ;

10° D'avoir publié un projet de fédération convoquant les acquéreurs de biens nationaux, les ennemis des dîmes et des droits seigneuriaux ;

11° D'avoir fait de leurs fédérés des garnisaires qui prélevaient des taxes arbitraires ;

12° D'avoir fait enlever, le 9 juillet, les drapeaux blancs arborés à Bazas et fait rétablir les drapeaux tricolores sur les édifices publics ;

13° D'avoir invité secrètement, le 22 juillet, une compagnie de nègres à s'arrêter à La Réole pour arracher les drapeaux blancs et piller la maison Verduzan ;

14° D'avoir fait insulter les gardes royaux arrivés à La Réole le 24 ;

15° D'avoir écrit le 27 juillet une lettre au général Clausel, pour lui demander la conduite à tenir dans cet état de crise, afin de venir en aide à la patrie en souffrance.

On le voit, dans cette longue liste de chefs d'accusation, il n'était point parlé de l'affaire de La Réole, de cette *armée*, de ces *canons*, que les deux frères, suivant le procureur Dumoulin et le préfet, avaient cachés dans leur maison. Il était donc bien évident qu'on n'avait pas pu maintenir cette accusation et qu'on ne s'en était servi que pour pouvoir les arrêter et les jeter en prison ! On doit juger par là de la sincérité avec laquelle avaient été formulés les autres chefs d'accusation.

Dans leur interrogatoire, il ne fut question que de leur conduite depuis le mois d'avril. — Mais alors, en vertu de quelle loi, dans la supposition de quel délit, le procureur général les interrogeait-il sur les griefs dont la liste précède ?

Pourrait-on croire à des procédés d'une iniquité aussi révoltante, si l'on n'avait point les preuves authentiques sous les yeux ?

L'interrogatoire du procureur général donna lieu à la lettre suivante dans laquelle les deux frères renouvelaient et fixaient leurs réponses à toutes les accusations accumulées contre eux.

Cette lettre peut donc être considérée comme la reproduction de leur interrogatoire, et elle est d'autant plus importante qu'elle contient exactement tous les moyens de défense que les deux frères présentèrent eux-mêmes, en les développant, devant le Conseil de guerre.

« MONSIEUR LE PROCUREUR GÉNÉRAL,

» L'interrogatoire que vous nous avez fait subir les 8 et 9 de ce mois nous a laissé voir les causes, jusqu'ici occultes, de notre étrange position; et c'est avec un légitime orgueil que nous disons avec un ancien : « Nos ennemis, pour dire du » mal de nous, ont été forcés d'avoir recours à » la calomnie. »

» Vous n'êtes, Monsieur le procureur général, que l'organe des interrogations que vous nous avez adressées; vous nous avez dit même « que » nos lois nous cachaient pour toujours l'auteur » des calomnies avancées contre nous et que, quel » que fût le caractère du reproche, accusât-on » l'un de nous d'avoir voulu faire rôtir son frère » pour le manger, vous seriez obligé de nous en » faire la question sans que nous pussions jamais » descendre jusqu'à celui qui vous la dictait. »

» Ainsi le ministère public est, en quelque sorte, une bouche de fer où toutes les délations peuvent être jetées et accueillies, et d'où la calomnie peut vomir en toute sécurité ses poisons contre nous. Dans l'impossibilité où vous nous mettez d'attaquer cette hydre corps à corps, nous allons la combattre dans les questions qu'elle vous a soufflées. Leur discussion fera ressortir l'absurdité des allégations. L'iniquité sera enlacée dans ses propres pièges, et prise en flagrant délit.

» Que ne pouvons-nous, déchirant le voile qui nous dérobe nos lâches ennemis, les saisir dans le poste abrité que leur donne votre ministère ! Nous les produirions en public dans toute leur turpitude, et nous les attacherions ainsi au carcan de l'opinion.

» Nous vous prions de nous faire donner une copie authentique de cet interrogatoire, qui restera dans notre famille, comme un monument de la délirante fureur qui nous poursuit en août 1815.

» Cet interrogatoire deviendra l'acte d'accusation de ceux qui l'ont rédigé. Cet interrogatoire nous appartient plus qu'au ministère public, car il n'est qu'accusateur, et nous sommes accusés; s'il renferme nos réponses, il contient aussi ses questions, et c'est dans ces questions, je vous le répète, que nous saisirons le monstre et que nous le marquerons du fer chaud de l'infamie.

» Il est si important pour nous, cet interrogatoire, il révèle d'une manière si éclatante les véritables causes de notre persécution, que nous regarderions comme un déni de justice le refus qui nous en serait fait. Cette supposition est injurieuse au ministère public qui, au dessus de tous les partis, ne s'abaissera à en servir aucun, et restera impassible comme les lois dont il est la sentinelle.

» L'atrocité de plusieurs questions qui nous ont été faites dans nos interrogatoires, nous a ôté le calme d'esprit nécessaire pour bien rédiger nos réponses; mais elle nous a convaincus que la réaction, qui nous martyrise à l'aide des formes judiciaires, trouvera bons tous les moyens de parvenir au terme extrême de ses vengeances.

» Nous devons à votre magistrature tutélaire, Monsieur le procureur général, nous devons à notre honneur de vous prémunir contre l'influence d'une atmosphère de préventions que la malveillance épaissit incessamment contre nous. C'est dans la conscience de l'homme de bien que nous déposons des observations ou plutôt des épanchements qui réveilleront sans doute la sollicitude du magistrat. Il pardonnera leur incorrection, il pardonnera leur inconvenance, si notre peu d'habitude de pareilles relations nous en faisait commettre.

» Nous allons établir ce que nous sommes devant vous, et comment nous sommes devant vous.

» Nous avons cessé nos fonctions de maréchaux de camp le 21 juillet, et nous avons demeuré sur nos foyers d'après l'ordre du roi.

» Le 24 juillet, une centaine de gardes royaux à cheval arrivent de Bordeaux à La Réole et parcourent cette ville, le sabre à la main, en poussant des cris : *A bas les bonapartistes ! A bas les généraux Faucher ! A bas les généraux de La Réole ! Il faut les égorger*..... La ville entière est dans l'épouvante..... Nous appelons le maire à notre aide, en lui annonçant que nous nous barricadons dans notre maison, et que nous la lui offrons comme lieu de sauvegarde *pour les magistrats* et pour les lois outragées.

» Le maire nous répond que toutes les autorités de la ville viennent de se réunir à lui pour faire respecter les personnes et les propriétés, au moyen de la garde nationale et de la gendarmerie. Il nous promet son secours et ne blâme pas nos précautions.

» Les lois sommeillent pendant six jours ; l'asile des citoyens, même pendant la nuit, est violé, les citoyens sont outragés, frappés, vexés dans leurs maisons..... Nous restons renfermés dans la nôtre, et l'annonce d'une vive résistance de notre part, éloigne les perturbateurs, par la crainte du danger que courraient les assaillants ; pendant ce temps, nous correspondons régulièrement avec le maire.

» Les gardes royaux partent enfin le 30 au matin. Dès ce moment la sécurité est rendue aux citoyens, le calme à la ville, et notre maison est ouverte.

» On avait échoué dans la tentative d'assassinat à force ouverte, continuée pendant six jours contre nous. On a eu recours à une espièglerie mi-partie administrative et mi-partie judiciaire.

» Pendant notre chartre privée, le 27, nous avions écrit à M. le général gouverneur, pour l'instruire de notre position, et nous lui demandions ses conseils dans cette circonstance où les lois étaient méconnues et la ville livrée à des étrangers en armes qui menaçaient de l'ensanglanter. Nous disions au gouverneur de la province, ce que nous avions écrit au maire de la ville, que nous nous offrions en aide aux magistrats et aux lois; qu'avec les seules forces que nous donnait l'affection du pays, nous enlèverions ces cent cavaliers; mais que nous ne voulions faire que ce que l'autorité ordonnerait. Nous lui montrions notre sollicitude pour la patrie en souffrance.

» Cette lettre était confidentielle; car nous n'étions ni fonctionnaires civils, ni militaires, et nos rapports avec le gouverneur n'étaient que la suite de nos récentes liaisons avec lui. Nous épanchions notre cœur, et la teneur de la lettre entière en fait foi.

» Ce général en chef, gouverneur, partait le 28 au matin, même jour où on lui remit notre lettre. Voyant, par ce que nous lui apprenions, que la chose publique était en souffrance, il confie cette lettre au préfet nommé par le roi, pour que l'ordre soit rétabli à La Réole, et que ce pays soit arraché aux gardes royaux.

» Notre lettre confidentielle au général Clausel, confiée par lui au premier magistrat, pour amener le rétablissement de l'ordre à La Réole, eut son effet et les gardes royaux furent sur-le-champ rappelés; mais elle devint un moyen de persécution entre les mains des infatigables réacteurs.

» Notre maison, fermée de l'aveu des magistrats qui la protègent contre les attentats dont elle est menacée, notre maison, par un arrêté de la préfecture, signé du préfet le 29, est désignée comme un repaire rempli d'armes et d'hommes armés, dangereux pour l'ordre public, en révolte actuelle ou prochaine.

» Pour constater notre crime, le capitaine de la gendarmerie de Bordeaux a ordre de se rendre à La Réole avec vingt-cinq gendarmes; un chef d'escadron a ordre de lui prêter main forte avec soixante-dix officiers espagnols, et on y joint une garde nationale nombreuse. Le préfet donne ordre de communiquer le procès-verbal au procureur du roi, à qui il envoie notre lettre confidentielle que le gouverneur lui avait confiée.

» On n'avait pris aucun de ces moyens pendant les six jours que la ville avait été menacée de grands malheurs, et qu'à cause de la turbulence des gardes royaux, tous les magistrats de la ville avaient été obligés de se réunir pour arrêter l'excès du désordre.

» Cette force armée entoure notre maison, trouve nos portes ouvertes, et les chefs militaires et l'officier municipal nous voient seuls en famille dans notre salon.

» On savait que la seule apparence des formes légales nous trouverait soumis à tout.

» L'autorité civile et l'autorité militaire ayant constaté que nous étions seuls en famille dans notre maison, il n'était pas possible d'y montrer une armée; il fallut y trouver un arsenal caché.

» Nous avons dans notre maison, depuis deux cents ans, des canons, *joujoux d'enfants*, que le procès-verbal constate être du *calibre du petit doigt*, qui ne peuvent servir qu'à faire du bruit dans une cour, lors des fêtes anniversaires de famille.

» On joue sur le mot *canons*; des canons sont de l'artillerie; ces canons étaient dans un garde-meubles, couverts de poussière : c'est donc de l'artillerie cachée, et depuis longtemps.

» Ainsi, l'espièglerie administrative, qui dénote notre maison comme renfermant un arsenal et une armée, est judiciairement suivie de la gentillesse féroce qui travestit en canon un joujou d'enfant; et sur cela on prostitue les formes de la justice pour précipiter deux citoyens français dans les cachots du crime; et on couvre ainsi un attentat si odieux, que, dans un temps d'ordre et où les lois seraient dans leur force, votre ministère en poursuivrait la punition. Et ce qui prouve sans réplique l'état souffrant de la patrie, c'est que cet attentat n'est pas puni, c'est que d'autres attentats jouissent de la même impunité, notamment ceux du 24 juillet à La Réole.

» En appelant canon un joujou d'enfant, nous, citoyens français, paisibles, sans fonctions publiques d'aucune espèce, nous avons été enlevés de notre domicile et jetés dans les cachots de La Réole, comme arrêtés et surpris en flagrant délit, ayant *un dépôt d'armes* en contravention à l'article 93 du Code pénal. Nous sommes mis dans les cachots au secret, et on nous signale comme des proscrits d'une réaction qui triomphe, et comme des victimes expiatoires, livrées à la fureur des mécontents.

» Sur cette prévention de crime, on assigne des

citoyens au vendredi 4 août; mais comme une prévention aussi calomnieuse, basée sur un jeu de mots aussi puéril, couvrirait, par la publicité, ses auteurs d'un ridicule ineffaçable et de l'odieux d'une tentative d'assassinat, le vendredi 4 août, on dit aux assignés qu'ils doivent regarder les assignations comme non avenues.

» Mais ce même 4 août, une ordonnance de vous, non motivée, datée du 2, prescrit de nous extraire des cachots de La Réole, et nous précipite dans le bagne des condamnés et non dans la division des prévenus, au fort du Hâ, à Bordeaux, pour y être à votre disposition.

» Cette ordonnance de vous, Monsieur le procureur général, ne nous accuse d'aucun crime, d'aucun délit; et quelque grand que soit le pouvoir discrétionnaire que les lois vous attribuent, il sera longtemps inexplicable que vous ayez fait conduire deux citoyens français dans le bagne des condamnés, *à votre disposition*, sans être tenu de dire en vertu de quelle loi et sur quelle prévention.

» Vous êtes puissant de toutes les forces de la société; nous sommes seuls, sans armes; mais nous sommes innocents.

» Le but de cette marche juridique, extra-légale, extra-constitutionnelle, serait-il notre assassinat hautement annoncé, ouvertement comploté, et déjà plusieurs fois tenté impunément sous les yeux des magistrats?

» Comme les dénégations sont la défense habituelle de ces messieurs, nous allons vous citer les faits, tous bien à votre connaissance, mais qu'il est bon de constater ici.

» Pendant six jours, les gardes royaux ont consterné La Réole par les cris : *A bas les bonapartistes ? A bas les généraux Faucher de La Réole ! Il faut les égorger !.....* Notre attitude armée, et qui leur faisait courir des dangers dans l'attaque, nous a seule sauvé la vie, vous le savez.

» Le maire de La Réole le savait. Pour nous rassurer, il nous écrivit qu'il se réunissait avec tous les fonctionnaires publics de la ville, pour obtenir la sûreté des domiciles et des personnes.

» Votre substitut, votre lieutenant, J.-J. Dumoulin, était sur les lieux ; il s'est tu ; nul acte de lui ne montre l'action de votre magistrature tutélaire.

» A notre arrivée au fort du Hâ, on tente deux fois de nous assassiner... Il se trouve une sorte de répugnance à se prêter à certains crimes, même dans les forçats, et ce sont des condamnés qui nous sauvent, vous en avez eu la connaissance.

» Vous avez dans vos mains, Monsieur le procureur général, les procès-verbaux qui constatent la vérité des faits que nous venons d'exposer ; votre haute magistrature qui, dans sa grande puissance, peut, sur une prévention, sans garantie de la part du dénonciateur, plonger dans les cachots, aux fers, des citoyens irréprochables, votre haute magistrature couvre tout de sa surveillance ; et cependant les presses de la veuve Cavazza publient que les procès-verbaux, qui sont dans vos mains, constatent de notre part des crimes déshonorants qui mènent à l'échafaud; et ces crimes sont spécifiés, détaillés ; un prêtre, nommé Rousseau, colporte ces bulletins diffamatoires, et vient nous outrager jusque sur notre paille.

» Nous vous donnons connaissance de ces faits, nous mettons sous vos yeux le feuilleton calomnieux Cavazza, et la lettre du prêtre. Nous sommes tenus au secret, nous sommes bâillonnés par vous; et la calomnie n'est pas démentie et les diffamateurs ne sont pas punis !

» On marche sans obstacle au but proposé, et ce but est notre égorgement; car la populace pourrait se borner à des insultes, à des outrages; mais cela ne suffirait pas. Il faut nous faire massacrer, et pour cela il faut mouvoir, soulever cette masse par le plus puissant de tous les leviers, celui de l'exemple; il faut armer et diriger les bras. Aussi le prêtre Rousseau et ses complices disent-ils aux sicaires, dans leur virulente instruction, imprimée et distribuée en plusieurs éditions : « Massacrez-les, déchirez-les en lam- » beaux. »

» Entendez l'instruction elle-même : « Les » paysans surtout étaient furieux, et tous les » voulaient mettre en pièces. Un de ces paysans » tenait même déjà *César* par son habit; un » mouvement de plus, et il était perdu. »

» Le fait est faux; mais quel regret respire l'instruction que ce *mouvement de plus* n'ait pas eu lieu ! Comme elle détermine bien l'hésitation !

Comme elle pousse bien le couteau ! Et la réaction attend que le coup soit porté pour monter sur nos cadavres, et là, proclamer, par la seule lecture du feuilleton Rousseau-Cavazza, le jugement, et ses motifs, et la légitimité de l'exécution.

» Ainsi, et parce qu'on craint que nous échappions à la hache du licteur, on aiguise le poignard des fureurs populaires. Si c'est là une partie de la pompe que la réaction prépare pour la réception de LL. AA. RR., que l'amphithéâtre ne s'attende pas à l'*Ave Cæsar* qui retentit autrefois devant d'autres majestés. Nous pouvons être des victimes réservées, mais nous ne serons pas des victimes résignées. Si on nous frappe, on nous frappera debout ; et nous ne tomberons pas sans avoir dévoilé le système de la persécution, démasqué nos persécuteurs de tous les rangs, et déroulé le tissu de leurs infâmes manœuvres !

» On fait étinceler à nos yeux le fer des lois et le fer des assassins. On veut que, si le sentiment de notre innocence nous rassure contre le premier, nous ayons la certitude de périr sous le second. Ainsi on trace en lettres de sang sur les murs de notre cachot, cette inscription de l'enfer : *Ici il n'y a plus d'espérance !*

» Mais cette conviction même ne nous fera changer ni d'attitude, ni de langage. Nous ferons tout pour éclairer nos juges ; nous ne ferons rien pour les désarmer. Il est une noble fierté que nous conserverons toujours, c'est celle qui appartient au malheur immérité. Et si la vertu, aux prises avec l'infortune, est un spectacle sans intérêt pour nos juges, il ne sera pas sans fruits pour nos concitoyens, à qui nous léguerons de généreux exemples dans l'une comme dans l'autre fortune.

» Nous vous arrêterons, Monsieur le procureur général, sur ces circonstances, qui sont plus graves qu'elles ne vous le paraissent peut-être au premier aperçu.

» Il est impossible de ne pas voir que la France entière est dans un état de désordre qui approche de la dissolution sociale. Les dépositaires de l'autorité sont sans force pour faire exécuter les lois; et quand ils ne sont pas, ou bénévolement, ou à leur insu, les agents du parti qui triomphe, ils sont trop souvent obligés de pactiser avec lui. Tel est le poids des circonstances.

» Entre mille preuves, nous vous en avons cité une : M. le comte de Langeron, commandant, pour le roi, de la ville de Laon, publie dans son ordre du jour, que de l'ordre exprès du ministre du roi, il doit conserver cette place au roi, ne l'ouvrir à aucune des puissances alliées, et qu'il est décidé à s'ensevelir sous ses ruines, plutôt que d'y laisser entrer les étrangers.....; et sous les yeux du roi, les puissances alliées l'attaquent de vive force, et le sang français coule..... pour exécuter les volontés du roi, et ce sang français est versé par les mains de ces puissances alliées qu'on appelle *officiellement* les puissances amies du roi de France. Dans quel déplorable état se trouve la patrie!

» Et cependant une réaction furieuse se déploie, elle parcourt nos provinces en rugissant, et ses pieds de fer se baignent dans le sang, et brisent, sur son passage, nos institutions et nos garanties. Il faut reconnaître que ces réacteurs, qui professent ouvertement la théorie des assassinats, l'ont dignement perfectionnée à leur usage, surtout dans la manière de les préparer, de les amener, quand ils ne peuvent pas, de prime abord, frapper à force ouverte. Sous le nom de représailles, le sang des Français coule par la main des Français, impunément, sous les yeux des magistrats, à Lyon, à Marseille, à Toulouse...., jusque sur les marches du temple de la justice; et l'apologie du crime, ou au moins son officieuse excuse, est publiée en présence de l'autorité.

» Nous ne citerons qu'un fait, le plus récent. La ville de Bordeaux est éminemment française; tous ses fonctionnaires publics, sa population entière, sont dévoués au roi. A Bordeaux, nul prétexte pour les citoyens de s'éloigner de l'ordre et des lois : nul motif pour les magistrats de ne pas faire observer l'ordre et respecter les lois.....; et cependant, à Bordeaux, on vient de publier et distribuer dans les rues, un feuilleton qui annonce que le maréchal Brune, se rendant à Paris, avec des passeports en règle, a perdu la vie à Avignon par les excès des réacteurs, qui ont traîné son corps en pièces dans les rues; et cela, dans cette ville, chef-lieu de département, sous les yeux du préfet, sous ceux de tous les dépositaires de l'autorité qui, avec tous les moyens que leur donne la loi, n'ont pu conserver inviolée une maison seule, celle de la poste; n'ont pu empêcher le massacre d'un citoyen, d'un maréchal de France, se rendant auprès du roi... et ce maréchal de France n'était pas même porté sur aucune des tables fatales publiées par le roi : il était donc dans la loi commune des citoyens; mais le feuilleton sorti des presses de Fernel, distribué publiquement et sous les yeux de l'autorité de Bordeaux, annonce hautement, comme raison suffisante de cette anthropophagie, que *la conduite du général Brune depuis le retour de Sa Majesté avait porté au dernier point l'exaspération des habitants de la Provence.*

» Et cette épouvantable catastrophe avait été préparée dans la Provence, à Avignon, par la distribution publique, et sans contradiction de la part de l'autorité, de feuilletons qui peignaient le maréchal Brune comme un monstre digne de tous les supplices : ainsi que le prêtre Rousseau et ses complices, aidés des presses Cavazza, publient qu'ils sont dignes de tous les supplices, ces monstres, ces frères Faucher qui ont fait périr des hommes sur l'échafaud, qui ont volé des canons à la ville de La Réole, qui ont volé deux canons à M***, comme il conste, disent-ils, par le procès-verbal authentique dressé par ordre de l'autorité..... L'autorité citée à Bordeaux, c'est le préfet, c'est le procureur général. Le procès-verbal qui constate que ce sont d'infâmes calomnies, est dans les mains de ces deux premiers fonctionnaires du département; et c'est sous leurs yeux que cette diffamation, que cette provocation à l'assassinat de deux citoyens placés sous leur sauvegarde, est impunément publiée. S'il s'ensuit une catastrophe semblable à celle du maréchal Brune, amenée par de semblables moyens, les regrets de M. de Tournon, à Bordeaux, seront égaux à ceux de M. de Saint-Chamans, à Avignon, et les réacteurs auront leur excuse dans un bulletin qu'on publiera, pareil à celui qu'on distribue en ce moment pour justifier l'assassinat du général Brune, et ils auront de plus à s'appuyer sur de grands exemples.

» L'excès dans l'amour de nos rois ne peut jamais être imputé à crime. Si on les aime bien, on doit chercher à les venger de leurs ennemis; et les journaux publient que Louis XVIII ne doit être ni indulgent, ni clément; que Henri IV, son aïeul, qu'on lui cite pour modèle, fit, malgré sa réputation de clémence, couler le sang en entrant à Paris, et qu'on tortura et qu'on pendit force gens, sans formalité. Ils s'épuisent en citations, pour flétrir la mémoire du *meilleur grand homme*, et colorer et justifier ainsi les vengeances personnelles des réacteurs.

» D'ailleurs, la différence d'opinion est, dans la morale de ces messieurs, une raison suffisante d'assassinat. Ils citent que sur des lettres closes du roi de France, on massacrait à heure fixe, dans tout le royaume, pendant la nuit, tous les Français qui n'étaient pas de l'opinion du roi; et sans lettres closes, on essaie, on tente aujourd'hui un pareil massacre du Var au Calvados; et on répand sourdement qu'ainsi le veut le salut de l'État; qu'il faut laisser à la suprême autorité la faveur d'une apparente clémence; qu'il ne faut pas montrer aux générations à venir la hache des tribunaux décimant les Français pour les dissentiments politiques, et que le poignard des muets de la réaction doit suffire à tout, à présent, comme alors.

» Sur cet océan de malédiction s'éleva un héros, le baron d'Orthez, qui écrivit noblement au roi, et noblement brisa les poignards levés au nom du roi.

» A deux cents ans, et à deux cents lieues d'intervalle, on rencontre un nouveau baron d'Orthez, et M. d'*** vient de poursuivre à outrance et de forcer à chercher son salut hors de France, ainsi que ses compagnons, un sieur D....nil, qui, à la tête de deux compagnies de gardes royaux, avait outragé le préfet de Caen, violé pendant la nuit les domiciles, enfin, répété les scènes qui ont eu lieu à La Réole.

» Nous vous avons dit, Monsieur le procureur général, que l'influence de la réaction flétrissait presque tous les actes de cette époque. Les journaux la montrent à Avignon, à Caen, etc.; vous l'avez vue à La Réole; nous la retrouvons bien patente dans la série des questions que vous nous avez adressées dans notre interrogatoire. Nous allons en rappeler quelques mots.

» Avant d'aller plus loin, avant toute discussion, il faut repousser pour toujours une des assertions qu'on vous a dictées, et dont l'absurdité ferait rire de pitié, si le soin qu'on met à la reproduire sans cesse dans les interrogatoires ne découvrait la volonté criminelle d'y trouver un moyen d'accusation contre nous.

Vous nous avez dit : « Vous avez organisé des » fédérés à La Réole ; les fédérés y ont fait ci, y » ont fait ça.... »

» Il suffit de n'être pas tout à fait étranger aux lois et aux règlements militaires et d'administration, pour savoir que ce n'est pas nous, maréchaux de camp, employés dans l'armée, que pouvait regarder une fédération de citoyens. La fédération est une opération administrative. Les citoyens la proposent entre eux bénévolement, le sous-préfet la dirige et en régularise la formation, qu'il présente au préfet, qui, s'il l'approuve, lui donne force par sa sanction écrite ; et il publie cet acte dans le journal officiel du département; il en a été ainsi pour tous les pactes fédératifs, notamment pour celui de Sainte-Foy.

» Ce n'est que lorsque le corps de fédérés était ainsi légalement constitué, qu'il pouvait être mis, par l'autorité supérieure, sous le commandement d'un maréchal de camp.

» Le journal officiel, les arrêtés de la préfecture, les registres du sous-préfet, n'ont dit mot d'une organisation fédérale à La Réole ; donc il n'a pas été formé un corps de fédérés à La Réole : la conséquence est rigoureuse, à la confusion de vos rédacteurs.

» Lors de notre arrivée à la Réole, en qualité

de maréchaux de camp employés, nous demandâmes au sieur Pirly, sous-préfet, de nous faire connaître où en était la fédération, que lui recommandait le préfet.

» C'est le seul acte de nous relatif à une fédération des citoyens de La Réole.

» On a joué avec succès sur le nom de *canon*, donné à des joujoux d'enfants, et on a voulu jouer sur le nom de *fédération*, donné en juillet 1813, à une fête publique à La Réole, ainsi qu'avaient été désignées les sept fêtes qui, à longs intervalles, ont eu lieu à La Réole, en juillet, depuis la fédération de 1790. Et toujours avec un programme des jeux et des distributions de prix semblables.

» Nous nous arrêtons sur ce point, Monsieur le procureur général, parce que vous nous avez répété plusieurs fois, avec reproche, que c'était le mot *fédération*, et que nous nous intitulions dans ce programme imprimé et publié, *commissaires de la fédération*.

» Sans insulter aux rédacteurs des questions qu'on vous fait nous adresser, nous pouvons vous faire observer que nous sommes appelés en tête de ce programme, *Commissaires de la fédération*, c'est-à-dire de la fête fédérative, et non pas *Commissaires des fédérés*, comme ont été désignés dans toute la France, spécialement dans la Gironde, les commissaires des corps fédérés. Nous vous ferons observer aussi que fédération ne serait pas français en ce sens.

» Et enfin, pour faire ressortir le ridicule de

cette inculpation, nous vous ferons remarquer que ce programme s'adresse aux habitants, et non aux fédérés des arrondissements circonvoisins; qu'on y invite les pères, les mères, les enfants; qu'on y parle de réunion de tous les partis, d'oubli de tous les dissentiments, d'affection mutuelle, et de faire asseoir au banquet civique tous les pères, tandis que sous leurs yeux, dans les danses et dans les jeux, leurs enfants prépareront les unions qui feront le bonheur des familles...

» Monsieur le procureur général, il est difficile à la délirance protégée de vos rédacteurs de questions, de trouver là un appel à une force armée subversive de l'ordre, et ayant un but criminel.

— « Un sieur Albert qui avait été en 1793 » membre d'un Comité révolutionnaire et de la » Commission militaire, n'a-t-il pas, à la tête des » fédérés de La Réole, assailli, le 24 juillet, par » des cris de : *Vive l'Empereur !* les gardes » royaux qui y arrivaient, et ce sieur Albert » n'était-il pas inspiré de vous ? »

» Voilà, Monsieur le procureur général, l'une de vos questions, et elle prouve sans réplique ce que vous nous avez déjà dit : que les questions que vous nous adressez ne sont pas de vous, que vous n'en êtes que l'organe.

» Tout citoyen français, digne de ce beau titre, verra avec confusion et douleur, que nos lois soient imparfaites à ce point, qu'un grave magistrat puisse être forcé de proférer hautement une question accusatrice, qui montre dans son rédacteur ignorant, projet criminel et perfide.

» Vous avez vu notre indignation à son énoncé; plus calmes en ce moment, nous vous rappelons notre réponse :

» 1° Il est faux qu'il y ait eu des fédérés à La Réole;

» 2° Il est faux qu'on ait accueilli les gardes royaux par les cris de : *Vive l'Empereur !*

» En voici une preuve sans réplique :

» Ces gardes royaux, accompagnés d'hommes à cheval, formaient environ *cent* cavaliers ; ils étaient suivis de deux cents paysans venus de Castets et environs; ils sont arrivés le *matin*, ils n'ont violé le domicile du sieur Albert, ne lui ont fait courir risque de la vie, n'ont excédé de coups sa famille que le soir après sept heures...

» Comment ces jeunes cavaliers royaux auraient-ils contenu leur fureur depuis le matin jusqu'au soir ?

» Pourquoi n'entend-on parler de ces cris : *Vive l'Empereur !* que depuis que ces cavaliers royaux ont quitté La Réole ? Pourquoi se contentaient-ils, pour légitimer leurs attentats, de dire que le sieur Albert avait été membre d'un Comité révolutionnaire, ainsi que le désigne M. le procureur général ? Pourquoi ne trouve-t-on ce nouveau prétexte que lorsqu'il s'agit de couvrir, devant l'opinion publique révoltée, des excès impunis qui ont forcé toutes les autorités de la ville de La Réole de se réunir le soir pour conserver, après le départ des paysans venus à la suite des gardes royaux, le respect des personnes, des propriétés, ce que ne put complètement opérer la gendarmerie et la garde nationale ?

» 3° Ces gardes royaux n'ont pas été appelés par le maire; ils sont venus à La Réole sans feuilles de route, ils y ont resté six jours, ils y ont été pendant ces six jours l'occasion de troubles... Quand les pouvoirs subordonnés étaient opprimés ou comprimés par eux, quand cet état violent durait depuis six jours, et que les autorités locales étaient obligées d'intercéder auprès du commandant de ces gardes royaux, pour obtenir un peu d'allégeance dans les mesures despotiquement tyranniques de ces messieurs qui commandaient et agissaient sans l'aveu des magistrats, et en contravention aux lois... Comment se fait-il que la haute police administrative, la haute police judiciaire, soient demeurées muettes ?

» Ces *pourquoi* et ces *comment* nous mèneraient trop loin sans doute, pour ce temps-ci, et nous terminerons nos observations sur cette question par celle qui suit et que nous vous avons faite de vive voix :

» Vous désignez le sieur Albert par le titre de *membre*, en 1793, d'un Comité révolutionnaire et d'une Commission militaire. Pourquoi ne pas le désigner par son titre constant et légal de négociant fabricant ?..... Ou, si on voulait un titre ancien, pourquoi ne pas lui rendre celui de vice-président de l'Administration du district de La Réole ? C'est la plus ancienne de ses fonctions publiques.

4...

» Vous nous avez fait l'honneur de nous dire qu'il suffisait qu'il eût rempli des fonctions en 1793, pour qu'on pût lui en donner le titre, et qu'on pouvait désigner un citoyen de quelque manière qu'il plaisait, pourvu que ce fût par une désignation vraie... Dans notre surprise, nous vous avons dit : « Mais en ce cas, nous pourrions
» donc, pour désigner votre substitut, le procu-
» reur du roi de La Réole, vous dire : C'est le sieur
» Jean-Jacques Dumoulin, fils de N. Dumoulin,
» que l'un de nous a (1) . . . .
. . . . »

» Vous voyez, Monsieur le procureur général, et nous vous le dîmes, qu'une telle latitude aurait ses inconvénients, et nous ne vous rappelons ce fait que parce que ce fut le premier que nous rappela sur-le-champ votre observation.

» Au reste, ce choix de désignation pour le sieur Albert, signale avec évidence la réaction ; car au fond il importe peu que le sieur Albert ait été, il y a vingt-deux ans, membre d'un Comité révolutionnaire. Il serait possible aussi de révoquer en doute que ce sieur Albert, qu'on montre comme un républicain si chaleureux dans son âge avancé, ait manifesté un amour si violent pour Napoléon, que jusqu'ici on n'avait songé à peindre, ni comme l'idole, ni comme l'appui des républicains. Mais dans cette accusation si étrange contre le sieur

(1) Tous les passages remplacés par des points n'ont pu être retrouvés.

Albert, il importait de savoir si ce père de dix enfants, dont trois sont encore en ce moment sous les drapeaux aux armées, et malgré ses cheveux plus que gris, et malgré sa constitution usée, avait osé provoquer, par des cris de : *Vive l'Empereur !* cent jeunes gens d'élite, arrivant de Bordeaux à cheval, armés de toutes pièces, accompagnés de deux cents paysans en armes, criant : *Vive le Roi !*..... et si, cette provocation ayant eu lieu à leur arrivée, il est naturel que la vengeance ait couvé dans ces jeunes et brillants courages, jusques après sept heures du soir.

» Mais il a fallu, bien que tardivement, trouver un prétexte pour les excès auxquels cette garde royale s'est livrée ce jour-là et les jours suivants.

» Eh bien ! au nom du ciel et par honneur pour l'époque actuelle, cherchons, trouvons aussi une excuse pour les magistrats que peut entacher l'impunité de ces attentats, et de tant d'autres, dont le souvenir ne sera malheureusement pas perdu.

» Cette manière d'excuser un assassinat, en supposant un crime à celui qu'on assassine, nous rappelle une conversation que l'un de nous eut chez le grand maître de l'Université avec un oncle de Mme de Fontanes ; c'était un vieux jésuite qui tenait dans sa tête toute la doctrine *de la Société.*

» Il nous parlait des représailles que le 9 thermidor avait exercées à Lyon sur le farouche 1793. Il nous disait qu'en plein midi, sur les places publiques, on égorgeait ceux que leurs opinions faisaient présumer être les complices des malheurs qui venaient de finir.

» Tous ceux qui avaient souffert, et même beaucoup de ceux qui n'avaient pas souffert, voulurent fournir leur contingent à cette grande hécatombe : plusieurs le firent avec générosité.

« Mais comment, lui disais-je, pouvez-vous » légitimer ces assassinats publics, aux yeux des » magistrats; car les représailles prises au nom » du trône et de l'autel veulent toujours avoir un » peu l'apparence des formes légales ?

» — Rien n'était plus facile, me répondit le père. » On traquait ces hommes dans leurs maisons; » ils fuyaient dans les rues; le premier qui pou- » vait les atteindre leur plongeait un poignard » dans le sein, ou leur brûlait la cervelle. Le » magistrat était appelé et on déclarait, et le » procès-verbal constatait que le corps était » celui *d'un tel*, voleur, qui, surpris en flagrant » délit, s'était suicidé pour échapper au supplice. » Ce sont de ces fraudes pieuses commandées » par la morale des gouvernements, et même par » la morale publique. Ces exécutions le sont par » la raison d'État. — Mon enfant, cela vous paraît » étrange, sans doute; mais vous apprendrez » plus tard qu'en politique il n'y a de crimes que » les fautes, et c'en serait une que de laisser ce » ferment dans le corps social. D'ailleurs il faut » toujours se hâter de faire commencer les » hostilités; elles prononcent les partis, prévien- » nent les transactions, recrutent la milice nou- » velle de tous les gens timides, mettent la nation » sous les armes, et durant cette agitation, l'auto- » rité étend, consolide son pouvoir. Cet état de

» conflagration factice motive les mesures vigou-
» reuses qui restent dans les institutions, quand le
» calme est revenu, et remettent pour un temps
» le peuple dans les mains de ses chefs.

» Cette tendance des hommes à relâcher les
» liens qui les unissent en société, est le résultat
» de leurs passions; et c'est pour les réprimer
» que les lois ont été établies; mais cet esprit de
» désorganisation a fait dans le dernier siècle des
» progrès inquiétants, et les principaux cabinets
» de l'Europe en furent si alarmés, qu'ils se
» concertèrent sur le moyen de les arrêter. On
» n'en trouva qu'un : c'était de faire dévorer
» périodiquement par la guerre cette superféta-
» tion raisonneuse qui se présente chez les popu-
» lations modernes, après un repos de *douze* à
» *quinze* ans. Les nations, occupées à cicatriser
» leurs blessures, à réparer leurs pertes, laissent
» respirer leurs gouvernants; et quand le virus
» raisonneur commence à se montrer, la défense
» des frontières ou le redressement de griefs
» prétendus appelle aux armes, et le repos de
» l'Europe est maintenu précisément par cette
» guerre qui circule sur sa surface. La mise en
» action de ce plan fut ajournée par les craintes
» assez naturelles que faisait naître l'ambition
» des cours de Vienne et de Berlin, et l'explosion
» de 1789 déjoua tous les projets, et ébranla tous
» les trônes. Quand l'Europe se sera rassise, elle
» sera obligée d'en venir aux moyens proposés,
» sous peine de nouvelles secousses, qui pour-
» raient bien renverser tout l'édifice social. »

» Mais quittons la conversation de mon jésuite.

» Monsieur le procureur général, voici un de vos interrogats, très certainement supérieur à ceux des Commissions de 1793, et dont le tribunal des Dix aurait pu enrichir le code vénitien.

» En nous montrant une lettre confidentielle écrite par l'un de nous, vous nous avez dit :

« Celui de vous qui n'a pas écrit cette lettre » partage-t-il les opinions que l'autre y exprime ? »

» Ce sont donc nos opinions qu'on recherche et qu'on poursuit ? Ce ne sont pas même nos opinions publiées, ce sont nos opinions *pensées*. Partagez-vous ces opinions ?...

» Voilà la réaction dans toute sa bassesse et sa férocité prise en flagrant délit, sous la toge honorée qui lui sert de refuge.

» Mais de quelque péril que nous menace une aussi étrange interpellation, elle ne séparera pas deux frères jumeaux qui aimeront toujours à courir ensemble toutes les chances de la vie, jusques à la catastrophe que leur prépare à découvert cette réaction exécrable : toutefois, elle ne restera pas sans compensation.

» Une réflexion, peut-être tardive, nous arrête par sa gravité et nous fait tomber la plume des mains : notre lettre confidentielle au général Clausel, gouverneur de la province, par lui confiée, au nom du salut public, au préfet du département, est devenue contre nous un moyen d'accusation publique et nous a plongés dans les cachots. Vous êtes, Monsieur le procureur général, notre confident forcé; les épanchements que nous vous adressons coulent de notre plume à mesure qu'ils se présentent, et sans ordre. Mais si l'esprit qui a si perversement abusé de notre première lettre confidentielle s'emparait de celle-ci, ne pourrait-il pas y trouver un motif de poursuite criminelle ?... L'épouvante des générations passées nous rapporte qu'un juge de Louis XIII disait hautement : « Qu'on me donne une ligne de l'écriture d'un » homme, quelle qu'elle soit, et j'y trouverai un » moyen de le condamner à être pendu. »

» Mais c'est à M. Rateau que nous confions nos pensées; il ne laissera lire à M. le procureur général que ce qui pourra éclairer sa justice, et sous sa garantie nous pouvons continuer.

» Dans cette confiance, nous vous faisons à l'occasion de vos observations sur cette lettre deux remarques importantes.

» Vous nous avez dit :

« Vous écriviez le 27 juillet au général Clausel » comme au général en chef gouverneur, et vous » saviez et vous deviez savoir qu'il était en » révolte; qu'il se maintenait en place par la » terreur. »

» Monsieur le procureur général, voilà dans une seule phrase bien des erreurs accusatrices. Elles sont accumulées avec méchanceté contre nous : elles vont retomber avec tout le poids de la vérité, avec rudesse, contre leurs auteurs.

» Le général Clausel se maintenait par la terreur ! Que les réponses à cette allégation sont claires et péremptoires. Le 27 juillet, le général Clausel n'avait pas 1,200 hommes de troupes à

Bordeaux, et en lui supposant des volontés coupables, où est la preuve, où est l'indice que les soldats n'étaient pas citoyens?

» Et puis ce général en chef avait entre eux et lui, pour intermédiaires nécessaires, des chefs, des généraux, depuis conservés par le roi, investis de la confiance publique. Et combien, d'ailleurs, cette allégation ne serait-elle pas outrageante pour la ville de Bordeaux, peuplée de plus de cent mille habitants, décorée d'une garde nationale nombreuse, brillantée d'un corps de gardes royaux; ville où, depuis le 27 juillet, les femmes, les enfants, agents applaudis des règlements de police, font des arrestations qu'on légitime ensuite, outragent, excèdent de mauvais traitements, avec impunité, les citoyens pour des opinions mal sonnantes dont ils se portent les juges?... Dans une telle ville, quelques soldats n'inspiraient pas la terreur, le 28 juillet.

» A cette considération morale bien puissante, se joignent les faits suivants :

» Le roi, par une mesure générale, a disposé le 16 juillet que nous cesserions nos fonctions de généraux; le ministre du roi a chargé le général en chef gouverneur, comte Clausel, de transmettre cet ordre à César Faucher et à Constantin Faucher, employés maréchaux de camp dans son armée.

» C'est par ce général en chef, gouverneur sous l'autorité du roi, que le 21 juillet nous avons reçu cet ordre du roi.

» Le général Clausel partit le 28 dans la matinée.

Ce jour-là, le général Darmagnac, maintenu par le roi, publia qu'il succédait au général Clausel, d'après l'ordre du jour de ce général en chef gouverneur, qui le chargeait du commandement.

» Voilà donc l'autorité militaire, bien légitime, bien royale, reconnaissant le général Clausel, après son départ, comme bien légitimement général en chef gouverneur, jusqu'au moment de son départ.

» Voici l'autorité civile le proclamant aussi haut :

» Le général Clausel partit le 28, et le 29, vingt-quatre heures après le départ du général Clausel, M. de Tournon, préfet du département, prend un arrêté contre nous, et dès la première ligne, il vise notre lettre confidentielle au général Clausel : « à nous *officiellement* transmise par ce général, » hier 28. »

» Ainsi, les deux grands régulateurs de la conduite des citoyens, l'autorité civile et l'autorité militaire, reconnaissent et publient que, jusqu'au moment de son départ, le général Clausel a été légitimement général en chef gouverneur.

» Si nous avions méconnu ses ordres et qu'on eût pu nous atteindre judiciairement à cette occasion, de quel poids, grand Dieu, ne seriez-vous pas tombé sur deux hommes qui, sans fonctions publiques, auraient osé méconnaître l'autorité à laquelle obéissaient, que respectaient les premiers fonctionnaires publics, l'universalité des habitants du département !

» Et cependant, c'est vous qui nous reprochez

d'avoir reconnu ce général en lui adressant une lettre confidentielle !

» Nous ne pouvons pas quitter cette lettre au général Clausel, sans consigner une de vos allégations et notre réponse.

» Vous nous avez relu le passage de cette lettre où, dans la confiance et l'abandon, nous disons au général : « Nous voudrions pouvoir être en » aide à la patrie en souffrance », et vous nous l'avez reproché.....

» Après quarante ans de services fidèles et tant de sang versé pour la patrie, notre vœu pour la servir encore était bien naturel, et nous vous avons montré la France et le roi, la patrie tout entière, non seulement en souffrance, mais dans la désolation et l'effroi.....; et vous nous avez répondu : « Vous ne persuaderez point que *pour* » *vous* le mot *patrie* comprenne le roi. »

» A quelles sinistres préventions sommes-nous donc livrés, Monsieur le procureur général ? Pour nous, il est donc arrêté dans l'esprit des magistrats que nos opinions sont telles ou telles, indépendamment de ce que nous disons; qu'elles sont assassinées, réactées ? Assassinées, vous pouvez en prendre l'habitude par l'impunité; ainsi ce ne sera pas sans être flétris par le souverain du monde, que vous nous ferez juger pour des opinions présumées. Monsieur le procureur général, nous ne persuaderons pas que pour nous, le roi soit partie intégrante de la patrie ? Nous ne persuaderons pas qu'en français, le mot patrie comprenne le roi !

» Peut-être, Monsieur le procureur général, aurions-nous le droit de récuser tout magistrat qui manifesterait une pareille pensée ; mais nous nous bornerons encore à repousser vos attaques par des impossibilités physiques, puisque celles-là seules peuvent faire reculer nos sicaires accusateurs.

» Vos rédacteurs de questions, dignes de leur vilaine âme, ont tout dit de nous, excepté que nous fussions des insensés ; et puisqu'ils exagèrent même nos moyens moraux, pour nous attribuer une plus grande influence, ils sont forcés de convenir que nous ne sommes point des stupides. Or, qu'est-ce que la patrie, aux yeux de l'homme le plus simple ? Est-ce le sol inerte et sourd qui porte indifféremment Ravaillac et Henri IV ? Est-ce le sable brûlant que parcourt l'Arabe brûlé ? Non, sans doute ; et ils avaient une patrie, ces nobles Sarmates qui, ayant leurs rois à leur tête, illustrèrent l'ouest de l'Asie et le nord de l'Europe ; ces nobles Sarmates qui, amants de leur patrie, la trouvèrent partout où leurs rois, leurs peuples, leurs institutions, étaient heureux, protégés l'un par l'autre ; où la nation polonaise était libre de suivre ses lois. Où la nation est bien, disaient ces illustres enfants du Nord, là est la patrie. La patrie n'est donc pas le sol : la patrie, objet des affections les plus vives, la patrie, objet de notre culte, est la nation française entière avec ses institutions : ce ne peut donc pas être une fraction de la nation, que nous ayons pu entendre.

» En révolte à l'ordre formel du roi et à toute justice, vous vous plaisez à nous supposer l'intention que par le mot patrie, nous ne comprenons qu'une fraction de la nation française, et non pas le roi et le peuple, quoique nous l'affirmions. Vous vous plaisez à nous supposer l'intention de nuire, en demeurant sur nos foyers et ne nous mêlant pas au mouvement depuis le 22 juillet, quand vous savez que les ordres du roi nous prescrivaient de rester étrangers à toute action depuis le 21 juillet.

» Et quand devons-nous, plus hâtivement qu'aujourd'hui, 16 août, en appeler à cette garantie proclamée par l'ordre exprès du roi, qu'alors que le journal officiel de la Gironde, l'*Indicateur*, en insérant cet article de la gazette officielle, publie, d'après le *Moniteur*, le vœu qu'ont porté au pied du trône les membres du Conseil général du département de la Gironde? Il dit au roi : « Vous avez été comblé de tous les » biens, nous n'avons rien à demander au ciel; » mais ne soyez pas clément, ne soyez pas indul» gent..... »

» Nous repousserions la clémence du trône, et jamais nous ne réclamerons d'indulgence pour notre vie sans tache; mais nous en appelons aux lois éternelles, aux lois de la patrie, enfin à l'ordre exprès du roi, pour, dans le régime de sang qu'on rappelle, n'être jugés que sur nos actions et non sur les opinions qu'il plaira de nous supposer, à ces hommes qui empoisonnent tout ce qu'ils touchent.

» L'an 1793, d'effroyable mémoire, était un lion qui déchirait et dispersait en lambeaux les objets de ses fureurs. Eh ! qui plus que nous en a souffert ? Sous dix-sept blessures saignantes, étendus sur le champ de bataille où nous combattîmes pour la patrie, la liberté et la République, c'est au nom de la patrie, de la liberté et de la République, que ce lion nous enleva et nous envoya à la mort. Mais alors même, et dans les plus violents paroxysmes de sa rage, il respecta le temple de la justice. Jamais il n'en profana les formes ni les ministres. Les magistrats furent toujours indépendants pour prononcer sur l'honneur, la fortune, etc., des citoyens. Les agents révolutionnaires arrêtaient ; des commissions révolutionnaires jugeaient d'après les lois révolutionnaires ; jamais le délire de 1793 ne confondit la justice et la Révolution. Et l'arrêt qui nous envoya à la mort déclara, non pas que nous avions volé des canons à une ville qui n'en a jamais eu, que nous n'étions pas patriotes, mais bien que nous étions des aristocrates, puisque, fonctionnaires publics et proclamant la mort de Louis XVI, nous en avions fait l'éloge et nous en avions publiquement porté le deuil..... ; alors on envoyait à la mort la victime, pure et sans tache de toute imputation calomnieuse.

» L'année 1815 prend sur la réaction tous les crimes de la bassesse. Ce sont des femmes, des enfants, sortis des sentiers du vice, qui se portent les juges de la liberté des citoyens. Ils arrêtent sans autorisation en plein midi ; et coupables de crimes, ils osent se présenter devant les magistrats, et les magistrats ouvrent à leurs cris les cachots pour y recevoir leurs victimes. Et le temple de la justice est souillé par ces scandales, et de hauts magistrats sont forcés de se rendre les organes de monstrueux assemblages d'accusations révolutionnaires et de préventions légales dont les premiers agents sont des gens réprouvés par nos lois. Dans quel chaos, grand Dieu! se trouve-t-on donc en 1815!

» Vous succédez, Monsieur le procureur général, à un homme dont la vénération publique conservera longtemps la mémoire; vous occupez son hôtel et sa place. Qu'aurait dit cette âme vertueuse et austère, si elle avait vu les formes tutélaires de la justice à la disposition de l'homme fort du moment, et prostituées à servir la haine contre l'innocence? Qu'aurait dit cette âme vertueuse, si elle avait entendu publier dans la voie publique l'apologie de l'assassinat, pour encourager au massacre?..... Le vénérable Dudon, de son haut tribunal, aurait frappé les brigands sous leur couleur protégée, en enveloppant de la robe de l'homme de bien l'infortuné, proscrit par une réaction fougueuse; il serait tombé mort sur la place publique, avant que l'on violât les lois confiées à sa garde.

» Il faut donc que les temps soient bien changés! Il faut donc que la réaction soit bien puissante, puisqu'au lieu de subir la honte et l'infamie, les coupables recueillent l'impunité de leurs forfaits, et même des éloges!

» Nous voyons bien dans tout cela le crime des réacteurs encouragés par l'impunité; mais à quel délire, aussi absurde qu'atroce, peut-on attribuer la question qui suit :

« A votre arrivée de Paris, n'avez-vous pas » distribué à La Réole, à petits morceaux, au » peuple qui entourait votre maison, un gros » pain que vous lui dîtes que Napoléon vous avait » donné pour cela ? (1) »

» Nous l'avons dit, Monsieur le procureur général, les pasteurs des montagnes du Tyrol, qui sont probablement les plus ignorants, les plus superstitieux des hommes de notre Europe, ces malheureux ne pourraient pas être dupes d'une telle jonglerie de prêtre. Et comment la ville de La Réole pourrait-elle être supposée le théâtre de pareilles mômeries ?.....

» Monsieur le procureur général, on ne pourrait se faire cette illusion que pour favoriser un parti : reconnaissons ce qui est vrai.

» La ville de La Réole est distinguée par les mœurs polies de ses habitants, fruit des lumières généralement répandues ; on connaît la perfec-

(1) César ni Constantin ne purent deviner ce qui avait donné lieu à cette question : voici le fait. A leur arrivée de Paris, le 4 mai, un cultivateur des environs de La Réole était chez eux; en déchargeant leur voiture, on sortit du pain qui était dedans. Constantin dit à ce cultivateur : « Veux-tu goûter du pain de Paris ? Il vient de chez le boulanger de l'empereur. » Il n'en fut donné ni offert à personne autre.

Le pain de Paris était en quelque sorte une curiosité pour La Réole.

tion de ses fabriques, son esprit de commerce, qui la rend le centre de tant de relations; la fierté de ses habitants, qui fait préférer le pain noir acquis par le travail, aux bienfaits de la petite vanité.

» Osons le dire tout haut, Monsieur le procureur général : on reproche aux citoyens de la ville de La Réole d'éprouver une espèce de fièvre aux mots d'*esclavage* et de *tyrannie* ; on leur reproche l'amour des idées nouvelles.

» Eh bien ! accusez-les, s'il faut à toute force les accuser; accusez-les de se tromper dans l'application de ces mots ; accusez-les de manquer à ce point de lumières suffisantes, mais n'en faites pas des êtres brutes et stupides comme des Hottentots bosmans.

» Cette horreur innée de l'esclavage, cet amour des idées nouvelles qui les distinguent, ne sont pas au moins un symptôme de stupidité.

» D'ailleurs, il est un grand juge en cette matière, et quelque déhontés que soient les réacteurs actuels, ils n'oseront pas appeler de son jugement. Henri IV, qu'ils vantent, et dont ils fuiraient les regards, s'il apparaissait avec sa grandeur d'âme, son courage et son incomparable impartialité, Henri IV connaissait bien La Réole, et en avouant qu'il y avait, comme partout, dans cet Ouest, de ces petits hommes vains empressés à baiser des fers nouveaux dans l'espoir de les faire peser sur d'autres, il disait de ses habitants en masse : « Ces Gascons-là sont un peu babillards, mais ils sont fidèles et braves. »

» Monsieur le procureur général, voilà donc, de par Henri IV, les La Réolais reconnus pour être de la religion du bon roi. Croyez-vous que dans cette religion de ces Gascons, aimant la danse, les plaisirs, un peu négligents de l'église, il est vrai, un peu bruyants dans leur joie, un peu médisants peut-être, enfin un peu babillards, mais fidèles et braves, de par Henri IV; croyez-vous, Monsieur le procureur général, que, dans cette religion de Henri IV, on puisse jouer la farce eucharistique de donner à petits morceaux au peuple rassemblé un gros pain au nom de Bonaparte ?...

» Nous avons bien vu nos prêtres et notre archevêque encenser Napoléon comme le représentant du Très-Haut; nous avons bien vu le pape le montrer au peuple, en le déclarant l'oint du Seigneur; mais il restait au délire de la réaction actuelle d'en faire le prototype de Christ, de supposer qu'on pouvait le donner sous forme de pain aux adeptes, et de renouveler les agapes.

» Bien que, dans certains cas, les magistrats, dans leur condescendance, en viennent jusqu'à un tel point, qu'ils semblent se confondre avec les plus simples habitants, ils conservent aux yeux des vrais citoyens le décorum de leurs fonctions : et il nous semble qu'ils sont bien coupables et qu'ils comptent grandement sur son indulgence, les réacteurs qui ont osé rendre l'organe de telles inconvenances un grave magistrat, surveillant-né du respect dû aux lois et à leurs ministres.

« Le 4 avril, pendant que vous étiez à Paris » (depuis le mois de décembre), n'est-il pas sorti » de votre maison à La Réole, pour être promené » dans la ville, un drapeau tricolore, brodé par » Mlle Anaïs Faucher, votre petite-nièce ? »

» Monsieur le procureur général, on avoue que nous étions à cent quatre-vingts lieues de La Réole depuis longtemps (au 4 avril); nous ne sommes revenus que longtemps après, et on nous demande s'il y a eu un drapeau à La Réole ! Et, pour essayer d'envelopper dans la proscription ce qui nous touche, on demande si ce drapeau n'a pas été brodé par notre petite-nièce !

» Le magistrat doit être au dessus des passions honteuses qui affligent à ce point l'humanité, et il doit souffrir d'être l'organe de si odieuses bassesses.

» Il n'est jamais sorti de notre maison de drapeau brodé d'aucune couleur. Notre petite-nièce n'a jamais brodé de drapeau d'aucune espèce.

» Eh ! qui donc sera impassible et organe digne de la loi, si l'influence funeste de la réaction se fait sentir jusque dans le magistrat conservateur de l'ordre et des lois ? (1)

(1) Ici, il y avait un interrogat de la nomination de représentant et un autre sur celle de maire. — Nous n'avons retrouvé, à leur sujet, que ces notes :

A l'un : « N'avez-vous pas été nommé, le 14 mai, membre de » la prétendue représentation nationale, par le collège électoral » de La Réole ?

» — Mon frère et moi n'en étions pas membres ; nous y » sommes étrangers.

« N'avez-vous pas fait répandre sourdement la » nouvelle de la paix que vous proclamâtes, le » 30 juin, en uniforme de maréchaux de camp, » et même annoncé Napoléon II, accompagnés » de trente perturbateurs ? »

» Nous avons eu l'honneur de vous faire observer que nous n'avions pas pu faire répandre sourdement la nouvelle d'une paix que nous ne pouvions pas connaître, puisqu'elle n'avait eu lieu que le 28..... Et vous, Monsieur le procureur général, constant dans l'esprit de votre interrogat, vous nous avez dit que, la nouvelle de cette paix étant parvenue à Bordeaux le 28, nous avions pu la faire répandre sourdement avant de la proclamer le 30.

» Nous avons été obligés de vous rappeler, Monsieur le procureur général, que la paix n'avait été signée dans la Vendée que le 28, et qu'une estafette pressée n'avait pu porter cette nouvelle

» — Votre influence a déterminé ces opérations. »

A l'autre : « N'avez-vous pas été élu maire de La Réole, le » 20 mai, par trente personnes seulement, les électeurs membres » de l'assemblée s'étant retirés en masse par le trouble qui y » existait ?

» — L'assemblée était de trois cents personnes, et j'ai réuni » plus des quatre cinquièmes des voix. L'officier commandant » la gendarmerie a constamment assisté à l'assemblée, le juge » de paix y était, et il n'y a eu nul procès-verbal, nulle plainte.

» Mais si notre influence est si énorme qu'elle dicte le choix d'un » collège électoral dont nous ne sommes pas membres, si notre » influence est telle qu'elle puisse faire manger au peuple de » La Réole, comme agapes, un morceau de pain au nom de » Napoléon..... »

inattendue que le 30, à dix heures du matin, à Bordeaux..... Vous avez dû vous convaincre par là, Monsieur le procureur général, que la confiance que vous donnez à vos rédacteurs de questions peut vous jeter dans de cruelles erreurs; car si nous n'avions pas à vous opposer cette impossibilité physique, vous détruisiez, par des possibilités morales, la vérité de notre assertion, et notre justification était rejetée.

» Et quant aux trente perturbateurs, qu'il plaît à votre interrogat de nous donner pour acolytes, nous sommes forcés, Monsieur le procureur général, de vous repousser encore durement par des impossibilités.

» Puisque vous reconnaissez qu'il s'agit d'une proclamation faite par nous, militairement, en grand uniforme d'officiers généraux, il est incontestable que tout ce qui était militaire nous accompagnait, notamment le lieutenant de gendarmerie et ses gendarmes. C'était un jour de grande foire et de fête votive à La Réole: ce devait être au moins un spectacle, et un spectacle nouveau, pour cette population nombreuse : toute la musique du pays précédait le cortège..... Comment aurait-on empêché cette population brillante et gaie de suivre cet appareil de fête ?... Vous dites que nous sommes très aimés dans le pays de La Réole, que nous y avons une grande influence..... Comment donc, quand nous sortions avec tant d'éclat, en présence de quinze mille âmes, n'avons-nous été suivis que de trente personnes ?

» Monsieur le procureur général, il est fâcheux que ceux qui ont dicté vos interrogats n'aient montré qu'une méchanceté aussi maladroite.

» Et quant aux perturbateurs....., la gendarmerie, les magistrats étaient là : existe-t-il un procès-verbal de troubles ? Y a-t-il eu lieu à une plainte ?

« Le ministre Carnot ne vous a-t-il pas donné » quelque mission secrète ? »

» La mission que nous a donnée M. le ministre Carnot a été de concourir de tous nos moyens au respect des lois et au maintien de l'ordre, spécialement de prévenir toute réaction, de ne laisser persécuter personne pour ses opinions, de regarder le domaine de la pensée comme hors de la puissance des magistrats, et de ne jamais oublier que l'indulgence, le support mutuel, sont des devoirs communs dont les fonctionnaires publics doivent donner l'exemple, et qui contribuent puissamment à la paix et à l'harmonie intérieure, qui sont le plus grand des biens.

» Les recommandations que nous a faites M. le ministre Carnot ont été celles d'un sage, supérieur aux passions et indépendant des circonstances.

» Monsieur le procureur général, en finissant notre interrogatoire, vous avez laissé tomber ces mots : « Ce sera à vous à prouver que l'ordonnance » du 21 juillet ne peut vous atteindre. »

» C'est donc cette ordonnance qu'on veut nous appliquer.

» Cette ordonnance est une loi à effet rétroactif.

» Le roi a publié l'ordonnance du 24 et les tables fatales ont été aperçues ; mais il a donné sa parole royale que là s'arrêteraient ces actes inconstitutionnels. Et le ministre de la police générale, dans sa lettre du 27, explique ainsi la volonté du roi sur ces actes législatifs de circonstance, transitoires de leur essence, que le magistrat ne doit appliquer qu'avec défiance, et dont il ne peut sans crime dépasser les dispositions.

» Voilà les lois qui nous régissent même en dehors de la Charte constitutionnelle ; elles prononcent que nulle de leurs dispositions pénales ne peut nous atteindre.

» Ainsi, et comme nous l'avons dit, Monsieur le procureur général, c'est à la force que nous avons cédé, quand nous avons répondu à vos interrogatoires ; et, nous vous l'avons déclaré, ce n'est que par déférence pour vous que l'un de nous s'est arrêté après avoir écrit plus qu'à moitié notre protestation au bas de sa signature et ne l'a pas complétée.

» Elle est étrange, Monsieur le procureur général, la position où nous nous trouvons avec vous !

» Officiers généraux en non-activité, retirés du service par ordre du roi, nous sommes arrachés de nos foyers et mis dans les prisons par des actes de votre substitut, le procureur du roi à La Réole. De ces prisons nous sommes jetés dans les prisons des prévenus, dans les bagnes des condamnés à mort, à Bordeaux, par une ordonnance de vous non motivée.

» Nous sommes interrogés par vous, premier

magistrat judiciaire, pour connaître de quel tribunal ressort le crime dont nous pouvons être prévenus.

» Mais quel est ce crime? où est le corps du délit? Vous ne pouvez pas le préciser, vous ne faites pas de questions directes, vous demandez quelles sont nos opinions..... Voilà les suspects.

» Mais il faut une nouvelle loi des suspects. L'ancienne est abolie.

» En attendant qu'il en vienne une, on cherche à y suppléer par l'ordonnance du 21 juillet.

» Mais l'ordonnance du 24, et la volonté du roi, expliquée par son ministre le 27, lui ôte ce dernier caractère révolutionnaire; et par surabondance, nous allons vous prouver qu'elle ne peut pas nous atteindre :

» Nous avons pris du service.

» Nous n'avons pris de service que le 19 juin à Bordeaux. A cette époque, le département de la Gironde servait l'empereur dans toutes les parties du gouvernement. Nous avons pris des fonctions militaires; il est de principe que la force armée est essentiellement obéissante, elle ne doit jamais délibérer; la force armée délibérante serait un gouvernement de mamelucks : voyez seulement la garde royale délibérante (1) ! ! !.....

» Si nous avions pu hésiter à obéir à cet ordre militaire, donné au nom d'un prince à qui la France entière obéissait en ce moment, nous aurions été rassurés par la conduite des magis-

(1) Ce sont les volontaires royaux de Bordeaux.

trats de Bordeaux, des deux premiers fonctionnaires, et dans l'ordre judiciaire, c'est M. le procureur général et M. le premier président.

» Le corps judiciaire n'est pas essentiellement obéissant comme le corps militaire; le corps judiciaire est par essence conservateur de l'ordre et des lois : dans un cataclysme qui frapperait les têtes précieuses, c'est le corps judiciaire qui donnerait des ordres à la force armée et elle obéirait..... Le Parlement l'a prouvé et éprouvé..... Eh bien ! après la révolution de mars 1815, si vous, Monsieur le procureur général, vous avez refusé de servir Napoléon, M. le baron de Brezetz, premier président de la Cour royale, lui a fait serment et l'a servi; M. de Sèze, frère du défenseur de Louis XVI, frère du premier président de la Cour suprême, M. de Sèze lui a fait serment et l'a servi; ainsi des autres, et vos fonctions ont été confiées à votre prédécesseur et collègue, à M. le procureur général Buhan, qui a fait serment à Napoléon et l'a servi. Et M. Buhan a votre estime particulière : par vous, il a été nommé bâtonnier des avocats, par affection singulière et non par le vœu des avocats qui y avaient appelé le regretté M. Ferrière. On a pu penser que des scrupules personnels vous éloignaient de cette place, quand on y a vu porter l'homme du choix de votre cœur; quand on a vu M. le premier président et les autres magistrats conserver leurs places, quand on a vu tous les fonctionnaires publics de Bordeaux conserver les leurs, si on a voulu les leur laisser.

» En arrivant à La Réole, nous voyons le sous-préfet qui avait été nommé par le roi, ayant fait serment à Napoléon, toutes les autorités de l'arrondissement ayant suivi son exemple : ainsi avaient fait le président et les juges du tribunal, votre substitut, lui-même, J.-J. Dumoulin. N'oubliez pas, Monsieur le procureur général, que votre substitut n'est pas soldat; il n'est pas tenu à une obéissance passive ; dans son libre arbitre et par choix, il a fait serment à Napoléon, et l'a servi... Eh bien ! vous le conservez, votre substitut; il est le rédacteur peut-être des étranges interrogats que vous nous adressez. Vous ne pouvez donc pas nous reprocher devant la cour royale de Bordeaux, devant les magistrats de Bordeaux, d'avoir servi militairement Napoléon depuis le 19 juin, quand ils nous donnaient tous cet exemple à cette époque. Vous ne le pouvez pas, surtout, devant la garde nationale bordelaise, qui, la veille que nous avons pris du service, le 18 juin, dans sa grande revue au Jardin-Public, poussait jusqu'au ciel, en notre présence, les cris mille fois répétés : « *Vive l'Empereur !* »

» Sans vouloir regarder de trop haut cette question de la légitimité, au moins sommes-nous forcés de l'examiner dans les caractères qui doivent la manifester à la raison des peuples. La nation française s'est renouvelée à peu près tout entière... Depuis vingt-cinq ans, elle a vu ses premiers magistrats recevoir les tributs des peuples et les hommages des rois, et les frontières reculées à leurs dépens. Bientôt l'une des chaises curules, plus particulièrement chargée des palmes de la victoire, s'éleva d'une marche, et le prince du peuple, au nom de la république, prit rang parmi les potentats. Le plus grand nombre brigua son alliance ou même son appui. Ce n'était jusque là que la seule majorité du peuple qui revêtait le premier consul; il ne parlait encore qu'au nom du peuple français. De nouveaux trophées augmentent ses prétentions. Il ceint le diadème. La nation s'émeut; les têtes couronnées appuient l'entreprise du prince; et comme si ce n'était pas assez de la séduction de la gloire, pour entraîner tous les suffrages, la religion se charge d'y ajouter l'assentiment des consciences les plus timorées. Le souverain Pontife quitte Rome, vient à Paris, fait couler l'huile sainte sur le front de l'élu, et le pape présente Napoléon à l'univers catholique comme l'oint du Seigneur. Dès lors, tous les trônes s'humilient devant lui. Il prend sur le plus élevé la mère de son fils, que l'Europe salue du nom de prince héréditaire. On voit à sa cour les ambassadeurs de Madrid et de Stockholm, de Naples et de Berlin, de Vienne et de Pétersbourg, et la barrette d'un cardinal *a latere*, à côté de la mitre persane et du turban de Constantinople. Si l'Angleterre ne reconnaît pas encore l'*Empereur*, parce qu'il lui refuse Anvers, elle avait reconnu le *premier consul* ; ainsi l'unanimité des votes de la république des princes était acquise au chef de la nation française; elle dut croire que, reconnu par eux, il siégeait sans contestation au congrès du monde civilisé.

» Les Montmorency, les Rohan, les Talleyrand, les la Trémouille, ces preux de la monarchie, que Charlemagne compta parmi ses barons, reparaissent au Conseil d'État de Napoléon et donnent à sa prise de possession la sanction qu'ils avaient donnée aux usurpations de Pépin le Bref et de Hugues Capet. Le sacerdoce, la magistrature, l'administration et l'armée, se décorent dans tous les rangs des noms les plus illustres. Les d'Aguesseau, les Molé, les Lamoignon, les Colbert, les Duras, les Montesquiou, les Lévis, etc., se présentent parmi les candidats quand ils ne sont pas au nombre des titulaires. La nation marche sur les pas de ces guides. Les vertus et les talents sont mis en lumière, et vous montez sur le siège où le roi vous a maintenu et d'où vous nous interrogez en ce moment.

....

....

» Dira-t-on que l'appui donné au gouvernement de Napoléon, par l'action des fonctions publiques, n'est répréhensible que depuis le *1er mars 1815*? Mais ce serait reconnaître que les droits de Louis XVIII au trône ne remontent qu'au mois d'avril 1814. Et d'après les principes établis aujourd'hui, ces raisonneurs se constitueraient par là en véritable félonie, car le monarque qui nous régit date ses actes de la vingtième année de son règne. Or, s'il n'est pas permis de contester que Louis règne depuis *vingt ans*, toute autorité régissant la France durant ces vingt ans a été une autorité usurpatrice, et tout fonctionnaire institué pendant l'usurpation est complice de l'usurpateur.

» Je m'arrête, je ne veux pas presser le raisonnement, je ne veux pas même l'ordonner; j'abandonne cette pensée comme les autres pensées jetées en cette lettre, dans le *rudis indigesta moles* de la première conception. Si nous poussions le raisonnement jusque dans ses formules les plus élevées, si nous poursuivions ces pensées jusque dans leur dernier résultat, si nous les forcions de déposer tout ce qu'elles contiennent, peut-être serions-nous embarrassés nous-mêmes de tout ce qu'elles nous donneraient.

» Venons à une de vos questions, si étrangement combinées, pour trouver un crime jusque dans notre repos.

« Le 22 juillet, des nègres et un détachement » du 41e régiment, passaient de grand matin dans » un bateau sur la rivière, allant de Toulouse » à Bordeaux : ils s'arrêtèrent à La Réole, » insultèrent le sous-préfet et le curé; puis ils » abattirent et brûlèrent les drapeaux blancs.

» N'est-ce pas vous qui les y avez excités?

» Si au lieu de faire arborer les drapeaux blancs » avant le jour, vous les aviez promenés avec » pompe, le peuple aurait été averti et aurait pu » les défendre.

» Ces mêmes militaires se sont portés à des » excès en pillant chez M. Verduzan, à la » campagne. N'est-ce pas vous qui les y avez » excités?

» Et si ce n'est pas vous, pourquoi à l'aide de

» votre grande influence n'êtes-vous pas allés au » milieu de ces militaires, les calmer chez le » sous-préfet, chez le curé, arrêter le mal qu'ils » faisaient chez M. Verduzan?... »

» Voilà, Monsieur le procureur général, la question qu'on nous adresse par votre bouche; elle nous a pénétrés d'une si vive indignation, que vous avez trouvé tout naturel qu'elle ait débordé d'une manière peu mesurée en votre présence.

» Nous allons faire ressortir toute l'indignité de ces rapprochements, par des impossibilités physiques; et il est heureux pour nous de le pouvoir, Monsieur le procureur général, car toute autre preuve serait rejetée en présence d'une réaction assez perverse et assez éhontée pour oser dicter au premier magistrat chargé de l'ordre public, un interrogat ainsi.

» Les soldats, qui dans la dissolution de l'armée des Hautes-Pyrénées et Pyrénées-Orientales, se rendaient, déserteurs à la débandade, de Toulouse à Bordeaux, s'embarquaient dans des bateaux qui ne s'arrêtaient que pour manger; ils allaient nuit et jour, parce que c'étaient les nuits les plus courtes de l'année, et les eaux étant fortes ils allaient vite.

» Ainsi, Monsieur le procureur général, personne ne pouvait savoir qu'il passerait à La Réole, de bien bonne heure, le 22 juillet, des soldats qui désertaient sur le premier bateau venu, et qui allait fort vite par la rapidité du courant...

» Ainsi tombe sur le calomniateur, aussi odieux que méprisable, l'odieux de cette question. Vous

nous avez dit, Monsieur le procureur général, que nos lois le cachaient sous votre toge, où il nous était défendu de le frapper....., et qu'à cet abri-là il pouvait avec impunité nous déshonorer; mais, Monsieur le procureur général, ce n'est pas la voix publique qui combine des scélératesses aussi absurdes, et nos premiers regards dans le champ des probabilités se portent nécessairement sur des hommes..... que les fonctions publiques ne sauvent ni du..
Et si les réacteurs étaient seuls à mordre, si nous ne devions obéissance à l'ordre que vous nous avez donné de ne pas les frapper, couverts qu'ils sont de votre toge, nous montrerions à la risée publique le sieur Pirly, ... (1)....., J.-J. Dumoulin,

(1) On croirait peut-être que Thomas Pirly a toujours été leur ennemi : on se tromperait; il ne le devint qu'en avril 1814. Voici quelques passages de sa correspondance avant cette époque :

A César :

« Constantin a eu la bonté de vous faire de moi un portrait » beaucoup trop avantageux, et vous auriez de la peine à » reconnaître l'original si je me présentais devant vous; l'amitié » qu'il a pour moi doit lui servir d'excuse. Je suis malheureux! » et je n'ai, ce me semble, rien fait pour devoir l'être; ce titre » a servi à vous faire partager tout l'intérêt que votre frère veut » bien avoir pour moi, et une reconnaissance éternelle, aussi » grande qu'elle est méritée, sera désormais le seul sentiment » qui pourra adoucir l'amertume de mon sort. »

A Constantin :

« Hier, au moment où je partais pour la campagne, mon cher » Constantin, j'appris votre retour à La Réole; je serais » volontiers allé vous en féliciter, mais je songeai que vos

..... fonctionnaires publics de Napoléon en 1813, puis de Louis XVIII en 1814, puis de Bonaparte en 1815, encore de Louis XVIII en ce moment; toujours....., poursuivant en réacteurs le lendemain ceux dont ils partageaient les opinions la veille. Et un sieur Verduzan du point du jour,.....

» Monsieur le procureur général, vous ne désignez pas quel est le sieur Verduzan auquel a rapport votre interrogat, et il y a plus d'un Verduzan : ce qui prouve sans réplique que c'est oubli de votre part, c'est que bien qu'il n'y ait qu'un seul Albert à La Réole, vous l'avez cependant désigné par une qualité qu'il avait momentanément eue, il y a plus de vingt ans. D'après les principes avoués par vous, lors de

» premiers moments étaient dus exclusivement à Mademoi-
» selle votre sœur; et craignant que mon empressement pût
» ressembler un peu à de l'indiscrétion, je me déterminai, quoique
» à regret, à ajourner le plaisir de vous voir; mais ce ne sera pas
» long, j'espère, et bientôt j'irai vous embrasser et vous dire de
» vive voix que je n'ai point oublié les témoignages de bien-
» veillance et d'amitié que, dans toutes les circonstances, vous
» avez bien voulu me donner. »

Cette lettre leur fut écrite lors de leur retour en 1811.

A César :

« Je vous renvoie, mon cher César, le bulletin que vous avez
» bien voulu me confier hier soir; je vous en remercie, quoiqu'il
» n'ait pas contribué du tout à me faire passer une bonne nuit.

» Si de votre ami je devenais votre chef (*contre mon attente*),
» croyez que ces deux titres resteront classés d'une manière
» convenable dans mon esprit, et que je trouverai toujours plus
» de douceur dans l'un que dans l'autre. »

Cette lettre est relative aux événements politiques de 1814.

notre observation relative au sieur Albert, nous allons suppléer à votre oubli relatif au sieur Verduzan. Il est deux Verduzan, l'un loyal, brave..... Nous ne présumons pas que ce soit celui dont vous parlez.

» Ne serait-ce pas l'autre Verduzan que les malins accusent de rechercher un brevet de royalisme pour..... Nous ne savons pas lire dans ses intentions, mais nous avons vu.................

....

» Mais terminons la réponse à votre étrange interrogat.

» Nous pouvons répéter la réponse péremptoire que nous vous avons faite aux questions secondaires de cet article.

» Les drapeaux blancs ont été élevés au point du jour, et il en a été ainsi à Bordeaux, sous vos yeux, et dans toutes les parties du département de la Gironde.

» Nous avions cessé nos fonctions militaires le 21, et le dernier acte de nos fonctions civiles avait été l'érection des drapeaux blancs.....

» Simples citoyens, sans fonctions d'aucune espèce, de quel droit serions-nous allés nous adjoindre aux fonctionnaires publics, qui ne nous demandaient pas ? Et comment aurions-nous pu aller au milieu des perturbateurs ? Et vous, Monsieur le procureur général, de quel poids accablant ne tomberiez-vous pas sur nous ? Notre seule présence en ces lieux n'aurait-elle pas été un crime pour vous, qui nous faites un crime d'avoir demeuré paisibles sur nos foyers, en nous conformant aux ordres du roi? Ainsi vous cherchez une intention de crime dans notre repos, parce qu'il manque l'occasion heureuse de nous montrer criminels par notre présence seule au milieu des mouvements.

» Et pourquoi ne le dirions-nous pas? Qu'est-ce donc que ce trouble, ces militaires qui font trembler les premiers fonctionnaires à La Réole, qui les jettent dans l'épouvante? Ce sont quelques malheureux nègres en maraude, qu'un adjoint au maire de Marmande, aidé de quelques particuliers, fait arrêter et mettre aux fers.

....

....

(1) » Vous nous parlez avec un ton de reproche de notre grande influence dans notre pays; mais n'a-t-elle pas toujours été utile? Qu'on cite un acte de nos concitoyens, depuis vingt-cinq ans, qui n'ait pas été digne d'éloges. Aimant la patrie et la liberté, ils ont donné l'exemple de l'obéissance aux lois même les plus dures à supporter pour eux; et certes ils en ont donné une preuve irréfragable, le 1er auguste, quand vingt-cinq gendarmes et des officiers espagnols, envoyés dans la ville contre nous..................................

....

....

» Nous reconnaissons comme vous que nous sommes fort aimés, fort considérés dans notre

(1) Ce paragraphe et les suivants étaient sur des minutes sans aucun renvoi ponr indiquer où ils doivent être placés.

pays, que nous y avons une grande influence; et nous l'avouons avec orgueil, parce que nous la devons aux vertus de nos pères, à une longue suite d'actions louables. Il était difficile qu'au milieu de cette population nombreuse qui nous appartient par le cœur, on pût nous assassiner impunément. On ne le pouvait qu'à l'aide de mains étrangères, et il fallait encore enchaîner les mains généreuses de nos concitoyens.

....

....

» Eh quoi! c'est nous qui après plus d'un demi-siècle de vie honorable, sommes forcés, par des magistrats judiciaires, à nous défendre contre des préventions de crime!... Et quel mal avons-nous fait ou médité? Nous avons été avec constance fidèlement dévoués à la patrie, sans plier jamais sous les caprices des puissants, dans les diverses périodes de la Révolution. Et voilà le grand crime auprès de ces réacteurs qui, à genoux devant tout dépositaire du pouvoir, montrent du courage, de la rage, contre les hommes sans défense.

....

....

» Devons-nous, pouvons-nous être innocentés par vous, ou par la chambre d'accusation?

» Quelle sera la marche?..... Enfin, quand c'est sur des détails politiques qu'on nous accuse, *en dépit des ordonnances*, comment est-ce le premier magistrat de l'ordre régulier qui nous interroge, alors que les formes sont révolutionnaires?

» Devons-nous regarder comme éteinte l'accusation de La Réole pour armée et arsenal?... ou la garde-t-on en réserve pour prolonger la détention et les déboires ?...

» Il est une réaction providentielle, si l'on peut s'exprimer ainsi, réaction qu'une justice supérieure à nos frêles institutions a établie comme l'armée de réserve de l'opprimé. Cette réaction est celle qui résulte de l'abus du pouvoir, de cet aveuglement féroce qui fait tenter tout ce que peuvent les fonctions dont on est revêtu, aidées des formes légales, de manière à demeurer intangible non pas à l'opinion du peuple dont on se moque, mais intangible à l'action vengeresse des lois. Cette réaction, pour être quelquefois un peu lente, n'en est pas moins sûre; et de quelque couleur que se parent les coupables, quelque honorés que les rendent ostensiblement leurs places, le mépris, le souverain mépris les attend, alors que le calme est revenu; car enfin les crises sont d'une durée d'autant plus courte qu'elles sont plus violentes; alors enfin l'indignation publique les poursuit sur les gradins plus ou moins élevés où ils peuvent s'asseoir encore, et proclame leur infamie en ces mots : « Voilà » celui qui, se parant d'une apparente vertu, et » qui, tirant parti d'une circonstance heureuse » de sa vie, dont le hasard lui a donné le mérite, » était l'esclave du parti dominant, le lâche valet » des sicaires; voilà le tigre qui cachait sa férocité » sous une feinte douceur; voilà l'infâme Baal » qui profana le temple de la Justice. »

» Ainsi sont poursuivis et punis, par la Toute-

Puissance vengeresse, les oppresseurs du faible, dans tous les degrés de la hiérarchie sociale.

» Nous sommes, etc.

» C^{r} FAUCHER, C^{n} FAUCHER.

» Des cachots du fort du Hâ, le 16 août 1815. »

Nous croyons intéressant de donner ici la copie du programme des fêtes de la Fédération de La Réole, rédigé par les frères Faucher, de cette Fédération qui, en lui donnant un sens, une origine et un but qu'elle n'avait pas, qu'elle ne pouvait pas avoir, était devenue un des chefs d'accusation les plus graves qui pesaient sur eux.

« Fédération La Réolaise.

» *Les commissaires de la Fédération La Réolaise aux habitants du troisième arrondissement de la Gironde et des arrondissements circonvoisins :*

« CITOYENS,

» Les ennemis qui couvrent nos frontières nous menacent des horreurs et de l'opprobre d'un envahissement; mais, un moment divisée, la grande famille s'est réunie. Tous les braves, tous les Français se lèvent... Jours de gloire, vivez à jamais dans la postérité !

» Nous serons tous dignes de cette époque !

» Les fils aînés, les forts de la patrie, l'entourent d'une ceinture de fer qu'ils ont dû faire fléchir un moment, et que leurs jeunes auxiliaires sont allés raffermir. L'armée européenne a fait halte devant cette terrible avant-garde de la Nation. Alors nos ambassadeurs sont partis, tenant d'une main l'olivier et de l'autre l'épée. Les phalanges étrangères se sont ouvertes avec respect sur leur passage. Ils vont demander aux princes coalisés une explication prompte et franche. Ils leur diront : « Le peuple français désire la paix, mais » il ne craint pas la guerre. Il veut conserver son » indépendance et sa liberté, et il a reconnu et il » proclame les mêmes droits chez les autres » peuples. Si vos armements n'avaient que cet » objet, remettons le glaive dans le fourreau, et » rendons à l'agriculture, au commerce et aux » arts les bras qu'ils réclament. Si vous prétendez » nous dicter des lois, nous imposer un gouver- » nement, nous traiter en esclaves, préparez- » vous à une guerre d'extermination; mais crai- » gnez le feu que vous aurez allumé : la France » tout entière marchera; elle périra, ou elle » éteindra son incendie dans la ruine de l'Eu- » rope. »

» La réponse à cette noble déclaration fixera les destinées du monde civilisé.

» Cependant, la patrie nous demande de maintenir l'ordre public et la paix intérieure en réprimant l'audace des malveillants et en déjouant leurs parricides complots. Elle nous demande de former un pacte sacré, une sainte fédération, qui donne l'exemple de la soumission aux lois et de l'obéissance à leurs organes.

» Que cette invincible association soit l'égide des bons et l'épouvante des méchants. Les enfants de La Réole qui combattirent pour la liberté aux premiers jours de la Révolution, les enfants de La Réole ont déjà formé cette union tutélaire. Ils la célébreront avec solennité, dimanche prochain, 9 juillet. Des évolutions navales, la natation, la course, les danses embelliront cette fête de famille qui sera annuellement renouvelée.

» Des armes seront décernées en prix aux vainqueurs des jeux.

» Venez, habitants de nos heureuses contrées, venez augmenter la joie publique en la partageant; les enfants de La Réole vous appellent et vous disent : Entrez dans notre union; nous avons les mêmes besoins, la même volonté, le même but. Nos pères choisirent leurs compagnes chez vous, venez; ce rapprochement préparera de nouveaux liens qui feront le bonheur de nos familles. Venez, c'est la fête de la jeunesse; c'est la fête des cœurs sensibles et des âmes généreuses.

» Venez, amis de l'égalité raisonnable, c'est votre fête; les ridicules prétentions de la vanité n'insulteront plus à vos vertus modestes.

» Venez, acquéreurs de biens nationaux, c'est votre fête; des armes seront là pour vous défendre.

» Venez, vous qui craignez le retour des rentes seigneuriales.

» Venez, vous qui craignez le retour des dîmes.

» Venez enfin, vous tous, amis des idées libérales, c'est votre fête ; vous y entendrez les défenseurs de la raison et de la morale publique.

» Et vous, que nous appelons de toute l'effusion de nos cœurs, vous que l'erreur, les préjugés, des préventions peut-être, tiennent encore éloignés de nous, venez aussi à la fête de vos amis, à la fête de vos frères ; nos enfants et les vôtres se mêleront dans leurs jeux, tandis qu'au banquet civique, leurs pères videront ensemble la coupe de l'amitié.

» *Les Commissaires de la Fédération La Réolaise :*

» **Le Général César Faucher,** maréchal de camp, employé à l'armée des Pyrénées-Occidentales, chevalier de la Légion d'honneur, etc., représentant du peuple.

Le Général Constantin Faucher, maréchal de camp, employé à l'armée des Pyrénées-Occidentales, chevalier de la Légion d'honneur, etc., maire élu de la ville de La Réole. »

On a vu, dans celle de leurs lettres à laquelle leur interrogatoire donna lieu, comment les frères Faucher avaient nettement établi ce qu'avait été la Fédération de La Réole. Il faudrait citer tout entières les pages admirables de Michelet pour prouver ce qu'étaient, sur tous les points de la France, ces fêtes patriotiques dont il disait, après en avoir fait l'historique et un tableau saisissant : « C'était comme le sacrifice de la vieille patrie provinciale, des préjugés locaux, de toutes ces divisions artificielles qui avaient si longtemps séparé les enfants d'une même famille. Les vieilles barrières étaient tombées. La France embrassait la France sur l'autel de l'Égalité. Cette fusion s'accomplissait d'élan. Rien d'officiel dans ce grand mouvement qui jaillit naturellement de l'âme du peuple. Il faut lire le récit de ces grandes effusions dans les procès-verbaux authentiques, dans ces relations naïves qui subsistent encore comme les monuments de la profonde union de nos pères à ce moment sacré, comme les témoignages de leur enthousiasme et de leurs espérances dans l'avenir. Chose touchante et tragique tout à la fois, au moment des plus terribles luttes, ces hommes simples ne parlent que de paix et de fraternité! Ce sont les fédérations qui, dans la grande formule révolutionnaire, la véritable charte de l'avenir, ont inscrit le troisième terme, *fraternité*, qui exprime le côté si profondément social de la Révolution et qui a ouvert devant le monde moderne d'immenses et nouveaux horizons dont nul n'a encore sondé la profondeur. »

XI

Trois jours après leur interrogatoire par le procureur général, une nouvelle tentative d'assassinat fut dirigée contre les deux frères. Des hommes armés, revêtus d'uniformes divers, mais non pas d'uniformes de la ligne, rôdaient depuis plusieurs nuits autour du fort du Hâ. Le concierge adjoint, accompagné de ses guichetiers, étant sorti, dans la nuit du 12 août, pour faire une ronde extérieure, fut assailli de coups de fusil et on lui dit qu'on était instruit qu'il voulait faire évader les deux prisonniers.

On répétait ouvertement que ces attroupements sur la place du fort du Hâ, que le bruit qu'ils y faisaient avaient pour but de servir de prétexte à un grand mouvement qui aurait porté, la nuit, la tourbe dans le fort, afin de vérifier si les deux frères n'étaient pas évadés, et de donner ainsi les moyens de les égorger. On parlait tant de leur évasion que le préfet vint les voir pour s'assurer de la vérité. Et le guichetier Maurice racontait que sur la nouvelle accréditée qu'il avait reçu 40,000 francs des deux frères, sa femme n'osait plus aller au marché de peur d'être lapidée.

Un fait bien étrange se produisit en même temps. Un nommé T...ot, commis aux vivres à l'armée d'Espagne, en 1813, et qui, en août 1815, était revêtu d'un uniforme dénotant un grade supérieur dans les gardes royaux à cheval; T...ot, connu par une exaltation telle qu'elle lui avait fait passer une épée et la casser dans la cuisse d'un officier désarmé; T...ot qui, dans les premiers jours du même mois d'août, avait, sur la place du fort du Hâ, haché de coups de sabre un citoyen qui n'en avait pas et qui était seul; T...ot vint dans la cour des condamnés et l'aide-concierge l'introduisit jusqu'auprès des deux frères.

Or, il était d'ordre que jamais personne ne fût introduit dans cette cour : le magistrat seul pouvait y être admis, accompagné du concierge. Le père ne pouvait pas y venir voir son fils, le fils ne pouvait pas y venir voir son père, fût-il mourant. Et T...ot y venait !

N'était-ce point, comme on le disait, pour pouvoir bien désigner et reconnaître le local où étaient les deux frères ?

Les atrocités de leur détention n'avaient pas cessé depuis le premier jour : elles allaient s'aggraver encore.

A leur arrivée au fort du Hâ, on leur avait difficilement permis de faire venir des vivres de la ville. Un ami fidèle, un de ces hommes rares dont le dévouement augmente avec les malheurs de ceux qu'ils aiment, le capitaine en demi-solde Monneins, marié et père de cinq enfants, se chargea avec ardeur de ce soin, secondé par une frêle jeune fille, nièce des deux jumeaux, Anaïs Faucher. Le capitaine faisait en outre toutes les démarches nécessitées par la situation ; il visitait les avocats, les hommes d'affaires, les anciens amis ; il pressentait les opinions, recueillait les documents, réglait les questions d'intérêt. De son côté, Anaïs, noble et courageuse enfant, se multipliait pour l'aider, toujours prête, toujours forte, jamais découragée ; elle s'occupait du linge et des vêtements de ses oncles, essayait de leur procurer quelques douceurs, leur écrivait souvent des lettres, pleines d'affectueuses consolations, de naïves et douces espérances, qui bien rarement arrivaient à leurs destinataires, de même qu'elle ne recevait qu'un très petit nombre de celles que les deux prisonniers lui adressaient. Il fallait bien de l'intrépidité dans ces deux âmes d'élite pour ne pas reculer devant l'accueil brutal des uns, les menaces des autres ; pour affronter chaque jour les paroles insultantes, les propos grossiers ! Que de fois la jeune Anaïs fut repoussée, au fort du Hâ, par des factionnaires stupides ou des gardiens obscènes, tous incapables du moindre respect pour sa faiblesse, d'un mouvement de pitié pour son dévouement héroïque, pour ses prières caressantes et ses pleurs suppliants ! Que de fois la pauvre enfant fut bafouée, outragée, torturée, même par ceux qui auraient dû la protéger contre la cruauté et le cynisme des subalternes !

Mme Monneins elle-même, que la maladie empêchait de payer de sa personne, mais qui soutenait, qui encourageait sen mari dans son admirable tâche, Mme Monneins n'était pas épargnée par les bourreaux des frères Faucher ! Quel contraste entre la conduite de ces cœurs généreux et vaillants et celle de cette foule d'amis, de concitoyens, qui, dans tous les partis, dans toutes les classes, s'empressaient naguère autour des deux jumeaux et obtenaient d'eux, avec tant de facilité, les plus éclatants services, et qui les abandonnaient lâchement aujourd'hui, allaient bientôt les accabler sous le poids de leurs odieux mensonges, et plus tard, les poursuivre de leurs calomnies au delà du tombeau !

Nous reproduisons quelques-unes des lettres écrites, du fort du Hâ, par les deux frères, à la jeune Anaïs et à leur neveu. Elles contiennent des détails intéressants sur leur détention et donnent une idée exacte de leur état d'esprit au milieu des vexations et des tortures physiques et morales dont ils étaient victimes. Elles montrent aussi quelle sollicitude touchante et empressée les seuls amis qui leur restaient leur témoignèrent jusqu'au dernier moment.

« *César à Mademoiselle Anaïs Faucher.*

» Fort du Hâ, du jeudi 17 d'auguste.

» Je ne reçois de vos nouvelles qu'à bien longs intervalles, ma chère Anaïs, et cela nous contrarie beaucoup plus que cela ne nous étonne. Sans qu'on ait rien de mystérieux à se dire, il est cependant une espèce d'embarras, de gêne qui résulte de la certitude qu'on est écouté par quelqu'un qu'on ne voit pas, et cette certitude ne tue pas la pensée, mais en arrête l'expression. Nos confidents d'ailleurs sont plus nombreux qu'ils ne paraissent devoir l'être au premier aperçu : nous donnons nos lettres ouvertes pour qu'on ne soit pas exposé à en déchirer le cachet en les ouvrant, et que le désordre de la couverture ne les invite à les supprimer tout à fait. Dès lors, le garçon de geôle à qui nous les donnons peut s'amuser à les déchiffrer; le guichetier à qui il les remet pour les porter au greffe peut chercher par leur lecture à perfectionner son style, et on ne dira pas que nous élevons trop haut nos prétentions en supposant que notre style vaut mieux que celui d'un guichetier. Enfin nos lettres arrivent au greffe. Vous allez croire peut-être que là s'arrête la revision. C'est bien là si vous voulez, mais ce n'est pas le greffier qui l'exerce seul. Le greffier peut ne pas y être, et alors le peuple des *habitués* s'en empare. Ce peuple se compose des *recors* qui ont accompagné un capturé pour dettes; des *gendarmes* qui ont conduit un prévenu de crime; des *chefs* du poste militaire, et puis de ces *désœuvrés* qui pullulent dans les greffes des prisons, qui en sont, pour ainsi dire, les commensaux, et que les égards personnels du concierge et les grâces de *la cantine* multiplient toujours beaucoup.

» C'est au travers de cette triple ligne de douanes que doivent passer nos demandes, et vous sentez que s'il y en avait une seule qui fût de contrebande, elle risquerait de faire confisquer toute la dépêche. Le malheur, dans tout cela, c'est qu'on ne sait pas jusqu'où s'étend et où s'arrête la tolérance. Le Code qui régit cette partie est un peu livré à l'arbitraire, et ne ressemble pas mal à la jurisprudence du *tribunal des Dix* dans la vieille Venise. Si une virgule est mal placée, elle peut rendre le sens d'une phrase louche : la conscience timorée du greffier sent naître un scrupule. La lettre est immédiatement portée chez M. le procureur général.

» Ce magistrat a d'autres occupations que celle de lire la correspondance très peu récréative du détenu: cette corvée est déléguée au secrétaire. Si celui-ci a bien passé la nuit, c'est-à-dire s'il a peu dormi et que le bal et les plaisirs aient pour lui allongé la veillée, alors il rit du malentendu du greffier, ou s'il est attendu pour un déjeuner, il ne lit pas même la lettre et ordonne qu'elle soit remise à la poste. Mais si *Monsieur* est mécontent de sa soirée, si quelque jeune prétendant a été mieux accueilli que lui, ou si un de ses bons mots a passé sans être entendu ou remarqué (je ne suppose pas que son chef ait eu occasion de le gronder, ceci serait trop grave), alors on recommande une surveillance plus sévère autour du détenu. Ce n'est pas tout de savoir ce qu'il écrit et ce qu'on lui mande, il faut encore savoir à qui il parle parmi les prisonniers, ce qu'il dit dans sa chambre... et c'est là que sont les grands risques, les véritables dangers. L'honnête condamné qui se charge du rôle d'observateur n'est payé qu'en raison de ses services, et il est reçu que tout observateur qui ne rapporte rien sert mal. Pour conserver la confiance, les *éclaireurs* supposent donc avoir entendu un mot équivoque ou surpris un sourire *sentant l'hérésie politique*. On excite leur zèle en le récompensant. Mais le commettant devient, dès ce moment, plus exigeant envers son mandataire. Il faut que chaque jour porte son tribut, et si ce tribut ne va pas comme les recettes des droits réunis, on destitue le fonctionnaire. Son successeur, averti par les revers de son devancier de ce qui l'attend, force la recette, et de calomnies en calomnies élève sa fureur et creuse l'abîme de celui qu'on veut perdre.

» Voilà, ma chère petite nièce, la théorie de ce qu'on appelle la *surveillance des prisons*. Vous voyez que si ce n'est pas sans danger qu'on y prolonge son séjour, ce n'est pas non plus sans profit; car on ne devine pas tout cela hors de l'enceinte.

» Pour correctif à ces petits inconvénients d'une accusation criminelle (car tous les maux ont leur compensation dans ce monde), le ciel a mis la justice dans le cœur des magistrats et il ne permet pas que les moindres préventions en approchent. Il leur a donné des yeux de lynx pour distinguer la calomnie de la vérité, et l'innocent peut se présenter avec pleine sécurité à leur tribunal. Il n'y a plus d'erreur à craindre de ces interprètes des lois. Dans cette confiance, je vous invite à avoir le moins que vous le pourrez affaire avec la justice humaine, et cela pour ne pas exercer la vertu de ses ministres.

» Je suis arrivé à la fin de ma quatrième page sans avoir rien dit de notre situation. Elle est ce qu'elle fut du premier moment que nous sommes arrivés ici. Je ne sais quand M. le procureur général trouvera bon de l'améliorer, ne fût-ce qu'en nous permettant de voir les gens à qui nous avons besoin ou seulement plaisir de parler. Nous vous aviserons bien vite de *ce mieux* quand il nous sera arrivé, parce que ce sera une annonce que nous marcherons au terme de nos persécutions si peu motivées ou pour parler plus juste si iniques.

» Adieu ! Envoyez-nous avec un panier de fruit, si vous l'avez sous la main, deux bouteilles d'eau-de-vie de celles qui sont au fruitier, dans le fond ; mais ayez l'attention de mettre un cachet sur le bouchon de ces bouteilles.

» Adieu encore ! nous vous embrassons de tout notre cœur, et Bruno aussi.

» Bien des amitiés à tout ce qui nous aime, et mille tendres compliments à M. A... »

« *César à Mademoiselle Anaïs Faucher.*

» Du jeudi 17 d'auguste.

» Si j'ai bonne mémoire, ma chère Anaïs, vous avez dû recevoir (sauf soustraction) cinq lettres dont la dernière portait le n° 5 et la date du 6 au 7 août. Depuis, vous avez dû recevoir trois, ou même quatre lettres, dont une petite enveloppe écrite sur les quatre pages et que je vous annonçais devoir être examinée par le greffe. Mandez-moi si elle vous est parvenue : cette lettre est partie ou au moins est datée de dimanche dernier.

» Ce matin, je vous ai écrit une autre lettre ostensible de *cinq* pages. Je crains qu'elle n'ait été retardée, ou peut-être même soustraite au greffe où je l'avais envoyée néanmoins ouverte. Vous nous rassurerez sur la destinée de ces deux missives.

» J'ai su par ***, dont j'ai reçu un billet, qu'elle vous avait acheminé le premier cahier de nos écritures. Elle a le second que vous recevrez bientôt; mais vous ne connaîtrez bien toute la marche de l'affaire et sa véritable situation et la nôtre, qu'après avoir reçu une volumineuse lettre de nous à l'autorité, que son volume même nous empêche de vous expédier facilement. La surveillance devient tous les jours plus active autour de nous et des yeux nombreux sont incessamment ouverts sur tout ce qui sort de notre tombeau. Je pense bien que c'est en exécution d'ordres supérieurs ; mais il est indubitable que le concierge y ajoute beaucoup de son chef. Ce concierge-là n'est pas le véritable. Le véritable concierge est aux eaux, d'où il arrivera sous fort peu de jours. Alors nous serons moins gênés, et notre correspondance pourra prendre un cours plus régulier.

» Votre dernière lettre portait le n° 6, et était datée du dimanche 13. Elle accompagnait le panier de fruit. Les amandes nous ont fait grand plaisir et les pêches mûrissent encore. Elles finiront demain probablement, mais les amandes arriveront à la semaine. Ma lettre de ce matin vous demande de nous approvisionner dans le panier de fruit que vous nous enverrez probablement dimanche, si *Jeantel* fait bonne cueillette, ou si notre jardin offre quelque chose de transportable; cette lettre vous demande aussi *deux* bouteilles d'eau-de-vie. Vous en trouverez au fond du fruitier de la galerie; ce n'est pas pour nous, c'est pour en gratifier *nos compagnons*.

» Vous nous demandez, ma bonne petite, quand nous vous serons restitués? Il est un peu difficile de répondre à cette question. *On n'a pas un reproche à nous faire*, et l'interrogatoire que nous a fait subir le procureur général, bien qu'il soit fait dans un esprit tout à fait réactionnaire, ne peut pas offrir l'apparence même d'une inculpation, je ne dis pas *légale*, mais même *raisonnable*. Nous avons une chose à redouter, et que nous redoutons véritablement : c'est qu'on nous *fasse grâce*; ce serait le coup de poignard dont nous frapperait la réaction dans l'impossibilité où elle est de nous condamner. Mais cette grâce, nous la refuserions et nous protesterions entre les mains du personnage, quel qu'il fût, qui s'en rendrait l'organe. Voilà notre position. En attendant, les assassinats se multiplient autour de nous. Hier matin, à dix heures, *dix gardes* royaux hachèrent à coups de sabre un bel homme, négociant connu et estimé de Bordeaux [1], sous le prétexte qu'il n'avait pas voulu se battre contre

(1) M. Sasportes.

l'un d'eux; et comme ils voulurent motiver aux yeux des magistrats ce procédé peu légal, ils dirent que cet homme avait prétendu vouloir se baigner dans le sang des royalistes. Je vous laisse à juger la vérité du prétexte. Ce qu'il y a de vrai, c'est que cette boucherie se passait sur l'esplanade même du *fort du Hâ*, et que nous entendions les cris des spectateurs. Car vous saurez que la victime, après les premiers coups de sabre, s'échappa dans une maison voisine; on l'y poursuivit; il monta sur les toits; on l'y assaillit de coups de pistolet. Enfin, on l'en arracha, on l'entraîna dans le fort, de là à l'Hôtel de Ville; enfin, l'autorité le fit conduire chez lui, où sa famille le soigne.

» Je reçois, au moment de fermer cette lettre, votre lettre numéro 7, du mardi 15. M. A*** est bien aimable de nourrir votre espérance, et j'espère qu'il en trouvera des éléments nombreux dans les deux cahiers qui ont dû vous parvenir au moment où vous lisez cette lettre. L'atroce absurdité de *tous nos persécuteurs*, dans quelques rangs qu'ils soient, sera bien démontrée dans la volumineuse lettre que j'ai hâte de voir arriver entre vos mains. Comment ferait donc un malheureux qui aurait une *peccadille* à se reprocher! On a crié *haro* sur nous à qui on ne peut pas reprocher un péché véniel! En vérité, on doit avoir un légitime orgueil quand on sort tout entier du creuset brûlant des réactions de 1815.

» Faites bien des amitiés à M. A***. Donnez-moi des détails de ce qui se passe autour de vous, de la marche de l'opinion sur notre affaire et des *on dit* de la cité. On devient soucieux des petits murmures de la renommée villageoise, quand on est renfermé entre quatre murailles. Tout est relatif en ce monde.

» César. »

« Bonjour, bonne Anaïs; faites mille amitiés à cet excellent M. A***. Tranquillisez ceux qui nous montrent tant d'affection.

» Adieu, nous vous aimons bien.

» Constantin. »

« *César à Mademoiselle Anaïs Faucher.*

» Fort du Hâ, le dimanche 20.

» Ma bonne petite nièce, nous venons de recevoir votre petite corbeille de fruits, et nous vous en remercions bien moins que des attentions délicates que votre cœur vous inspire. Notre provision de dessert n'était pas finie que vous arrivez à notre secours. On a raison de le dire : l'amitié est une providence, et vous êtes la nôtre. Elle a ajouté aujourd'hui à la jolie corbeille, deux bouteilles qui seront grandement appréciées dans notre nouveau monde. Nous les distribuerons goutte à goutte, comme la rosée du ciel tombe sur les plantes, et comme les bienfaits de la divinité descendent sur les malheureux mortels.

» Faites bien des amitiés à notre meilleur ami.

Celui-là a tête et cœur. La visite qu'on a faite à M. L*** a dû le surprendre et a dû le contrarier, parce que je sais qu'il n'aime pas les visites; mais au fait, il faut bien se supporter les uns les autres, et la société est pleine d'ennuyeux et d'impertinents qu'on ne peut pourtant pas toujours mettre à la porte.

» Je ne sais quand on trouvera bon de nous mettre à celle du *fort du Hâ*. Je crains qu'on apprécie assez notre amabilité et nos talents, et qu'on ne nous y garde bien des jours encore. Cependant cette estime de nos personnes ne pourrait être que l'effet de notre réputation, car nous ne voyons personne. Mais nous portons le poids d'une grande renommée, et il faut payer celle de sa réputation.

» Vous ne nous parlez pas de M. A***, et je serais bien fâché qu'il vous négligeât. Ce serait un symptôme que l'intérêt que nous lui avons inspiré s'affaiblit, et j'aime à le conserver. Rappelez-nous à son attachement.

» Adieu, ma bonne petite.

» Nous vous aimons comme nous vous aimions, et je ne peux pas dire davantage. »

Depuis leur interrogatoire des 8 et 9 août, les deux prisonniers étaient au secret le plus absolu. Ils n'entendaient plus parler de rien. Ils n'avaient pas pu obtenir communication de leur écrou, ni d'aucune pièce ou ordre les concernant. Ils étaient toujours détenus en vertu de l'ordonnance rendue le 2 août par le procureur général, et cette ordonnance, on l'a vu, ne formulait aucune prévention, aucune accusation; c'était une véritable lettre de cachet, un acte de monstrueux arbitraire, une violation inouïe de toutes les formes de la procédure.

Le parquet, après l'interrogatoire des deux frères et la lettre si importante dans laquelle ils en précisaient tous les détails, fut contraint de reconnaître que, les ayant fait arrêter alors qu'ils avaient cessé toute espèce de fonctions, il ne pourrait pas plus les retenir pour les chefs d'accusation sur lesquels ils avaient eu à répondre au procureur général qu'il n'avait pu maintenir la stupide et mensongère accusation relative *aux canons, au dépôt d'armes, à la réunion d'hommes armés*.

Mais, leur perte étant résolue, on ne fut pas embarrassé pour si peu..... Ne pouvant les atteindre ni comme citoyens ni comme fonctionnaires publics, on avait leur conduite pendant qu'ils avaient commandé comme maréchaux de camp; c'est de ce côté que l'accusation se tourna. Par des subtilités honteuses, elle se déplaça une troisième fois et il fut décidé qu'on les livrerait à un conseil de guerre.

Aussitôt leurs tortures redoublèrent.

Dans le bâtiment des condamnés où ils étaient déposés depuis leur entrée au fort du Hâ, ils avaient un lit, une table, un banc, deux chaises, du feu et de la lumière; ils pouvaient recevoir des vivres du dehors. Le dimanche 20 août, l'aide-concierge les prévint qu'il avait ordre de les transférer dans une autre partie du fort, et il les conduisit dans *la tour exclusivement réservée aux forçats condamnés aux fers.*

Leur nouveau cachot avait des murs de huit pieds d'épaisseur; deux ouvertures très étroites, placées très haut et munies de forts barreaux de fer, y laissaient à peine pénétrer un peu d'air et de jour. Dans un coin, deux bottes de paille et une cruche pour l'eau. On leur donna *un* mince matelas et *une* couverture étroite et en lambeaux, *par grâce*, en leur faisant remarquer qu'il n'en était jamais entré dans *la tour des forçats.* On leur enleva leurs couteaux et leurs fourchettes; on les prévint qu'ils n'auraient plus que la nourriture de la prison, ni feu, ni lumière, et qu'ils ne communiqueraient avec personne au monde qu'avec un guichetier qui viendrait les voir trois fois par jour.

Dans un angle du cachot, au niveau de la pierre, était le trou des latrines communiquant avec celles du rez-de-chaussée; de ce trou sans fermeture sortaient des exhalaisons insupportables. L'air infecté, plus épais, plus pesant, dépassait la hauteur de la tête des deux prisonniers, quand ils étaient couchés; ils devaient se lever pour respirer un peu d'air moins corrompu.

Dix-sept forçats étaient sortis peu de jours auparavant de ce cachot pour aller au bagne de Rochefort; ils avaient laissé de la vermine de toute espèce, en telle quantité, que le corps des deux frères, au bout de quelques heures, avait l'air d'être couvert d'une seule plaie.

On leur refusa un banc, deux chaises; on leur refusa même leur malle pour s'asseoir. C'était un raffinement de cruauté dont on ne saurait trouver un autre exemple. En effet, couverts de *vingt-huit blessures* dont plusieurs n'étaient pas guéries, brisés par les douleurs qui en étaient la suite, rongés par une fièvre intense, ces deux hommes, âgés de cinquante-cinq ans, ne pouvaient pas rester longtemps couchés ou assis sur la paille; debout, sans pouvoir agir, presque dans l'obscurité, une autre fatigue les étreignait bientôt. Ils se mettaient alors dos à dos, s'arc-boutaient l'un contre l'autre, essayant ainsi de rendre tolérable leur lent et affreux supplice.

Le grotesque, dans l'incroyable barbarie de leurs bourreaux, le disputait à l'horrible. Pour arrêter la corruption de l'atmosphère, les deux victimes voulaient boucher le trou béant des latrines avec une partie de leur paille; la situation était si insupportable que, pour s'y soustraire, ils auraient même sacrifié leur misérable matelas et se seraient volontiers étendus sur la pierre nue. Ils demandèrent un pot de chambre grossier, de *huit sous* : on le leur refusa parce qu'ILS AURAIENT PU LE BRISER ET SE SERVIR DES MORCEAUX CONTRE LE CONCIERGE OU LES GUICHETIERS ! !

Et ceux-ci, pendant le jour, n'entraient jamais dans le cachot qu'accompagnés d'au moins quatre militaires en armes, le sabre nu ! La nuit, ils y venaient armés de pistolets, portant leurs lanternes jusque sur la paille pour s'assurer que les victimes y étaient encore !

Si un seul individu avait eu à se plaindre, de la part des frères Faucher, dans le cours de leur vie entière, de la centième partie de ce qu'on leur faisait souffrir, leur jugement n'eût pas été si longtemps retardé, l'instruction n'aurait pas été si hésitante !

Dans la lettre suivante, ils faisaient part à Anaïs de leur transfert dans la tour des forçats. Quelle force de caractère, car ils ne pouvaient plus se faire d'illusion sur le sort qui les attendait; quelle force il leur fallait pour conserver avec leur jeune nièce un ton enjoué, pour lui cacher la plus poignante partie de la vérité, pour ne pas briser dans son cœur si affectueux l'espoir qu'ils y sentaient encore !

« *César et Constantin à Mademoiselle Anaïs Faucher.*

» Du fort du Hâ, le lundi 20 d'auguste 1815.

» Ma bonne petite nièce, on nous a porté tout à l'heure la chasse de notre petit Bruno. Ce sont assurément des mûriers fins et délicats; et il y en avait *tel* qui était moins gros que certains papillons que je vous ai vue poursuivre avec succès sur vos suaves onagres. Dans mon temps (qui était nécessairement le bon temps pour moi, puisque j'avais trente ans de moins), je vous aurais dit qu'ils devaient tous perdre leurs ailes ou les oublier près de vous; mais aujourd'hui vous trouveriez cela de vieux style, et voilà comme le goût des bonnes choses se perd ! Quel dommage que vous n'ayez pas *cinquante ans!* vous trouveriez mes compliments à l'eau de rose.

» Pour les parfumer ainsi dans la chambre où je vous écris, il faut avoir une imagination bien riche, et vous saurez que j'ai chassé celle que la nature avait hébergée dans ma tête. Au fait, que ferais-je de l'imagination? C'est une cajoleuse qui trompe presque tous ses amants. Elle fait un tort très grave à la raison qui ne peut jamais se faire entendre quand cette babillarde loge avec elle. Un homme qui l'avait écoutée beaucoup, et à qui elle a fait faire quelques faux pas, l'appelait *la folle du logis*. On aime à jouer avec elle au printemps de la vie; elle embellit alors la beauté même, elle prête aux plaisirs les attraits de bonheur; mais combien aussi ne se venge-t-elle pas de ces illusions que le cœur lui demandait! qu'elle lui vend cher ces prestiges de quelques moments! Vous êtes un exemple trop sensible du mal qu'elle peut faire. Elle vous avait persuadé que l'amitié de vos vieux oncles pouvait vous tenir lieu de tout; et elle vous avait dit souvent, j'en suis sûr, qu'ils ne vous quitteraient jamais. Et voilà que ces pauvres diables d'oncles sont séparés de vous, et comment séparés! Mais *votre folle* vous crie aux oreilles qu'ils sont perdus, que vous ne les verrez plus, et cent autres sottises de cette espèce.

» Eh bien! moi qui ai rapproché ma raison de celle de mon frère, et vous savez qu'elles se conviennent, je vous dirai qu'il résulte de leur dire (et ce sont de grandes raisonneuses) qu'une instruction criminelle était ce que nous pouvions espérer de plus heureux, que le grand éclat que nos ennemis ont donné à cette affaire est extrêmement avantageux pour nous, parce qu'il fixe plus de regards sur la décision qui, nécessairement, nous justifiera de leurs infâmes imputations. Ainsi tomberont tous ces bruits que la malveillance semait avec tant d'activité, et que les envieux et les jaloux, et la grosse tribu des sots, colportaient avec tant de complaisance. La calomnie sera enlacée dans les rets qu'elle nous avait tendus, et l'opinion la marquera du fer chaud de l'infamie.

» Voilà qui s'appelle raisonner ! Convenez que nos deux *raisonneuses* valent mieux que votre *babillarde*. Mais aussi comme notre appartement convient bien à leur conciliabule ! Nous ne recevons personne dans notre appartement. Un guichetier y paraît trois fois par jour pendant deux minutes, pour renouveler notre eau et nous porter nos provisions. Nous sommes au secret; nous n'avons pas de chaises ni de tables; mais en revanche, nous avons un lit, non pas à la grecque, mais à la turque : c'est un matelas jeté sur deux bottes de paille; et puis la *lunette* des commodités à deux toises de notre couche. Notre appartement se compose d'une pièce unique, mais elle est voûtée à plein cintre, et ses murs latéraux ont dix pieds d'épaisseur. Voyez dans un coin deux cruches, vos deux derniers paniers de fruits; une bouteille de vinaigre (qui nous sert à asperger la chambre), deux chapeaux couverts d'une feuille de papier et un panier où sont quelques papiers et deux ou trois serviettes. Cet ensemble est vraiment pittoresque, et si le fameux *Poussin* l'avait connu, il l'aurait préféré à celui qu'il a composé pour son *Testament d'Eudamidas*. Nous avons deux belles fenêtres au travers desquelles on ne peut pas regarder parce qu'elles sont trop élevées, et de plus décorées d'une double grille de fer. Mais aussi il n'y a ni fenêtres (1) ni contrevents. L'air ne s'en renouvelle que mieux, et nous trouvons qu'il ne se renouvelle pas assez.

» On nous apporte votre numéro 10 *décachetée* : c'est dans cet état que toutes nous seront remises et les miennes sont envoyées tout ouvertes au greffe pour y être scrutées. Ne nous écrivez que pour nous dire que vous vous portez bien et que Bruno s'amuse. Je n'ai pas besoin que vous nous écriviez que tous les deux vous nous aimez bien : je le sais bien sans le lire, mais nous aurons toujours plaisir à voir ces expressions clore vos lettres. Mandez-nous aussi que F*** va bien. Ce pauvre diable doit bien souffrir de notre longue absence, et quelques bons diables doivent en être contrariés. Dites-leur que tout finira pour le mieux, et que nous sortirons purs et entiers du creuset de l'instruction. »

(2) « Et moi aussi, bonne Anaïs, je veux vous dire un mot, et ce mot c'est que je vous aime bien ;

(1) L'auteur de cette lettre a répété le mot *fenêtres ;* il voulait sans doute écrire *croisées*.

(2) Ceci est écrit par Constantin.

mais je dois vous faire un reproche : pourquoi nous envoyez-vous tant de fruits? Nous en avons pour quelques jours. Nous avons des amandes pour succéder aux figues, aux poires, aux pêches, aux brugnons que nous avons encore.

» Ne faites mystère à personne de notre situation actuelle et de la manière dont nous sommes traités. Ces détails amuseront nos amis, et il est bon de faire, autant qu'on le peut, plaisir à tout le monde.

» Ne nous envoyez plus d'oiseaux, ils nous seraient à charge, ne pouvant les faire cuire.

» Adieu, bonne Anaïs; assurez nos bons serviteurs de tout notre intérêt. »

(1) « Je vais envoyer cette lettre tout ouverte à l'obligeant M. M***, avec prière d'y faire une enveloppe. Sa revision sera celle de l'amitié, et je suis bien aise qu'il lise, lui aussi, les détails de notre situation.

» Adieu, bonne petite.

» Il est un petit soin que je veux vous rappeler, et que les circonstances actuelles pourraient vous faire oublier de prendre : c'est de faire battre et brosser nos habits et redingotes de drap; de faire brosser notre *boguet* et de faire bien envelopper tout cela ensuite.

» Tâchez de faire arroser le buis. Peut-être pourrait-on avec des soins en ressusciter quelques-uns.

» Adieu, toute bonne. Il nous est interdit d'avoir

(1) César recommence.

de la lumière, et on nous a retiré nos couteaux et nos fourchettes. Les nuits nous paraissent longues.

» Nous vous embrassons.

» Je numérote cette lettre et je vous invite à en faire autant. Nous saurons s'il s'en égare. Envoyez les vôtres tout ouvertes à M. M***. Cela évitera la peine à messieurs du greffe d'en briser les cachets. »

Lorsque d'autres personnes que le concierge ou les guichetiers entraient dans le cachot des deux frères, c'était avec l'intention évidente d'ajouter des souffrances morales aux souffrances physiques. C'est ainsi que le lundi 21 août, l'aide-concierge vint avec un capitaine d'état-major, portant la décoration du lis et accompagné d'un officier plus jeune, décoré aussi du lis et du brassard. Ils faisaient une ronde, disaient-ils. Les prisonniers ne se plaignirent à eux que de l'odeur infecte, de la vermine, de l'impossibilité de s'asseoir. Les officiers leur répondirent que les lieux d'aisances étaient toujours ainsi dans les prisons, que la vermine était toujours aussi abondante dans les cachots, qu'enfin on ne leur donnerait point de chaises parce que, en les brisant, ils pourraient s'en faire des armes. Puis, pour paraître faire une concession et apporter un adoucissement à leur atroce situation, le capitaine dit, sans que la demande lui en eût été faite :

« On peut leur permettre de lire le journal. »

Et, tirant le numéro du jour de sa poche :

« Tenez, dit-il aux deux frères, on marche dans le sang à Nîmes et à Uzès. » — Et, après un silence, il ajouta :

« C'est que les honnêtes gens voyant que les lois sont insuffisantes, prennent le soin de leur vengeance. Ils avaient commencé en l'an III; cela dura trop peu; ils cessèrent trop tôt; ils continuent en ce moment. Si le mouvement d'avril, mai et juin avait duré jusqu'ici, on aurait vu des noyades, des fusillades, comme à Nantes, en 1793. Les honnêtes gens prennent leur revanche ! »

Pouvait-on mieux donner à entendre aux frères Faucher ce qu'ils devaient attendre de la fureur de leurs ennemis?

On semblait s'ingénier à inventer chaque jour une nouvelle aggravation, quelque mesquine qu'elle fût. Les deux prisonniers avaient encore la faculté de se raser eux-mêmes, en présence du concierge. Le 23 août, on leur enleva leurs rasoirs en leur déclarant que, seul, le barbier des prisons pourrait les raser à l'avenir, en présence du concierge et de son aide.

Le mercredi 23, le commissaire de police Roustaing vint visiter les deux prisonniers avec l'officier de garde. Ils les trouvèrent en proie à un violent accès de fièvre. Les deux frères demandèrent un balai pour nettoyer leur cachot, et ils renouvelèrent leur demande de chaises et de pots de chambre. L'aide-concierge leur répondit :

« J'ai reçu l'ordre de vous priver de tout ce qui pourrait vous être agréable; je ne donnerai que ce qu'un ordre écrit me prescrira de vous donner.

— On vous a ordonné de nous faire souffrir? dirent les deux frères.

— Messieurs, on ne m'en a point donné l'ordre par écrit, mais on me l'a donné à entendre. »

Et comme il n'y avait, outre les barres de fer, que deux grilles, à trois pieds de distance l'une de l'autre, pour fermer les ouvertures dans les murs de huit pieds, le concierge demanda qu'on en mît une troisième dans l'intérieur du cachot. Le commissaire de police dit qu'il en parlerait dans son rapport au maire.

Une heure après cette visite, le colonel prince de Santa-Croce vint, accompagné d'un officier, de la part du gouverneur Vioménil, demander aux deux frères quelle était leur qualité, pour déterminer la formation du conseil de guerre. Ils répondirent que faits généraux de brigade sur le champ de bataille, le 11 avril 1793, ils avaient été employés en cette qualité à l'armée du Rhin et Moselle, sous les ordres de Pichegru; mais qu'avant tout, ils étaient citoyens français et qu'ils devaient être jugés sous ce titre honorable, le seul qu'ils eussent habituellement pris dans leurs actes, bien que Bonaparte leur ait conservé celui de généraux de brigade dans les actes du gouvernement, notamment en nommant l'un d'eux sous-préfet de La Réole et l'autre membre du Conseil général de la Gironde; que du reste ils avaient toujours considéré que les titres cessaient avec les fonctions.

On verra quel compte on tint de cette réponse devant le conseil de guerre.

Le même jour, ils écrivirent à Anaïs :

« *César à Mademoiselle Anaïs Faucher.*

» Du mercredi 23 d'auguste.

» Ma bonne Anaïs, notre lettre d'avant-hier vous est indubitablement arrivée au moment où j'écris celle-ci. La description qu'elle vous donne de notre nouvelle demeure ne vous aura pas amusée, je le crains bien, malgré tous les soins que j'ai pris pour cela. Et c'est ainsi qu'on ne réussit jamais à faire tout ce qu'on voudrait dans l'intérêt de ceux qu'on aime. Au fait, c'est encore votre imagination qui vous joue le mauvais tour de vous exagérer les désagréments de notre situation. Vous savez qu'il n'y en a pas qui ne s'améliore par sa continuité même. L'habitude adoucit toutes les contrariétés. Elle émousse les aspérités du chemin de la vie. On dit même qu'elle conserve toute sa puissance dans l'autre monde, et qu'au bout de quinze jours les gens les plus récalcitrants sont faits comme les autres aux peines de l'enfer. Vous ne serez donc pas étonnée que nous soyons beaucoup mieux aujourd'hui qu'avant-hier.

» Et d'abord, j'ai imaginé, pour suppléer aux chaises que nous n'avons pas, de nous asseoir sur notre paille en nous tournant le dos. Nos échines s'arc-boutent l'une et l'autre, et vous ne concevez pas combien ces dossiers-là valent mieux que ceux des chaises. Ils ne sont pas durs, secs et froids comme ces vilaines traverses qui, toutes d'acajou qu'elles soient, n'en sont pas moins désagréables. Mais vous devez avoir une idée de ces dossiers : n'avez-vous jamais joué au *mariage du capucin*? Hélas! ma bonne petite, depuis que vous êtes entrée dans la vie, vous n'avez guère vu de jeux autour de vous..... Mais enfin ce mariage a cela de très particulier, que les deux acteurs se tournent le dos et échangent quelques baisers à la dérobée. Vous voyez par là que nous avons su obvier à l'un des plus grands inconvénients de notre nouveau logement. Nous nous promenons beaucoup en long et en large, et nous entendons souvent craquer les puces sous nos pas; nous en tuons aussi beaucoup avec nos doigts; mais observez que nous ne faisons ici qu'une guerre défensive; c'est toutefois une guerre à mort. Car il faut nous résoudre à être étranglés par la vermine ou nous décider à la détruire. Si nous avions apporté avec nous un microscope, quels grands services nous pourrions rendre à la science entomologique! Nous ajouterions un beau chapitre aux savants traités de *Fabricius* sur les insectes auxquels nous sommes obligés d'arracher chaque jour quelques pieds de notre chambre pour y prendre un repos que nos valeureux *cochambristes* nous disputent toujours. Leurs phalanges semblent inépuisables.

Plus on en tue et plus il s'en présente.

» Mais nous ne nous bornons pas à les observer dans leur *tactique*; nous les épions dans leurs mœurs domestiques, dans leur *intérieur*, comme diraient les gens du monde. Je vis hier une mère de famille menant ses deux aînés à la curée sous mon poignet gauche, tandis qu'elle portait *son plus jeune* sur son dos; et ce matin j'ai surpris un jeune couple dans les plis du parement de ma robe de chambre..... Que ne verrais-je pas avec un microscope ! C'est un malheur pour la science que nous soyons privés de cet instrument.

» Mais nous sommes aussi privés d'un *pot de chambre*, et c'est une des privations qui nous est le plus sensible. Nous venons de faire un long plaidoyer par devant le commissaire des prisons et en présence d'un personnage qui ne s'est pas fait connaître, et d'un officier et des soldats de garde, et du concierge et du guichetier. Nous avons parlé avec abondance sur la matière, et le sujet prêtait; et puis nous avons parlé de deux chaises qui nous seraient si agréables ! et puis nous avons demandé un *balai*, pour balayer notre chambre. Celui-ci nous sera accordé : quant aux chaises et au pot de chambre, il faut que le commissaire en fasse son rapport à M. le maire. Ce commissaire a paru mettre de l'obligeance dans l'exercice de ses fonctions en ce qui nous concernait.

» Le prince de *Santa-Croce* (prononcez Sancta-Croché) est venu nous voir tout à l'heure avec un autre officier supérieur, de la part de M. le comte de *Vioménil*, général gouverneur, et leur visite a pour objet de terminer enfin notre affaire. C'est pour régulariser notre instruction. »

(1) « Bonne Anaïs, il est probable que nos tribulations finiront bientôt. C'est le conseil de guerre qui nous jugera. Nous vous aimons bien. »

Le 24 août, le concierge vint leur dire : « Vous ne verrez plus même le commissaire des prisons; je dois ne laisser entrer personne ici, et si le préfet lui-même se présentait, je ne lui permettrais pas d'entrer. Je n'ai qu'un ordre verbal; je demande un ordre par écrit, pour ma responsabilité; mais, en attendant, j'obéis. »

Le 25, César et Constantin écrivaient séparément les lettres suivantes :

« *César à Mademoiselle Anaïs Faucher.*

» Le vendredi 25 d'auguste 1815.

» De notre appartement au fort du Hâ.

» Mes dernières lettres vous parlaient de notre situation et, si je m'en souviens bien, les puces en faisaient les frais. Je ne vous parlerai plus d'elles, bien qu'elles se soient conduites avec nous comme les plus fougueux réactionnaires ne le feraient pas avec leurs victimes. Mon frère et moi étions ce matin tellement couverts de leurs stigmates, que nous avions l'air d'avoir eu une sueur de sang; peut-être cette horrible idée ne

(1) Ceci est de Constantin.

m'est-elle venue que parce que nous venons de franchir le 24 *août*, époque de l'épouvantable holocauste offert, par Charles IX, sur l'autel de l'intolérance, et vous savez que quelques chroniques assurent, qu'en expiation de ce péché, Dieu lui envoya une sueur de sang, au moment de sa mort. Il aurait mieux valu qu'il lui envoyât un bon remords ou *la goutte à la main droite le jour qu'il signa les lettres closes qui ordonnèrent le massacre des protestants à la même heure dans tout le royaume.*

» Quoi qu'il en soit, mon frère et moi nous nous sommes écriés, lorsque nous avons vu notre corps dans un si piteux état :

Exterminez, grand Dieu, de la terre où nous sommes,
Quiconque avec plaisir répand le sang des hommes !

» Vous voyez que si nos vœux sont exaucés, il n'y aura plus de puces dans notre bonne France.

» Je ne sais quelle *puce* ou quelle *mouche* les pique à Avignon, à Nîmes, à Uzès, etc., mais ils versent bien du sang. Un officier de l'état-major de la place, visitant notre prison il y a trois jours, nous en parla et nous dit que *c'étaient des représailles que les honnêtes gens prenaient contre les coquins*. Il est remarquable qu'en Languedoc il n'y ait d'honnêtes gens que les catholiques; car c'est le sang des protestants qui coule exclusivement.

» Mon frère et moi nous amusons à bavarder longuement aujourd'hui pour faire enrager notre concierge. Ce sont de *petites représailles* que nous prenons : il est obligé de lire tout ce que nous écrivons, et nous lui donnons là une rude corvée. Mais pourquoi aussi ne veut-il pas nous donner deux chaises et un pot de chambre? Il ne nous fera jamais accroire que M. Linch ou M. le comte de Vioménil ont donné l'ordre de cette oppression minutieuse sous laquelle nous gémissons. Le maire de Bordeaux a d'autres soins à prendre, et le gouverneur de la province a bien aussi quelques intérêts d'un autre ordre à soigner, sans descendre à ces détails qui ne sont importants que pour le prisonnier qui souffre, et pour le geôlier qui fait souffrir. M. de Vioménil est un vieux chevalier sans peur et *sans reproche* qui n'étant rentré en France qu'avec le roi, peut bien avoir et doit avoir quelques préventions contre ceux qui sont restés, *mais il est incapable d'influencer le moins du monde le tribunal qui doit nous juger*. Ce qui nous garantit une justification entière, c'est que nous serons jugés publiquement. Je vous dirai bien une autre chose : c'est que je parie qu'on est fort embarrassé de dresser, de motiver un acte d'accusation, et que l'officier rapporteur donnera plus d'une fois au diable l'homme qui a ordonné notre arrestation. Je vous jure qu'en scrutant notre conscience avec la plus grande rigueur, nous ne trouvons pas le moindre prétexte même au plus léger reproche, et que les mêmes circonstances se présentassent-elles, je défie nos juges de nous prescrire une conduite plus sage. Nous sommes dans une parfaite sécurité sur l'événement, et nous l'attendons avec calme; je ne dirai pas sans une certaine impatience, parce que nous avons bien un certain besoin de respirer l'air libre. »

« *Constantin à Mademoiselle Anaïs Faucher.*

» Ma chère Anaïs, nous vous écrivons moins souvent que nous ne ferions, parce que nous sommes vieux et qu'obligés de nous soutenir les reins l'un l'autre quand il faut écrire, cette attitude est dure à cinquante-cinq ans.

» Nous sommes au secret entre quatre murailles. Deux bottes de paille avec un matelas forment notre mobilier. Dans la visite quotidienne qu'on nous fait, le concierge, sabre nu et les pistolets à la ceinture, des guichetiers, aussi sabre nu à la main, quatre soldats du poste armés de toutes pièces, nous trouvent seuls après avoir ouvert dix portes de fer. Nous avons demandé *deux* chaises de bois pour pouvoir nous asseoir et appuyer nos reins. On nous a refusé ces deux chaises, parce que, a-t-on dit, en les cassant vous auriez un bâton, et qu'un bâton est une arme; et puisque une mâchoire d'âne a pu détruire dix mille Philistins, deux barreaux de chaises pourraient bien détruire ces dix hommes, ouvrir ces dix portes, détruire le poste de soldats qui est dans le corps de garde au bas de la tour, et enfin renverser la double enceinte du fort du Hâ.

» Nous avons demandé un pot de chambre en

terre de huit sous; on nous l'a refusé. N'oubliez pas que notre chambre a des murs de huit pieds d'épaisseur, qu'elle est à une grande hauteur, et que les deux ouvertures qui nous donnent jour et air ne sont fermées que par de très fortes barres de fer qui se lient et se croisent; qu'il n'y a en ce moment que deux fortes grilles éloignées de trois pieds à chaque ouverture : il est vrai que bientôt il y aura une troisième grille de fortes barres de fer, de sorte que l'air et le jour arriveront moins librement encore ici : peut-être alors permettra-t-on un pot de chambre. Mais un pot de chambre est dangereux dans l'état actuel des choses.

» — Nous autres anciens, disent certaines gens, nous ne savons pas tout ce que peuvent les amis des idées nouvelles. Il est une école diabolique à Paris, où des gens nés de l'enfer enseignent à faire de l'eau avec de l'air, à faire de l'air avec de l'eau. Ils coupent la tête et les épaules à une grenouille qu'ils écorchent, ils jettent le reste dans l'eau et ce reste n'en nage que mieux. Avec de la terre ils font un métal.

» Cela posé, les verres de lunettes, le soleil, la terre du pot de chambre et son vernis vert, ne sont pas choses sans importance. Certainement on ne peut pas ainsi hasarder un pot de chambre de terre, et une bonne police voudrait peut-être que nous ôtassions leurs lunettes aux amis des idées nouvelles.

» — C'est puissamment raisonné, ai-je dit, car ces raisonneurs-là ont la puissance; mais nous leur crions au travers de nos grilles : « Hommes puissants, écoutez-nous : primo, d'abord nous n'avons rien de commun avec cette école polytechnique diabolique qui mérite toute votre animadversion, car elle se moque du porc de saint Antoine et du chien de saint Roch. Nous n'aimons point les idées nouvelles et nous envoyons au diable de grand cœur les auteurs des formes nouvelles qui, au mépris de la Charte et des lois françaises et des lois de tous les pays, nous tiennent dans les fers sans dénonciation, sans accusation portée, mais dans l'attente d'une accusation à venir. Nous détestons bien franchement les hommes à idées nouvelles, qui ne sortent cependant pas de l'école polytechnique, qui défendent de nous donner deux chaises de paille qui puissent reposer cinquante-cinq ans et vingt-huit blessures reçues à la défense de la patrie, qui ordonnent de nous *faire souffrir* en attendant qu'on trouve un moyen de nous faire périr.

» Hommes de bien, nous sommes ignorants aussi nous autres, et avec nos lunettes et un pot de chambre nous ne pourrons point enlever ou dissoudre des barres de fer, puis en faire des cordes pour descendre à cent pieds, car il faut tout cela pour sortir d'ici. Il est vrai que nous avons un grand reproche à nous faire : nous avons montré devant nos gardiens un si profond savoir, de si hautes connaissances, qu'on a tout pu craindre de nous. Nous avons mis de l'eau savonneuse dans deux petits bols propres à prendre une mignonnette de chocolat, et, peu désireux de tuer des puces, nous les jetons dans cette eau savonneuse. « Pourquoi pas dans de l'eau pure? a dit une voix. — Parce que ce savon bouchant les trous par où les puces respirent, etc., tout meurt asphyxié..... » De grands yeux, de grandes bouches, nous ont prouvé qu'*asphyxié* était un mot étranger à l'argot des prisons : tout ce qui se dit ici est rapporté, et telles gens ont pu croire que c'était un mot de l'argot des idées nouvelles. A quoi tient la vie des hommes! Ce sera peut-être là un des titres de notre accusation, le motif de notre arrêt de mort.

» On s'instruit dans les prisons. Quand nous étions assez heureux pour n'être encore qu'avec les condamnés, j'étais appuyé contre la porte qui sépare cette cour, et je rêvassais :

Car que faire en ce gîte à moins que l'on n'y songe.

» Un vieux guichetier, nommé Laporte, dit, dans la cour voisine : « Vous me renvoyez tou-» jours de Ponce à Pilate. » Une voix nasillarde et hautaine lui crie : « Laporte, vous êtes un ignorant : » sachez que Pontius-Pilatus était un gouverneur » romain, et que ce ne sont point deux noms. »

» Laporte qui se souvient encore de son métier de marin, Laporte, brave homme, mais qui n'a pas à son usage les formules polies d'un damoiseau, lui répondit avec son juron d'usage : « Vire » de bord ! c'est parce que Ponce-Pilate était un » même homme, un seul homme, que je parle » ainsi. Voyez, par exemple, les deux frères

» jumeaux qui sont dans l'autre cour. S'il faut » leur rendre la vie dure, tous peuvent donner » des ordres, tous sont et doivent être obéis; » M. le procureur général ordonne, et il est obéi; » M. le commissaire de quartier ordonne, et il est » obéi; M. le maire ou son adjoint ordonne, et il » est obéi; un officier d'état-major, un officier » de garde, un caporal ordonne, et l'ordre sera » exécuté contre les deux frères : mais si ces » deux frères demandent un adoucissement, » depuis le procureur général jusqu'au caporal, » personne ne veut plus donner d'ordre : *Cela* » *ne me regarde pas*, dit chacun d'eux. Ponce-» Pilate a bien donné un ordre, c'est Ponce-» Pilate, qui doit le lever ou le modifier : chacun » de ceux qui ont donné des ordres renvoie à » Ponce-Pilate; mais Ponce-Pilate qui veut ne » déplaire à personne, pas même à un caporal, » car un caporal a une autorité, Ponce-Pilate » distingue, divise ses attributions en séparant » son nom en deux, et, de Ponce il vous renvoie » à Pilate, moyen certain pour que vous n'ayez » jamais raison. Vire de bord! depuis douze ans » que je suis ici, je n'ai pas vu un prisonnier » avoir raison contre un homme libre. »

» Ce vieux Laporte s'en fut. Je rentrai pour m'asseoir, car alors je pouvais m'asseoir.

» Adieu, bonne Anaïs. J'embrasse Bruno. »

Citons encore, de César à Anaïs, une lettre pleine d'une verve étonnante et d'un touchant à-propos :

« *César à Mademoiselle Anaïs Faucher.*

» Du mardi 29 d'auguste.

» Ma bonne petite, nous reçûmes hier votre numéro 13, du dimanche 27; et le tableau que vous avez tracé en deux traits de votre situation et de votre colloque avec Bruno, quand on vous apporte les flambeaux, nous a, pour ainsi dire, mis en scène autour de votre table ronde. Je vois notre Anaïs avec son feston et Bruno avec son La Fontaine. Il faut que je fasse quelque chose, et pour que ce *quelque chose* soit utile à la petite société, je vais faire lire Bruno, et lui apprendre à raisonner ce qu'il lit. Je ne vous dirai pas :

Agnès, pour m'écouter laissez là votre ouvrage.

» Notre nièce est trop bien élevée pour ne pas écouter ses oncles sans distraction, et elle les aime trop pour ne pas les écouter avec intérêt. Je pourrais dire, et j'y trouverais la matière d'un long commentaire :

Le monde, chère Agnès, est une étrange chose.

» Mais ce n'est pas de cela qu'il s'agit. Il faut faire lire Bruno. Je crois qu'il a sous la main la belle fable intitulée : *les Animaux malades de la peste*. Lisez, mon enfant :

Un mal qui répand la terreur,
Mal que le ciel en sa fureur
Inventa pour punir les crimes de la terre...

» Ne croirait-on pas que le bonhomme veut parler d'une révolution ? Ce n'est toutefois que de la peste, mais ces deux grandes maladies de l'espèce humaine ont beaucoup de rapports entre elles, chez certains peuples.

Capable d'enrichir en un jour l'Achéron,
Faisait aux animaux la guerre.

» Les réactions sont filles des révolutions, et il faut convenir qu'elles font de riches moissons pour l'Achéron, dans le *Var*, la *Drôme*, les *Bouches-du-Rhône, etc.*

Ils ne mouraient pas tous, mais tous étaient frappés.

» Ce trait peint bien les réactions ! Car on est frappé dans ceux qu'on aime ; et il est, dans ce sens, peu de Français qui ne soient atteints.

Ni loup, ni renard n'épiaient
La douce et l'innocente proie.

» Et, par la sambleu ! c'est surtout de cette chair que les réactionnaires sont friands, et la race des loups et des renards ne fut jamais plus nombreuse.

Les tourterelles se fuyaient.

» Voilà le dernier symptôme de la maladie, et il se retrouve aujourd'hui dans plus d'un ménage.

Le lion tint conseil...

» Un sage lion consulte toujours son conseil dans les circonstances graves, et vous sentez quel poids donnent à ses ordonnances ces mots : *Notre conseil d'État entendu.*

... Et dit : Mes chers amis,
Je crois que le ciel a permis
Pour nos péchés cette infortune.
Que le plus coupable de nous
Se sacrifie aux traits du céleste courroux ;
Peut-être il obtiendra la guérison commune.

» Ce lion donne là un bel exemple de résignation. Il se confond avec son peuple. Il sent la nécessité du sacrifice, il l'appuie sur les temps passés :

L'histoire nous apprend qu'en de tels accidents,
On fait de pareils dévouements.

» L'histoire lui avait parlé de toutes les *réactions* qui l'avaient précédé jusqu'à celle de la *Restauration en Angleterre*. L'histoire s'est enrichie depuis des *dévouements de Naples*, *de Madrid*, etc., etc.

... En de tels accidents,
On fait de pareils dévouements.

» Voilà la curée des réactionnaires qui se prépare.

» Le lion fait sa confession. Passons par dessus cet examen de conscience. Je n'aime pas trop assister à ce genre de compte rendu. Le lion le finit par ces mots sublimes :

Je me dévouerai donc, s'il le faut; mais je pense
Qu'il est bon que chacun s'accuse ainsi que moi.

» Ne soyez pas étonné que le lion ajoute à cette offre d'un dévouement personnel :

Il est bon que chacun s'accuse ainsi que moi.

» Un lion doit être juste avant d'être généreux, et les *adresses* le lui répètent d'un bout à l'autre de son empire.

» Le conseil d'État parla avec cette noble indépendance qui appartient aux confidents d'un monarque, et il fut démontré que ce que la conscience timorée du lion lui faisait croire être de gros péchés mortels n'était au vrai que des actions louables.

Eh bien, manger moutons, canaille, sotte espèce...
... Vous leur fîtes, seigneur,
En les croquant beaucoup d'honneur.

» D'ailleurs, le grand principe de l'inviolabilité pouvait être appliqué ici victorieusement, et *le Conseil d'en haut* avait déjà dit :

Les rois, comme les dieux, sont au dessus des lois.

» On passa à la confession des grands officiers de la couronne, etc.

On n'osa trop approfondir
Du tigre, ni de l'ours, ni des autres puissances,
Les moins pardonnables offenses.

» On se rappelait cet axiome des successeurs du révérend père Lachaise :

Que pour damner des gens de si haute importance,
Dieu même y regarde à deux fois.

» D'après ce principe, et quelques autres à l'usage des cours :

Tous les gens querelleurs, jusqu'aux simples mâtins,
Au dire de chacun, étaient de petits saints.

» Ceux-là ont des indulgences tout acquises et qui tiennent à leur état.

L'âne vint à son tour.

» Précisément comme nous venons au nôtre.
» Mais l'âne avait *souvenance*,

Qu'en un pré de moines passant,
La faim, l'occasion, l'herbe tendre et, je pense,
Quelque diable aussi me poussant,
Je tondis de ce pré la largeur de ma langue.

» A ces mots, on cria *haro*. C'est fort bien : il s'était laissé tenter, bref il avait pris. Mais nous que le diable n'a pas poussés, nous qui n'avons rien pris, pourquoi le *haro*?

Sa peccadille fut jugée un cas pendable.

» C'est dans l'ordre; il était sans appui. Mais enfin il y avait *peccadille* dans son fait, et nous n'avons pas de *peccadille* dans notre affaire.

Rien que la mort n'était capable
D'expier son forfait...

» Voilà bien ce qu'on dit pour nous.

..... On le lui fit bien voir.

» Et voilà précisément ce que j'espère bien qu'on ne nous fera pas voir. Nous *brairons*, mon frère et moi, pour l'empêcher, plus fort que tous les *onagres* de la Tartarie, et nous frapperons les tympans les plus encroûtés de prévention.

» Il nous reste les deux derniers vers de la fable. Je ne les commenterai point, parce que je n'aime point à me mêler de trop grandes affaires. D'ailleurs, ils sont de La Fontaine, et qu'il se défende s'il peut. Enfin les voici, et je les abandonne à leur malheureux sort:

Selon que vous serez puissant ou misérable,
Les jugements de cour vous rendront blanc ou noir.

» Si vous voulez à présent que je vous dise ce que j'ai su par tradition de la véritable cause de la condamnation de notre baudet, car presque toujours il y a *cause* et *prétexte* dans les décisions de cet ordre; le véritable motif fut qu'il avait dit jadis, alors qu'on lui proposait de prendre parti dans une querelle :

> Et que m'importe à qui je sois !
> Battez-vous, et me laissez paître.
> Notre ennemi, c'est notre maître.

» Et voilà ce qu'il ne fallait pas dire. Je sais bien qu'un pauvre âne est bien embarrassé en certaines occurrences. Quoi qu'il en soit, je sais deux bonnes bêtes qui se promettent bien d'écrire sur la porte de leur retraite ce vers de la souris retirée dans un fromage de Hollande :

> Les choses d'ici-bas ne nous regardent plus.

» Mais quand aurons-nous la retraite !

» Adieu, ma bonne nièce; nous vous embrassons. »

XII

Le 29 août, rien n'était encore changé dans la situation des deux frères. Tous les jours, ils demandaient au concierge s'il y avait du nouveau.

— « Rien, répondait-il. Je demande bien des ordres écrits, mais personne ne veut m'en donner. Vous êtes ici par ordre du procureur général ; mais il m'a dit, il y a quinze jours, que votre existence ne le regardait plus, que vous dépendiez de l'autorité militaire, et l'autorité militaire ne m'envoie nul écrit. »

Ainsi, la même lettre de cachet, l'ordonnance du procureur général, tenait encore, au bout de vingt-sept jours, ces deux hommes, simples prévenus, dans cette affreuse situation ; et c'est en vertu de cette ordonnance, monstrueusement illégale, qu'on les transférait des prisons dans les cachots, qu'on les privait de couteaux, de fourchettes, de rasoirs, de chaises, de feu, de lumière, d'air, de nourriture, des soins nécessaires à leur état de maladie ; qu'on les tenait au secret le plus rigoureux ; qu'on les séquestrait même de la vue du commissaire de police, après avoir déclaré devant lui qu'on voulait les torturer ; qu'on les séparait de l'univers entier, ne leur laissant de rapports qu'avec l'homme auquel *on avait donné à entendre qu'il fallait les faire souffrir !*

Mais alors, quels supplices l'imagination d'un bourreau pourrait-elle inventer pour les grands criminels ? Les assassins des frères Faucher, qui entourèrent leur forfait de l'apparence des formes juridiques, ne sont-ils pas plus coupables mille fois, plus horribles que les misérables qui tuent d'un seul coup, pour une cause quelconque, fût-ce pour voler ?

Combien de temps allait durer cette incroyable situation ? Telle est la question que se posaient à chaque instant César et Constantin, et tous leurs efforts pour obtenir quelque éclaircissement par ceux qui les approchaient encore restaient inutiles.

Ils se décidèrent à écrire à M. Ravez pour lui envoyer un mémoire dans lequel ils résumaient les faits principaux depuis leur arrestation.

« *A Monsieur Ravez, jurisconsulte.*

« *Hic vir, hic est.* »

» Voilà ce que le département de la Gironde a dû dire avec un légitime orgueil au peuple français, en nommant son second député. Nous l'avons dit dans notre cachot, avec un sentiment plus profond encore. Nous n'avons jamais calculé nos pertes, quand la patrie a dû en profiter.

» Un journal nous apprend que vous avez refusé votre élection, et ce refus vous conserve à vos clients. A Dieu ne plaise que nous voulions prendre à présent vos moments. Nous savons faire la part des circonstances, nous saurons attendre, nous savons souffrir.

» Il est impossible que celui qui, en 1814, nous sacrifia si noblement son temps dans une affaire d'intérêt, ne nous donne une heure en 1815, quand il s'agit de notre honneur.

» Nous mettons sous cette enveloppe un mémoire en quatre pages, dont nous vous prions de nous accuser réception, en signant le reçu que nous en avons rédigé, pour que vous n'ayez que la peine de le souscrire de votre main. Pardonnez-nous cette précaution; mais les intermédiaires dont nous sommes forcés de nous servir sont tels que nous ne devons en négliger aucune.

» Quant au mémoire, nous avons la confiance que vous le lirez à un de vos moments.

» Nous sommes, etc.

» Cr Faucher, Cn Faucher.

» Des cachots du fort du Hâ, le 30 août 1815. »

« *A Monsieur Ravez, jurisconsulte.*

» Le procureur du roi nous fit arrêter à La Réole, le 21 juillet, comme pris en flagrant délit, ayant un dépôt d'armes caché; et le procès-verbal constate que ces armes cachées sont huit canons du *calibre du petit doigt*, destinés à faire du bruit lors des fêtes de famille, et qui sont depuis deux cents ans dans notre maison pour cet usage.

» M. le procureur général rendit, le 2 août, une ordonnance conçue en ces termes :

« Ordonne à la gendarmerie de conduire sans » délai les sieurs César et Constantin Faucher des » prisons de La Réole dans celle du fort du Hâ, » pour y être à sa disposition. »

» Cette ordonnance, non motivée, ne nous désigne sous aucune prévention ni accusation de délit : c'est une véritable lettre de cachet de propre mouvement.

» En vertu de cette lettre de cachet, nous fûmes conduits le 4 août au fort du Hâ, et nous y fûmes inscrits sur les registres de La Réole.

» Depuis cette époque, nul acte, nul ordre écrit n'a paru nous ayant pour objet. Le geôlier ne connaît que ce seul titre qui ne nous inculpe en rien, ne nous accuse de rien, et dit seulement de nous garder à la disposition de M. le procureur général.

» Les 8 et 9 août, M. le procureur général nous interrogea, non pas sur le crime d'artillerie cachée, mais il nous questionna sur diverses époques de notre vie, et par exemple :

« Le 2 avril, pendant que vous étiez à Paris, n'est-il pas sorti de votre maison à La Réole un drapeau tricolore? »

— « A votre retour de Paris, n'avez-vous pas coupé en petits morceaux un grand pain, en disant, au peuple rassemblé autour de votre maison, que l'usurpateur vous l'avait donné pour le lui distribuer de sa part? »

» Et, en nous montrant la copie d'une lettre confidentielle écrite par l'un de nous, il nous a demandé :

« Celui de vous qui n'a pas écrit cette lettre partage-t-il les opinions de celui qui l'a écrite ? »

» M. le procureur général nous a fait d'autres questions aussi étranges, mais que leur nature nous empêche de rappeler ici.

» Après ces interrogatoires, nous fûmes reconduits dans le bâtiment des condamnés où nous avions été déposés, et, comme eux, nous y avions un lit, une table, un banc, une chaise, de la lumière, etc.

» Le concierge nous annonça que M. le procureur général lui avait dit que nous dépendions dorénavant de l'autorité militaire, mais qu'il ne lui avait rien donné par écrit.

» Le 12, le concierge et les guichetiers faisant, pendant la nuit, la ronde extérieure du fort du Hâ, furent assaillis de coups de fusil par la garde nationale, et ne conservèrent leur vie qu'en rentrant avec précipitation dans le fort. Dès ce moment, grande rumeur autour de l'enceinte et, avant le jour, grand attroupement devant la porte. Le concierge nous a dit qu'il n'avait pas osé sortir de toute cette journée, dans la certitude qu'il aurait été mis en pièces par la populace à qui on avait persuadé qu'il avait voulu nous faire évader.

» M. le préfet vint ce jour-là au fort du Hâ, et s'assura par ses yeux que nous y étions encore.

» Le 20, on nous conduisit à la tour des forçats ; on nous ôta nos couteaux, nos fourchettes ; on nous donna deux bottes de paille et, en jetant un matelas dessus, le concierge dit : « Voilà le premier matelas qui, de mémoire d'homme, soit entré ici. » On nous donna une cruche d'eau, on nous refusa banc et chaises; on nous dit que nous n'aurions ni feu ni lumière.

» Le 22, on est venu nous ôter nos rasoirs en nous disant que nous n'aurions pas même la faculté de nous raser devant le concierge, qu'il fallait que le barbier des prisons nous rasât devant lui.

« Avez-vous quelque ordre par écrit qui vous » autorise à nous traiter ainsi? », avons-nous dit au concierge.

« Messieurs, j'ai des ordres; mais ils ne sont » pas par écrit. »

» Accompagnés du concierge, un capitaine d'état-major, décoré, est venu dans notre prison avec un de ses camarades décoré aussi, en faisant une ronde; ils nous ont dit : « On marche dans le » sang à Nîmes, à Avignon, etc.; ce sont des » représailles. Les honnêtes gens, voyant que les » lois sont insuffisantes, se chargent de leur » vengeance. On commença en l'an III; cela » dura trop peu; on finit trop tôt. On continue à » présent. »

» M. Roustaing, commissaire de quartier, visitant les prisons, est venu dans la nôtre avec un gros monsieur, son adjoint sans doute, avec le concierge, les guichetiers, etc. Il nous trouva suant à la suite d'un violent accès de fièvre. Nous demandâmes qu'on nous rendît *notre pot de chambre*, afin de n'être pas obligés, pour aller aux latrines, de nous lever de dessus notre paille et de traverser, tout en sueur, vis-à-vis les ouvertures seulement grillagées par des barres de fer.

« Vous n'aurez point de pot de chambre », nous dit le concierge; et il ajouta : « Ne soyez » point malades, car on est mal ici.

» — On vous a donc ordonné de nous faire » souffrir?

» — Messieurs, cet ordre-là non plus ne m'a » pas été donné par écrit. »

» Le 24, le barbier des prisons entra avec le concierge, et celui-ci nous dit : » Vous ne verrez » plus même le commissaire de police et des » prisons. Je ne dois laisser entrer personne ici; » et si le préfet lui-même se présentait, je ne » lui permettrais pas d'entrer. Je n'ai qu'un » ordre verbal; j'ai demandé un ordre écrit pour » ma responsabilité, et en attendant, j'obéis. »

» Il lui est défendu aussi, nous a-t-il dit, de nous donner communication, malgré nos demandes répétées, ni de notre écrou, ni d'aucun ordre qui ait rapport à nous.

» Dans cet état de choses, entre nous et le cordon des muets ou l'aconit, il n'y a que le vouloir d'un guichetier; et l'explication de l'événement sera simple, elle est banale : c'est le suicide.

» Et on croirait que c'est pour se conserver un moyen de plus d'exécution, et par prévoyance, qu'on ne nous laisse plus le choix de nos aliments. Ils nous sont fournis sans que nous puissions savoir ni leur prix, ni d'où ils viennent.

On a rompu toute communication entre nous et la personne qui, pour ce genre de commission, venait à la grille recevoir du guichetier nos billets ouverts et nous envoyait les siens ouverts aussi.

» En attendant, on nous fait éprouver toutes les angoisses d'un supplice qui, d'après quelques mots échappés à nos gardiens.....

» Chaque nuit le concierge et ses guichetiers, armés de pistolets et le sabre nu à la matin, viennent porter leur lanterne sur notre paille pour s'assurer si nous y sommes.

» Nous ne nous abaisserons pas jusqu'à répondre aux infamies accumulées dans un feuilleton destiné à soulever la population contre nous, dans l'espérance que ses fureurs, à notre arrivée au fort du Hâ, épargneraient l'embarras de l'instruction et les frais du jugement.

» Il paraît, d'après ce que nous a dit M. le procureur général, que c'est sur notre conduite, pendant que nous commandions comme maréchaux de camp, qu'on cherche à nous trouver coupables.

» Eh bien ! nous défions de *prouver* :

» Que nous ayons fait abattre un drapeau blanc ;

» Que nous ayons fait punir un porteur de cocarde blanche ;

» Que nous ayons fait arrêter un individu pour quelque cause que ce soit ;

» Et nous *prouverons* que, dans ce même temps, nous avons sauvé, *en nous compromettant*, bien des personnes que nos supérieurs avaient ordonné d'arrêter et de punir.

» Quand nous avons pris des fonctions publiques dans notre pays, c'était pour y faire le bien; c'était pour y empêcher les réactions et tous les malheurs qu'elles entraînent à leur suite. Nous y avons constamment réussi jusqu'au 22 juillet dernier, que l'autorité nous a ordonné de quitter nos fonctions.

» Et cependant, comment sommes-nous traités?.....

» Nous avons une si profonde horreur pour l'affreux 1793, que nous sommes fâchés qu'on ne puisse pas lui reprocher des procédés pareils à ceux qu'on fait peser sur nous.

» Nous n'avons jamais demandé et nous ne demanderons jamais à personne de consolations.

» Vos conseils nous seraient sans doute très utiles si nous voulions agir; mais nous ne voulons écrire à aucune autorité, à aucun individu à Bordeaux; et quand nous le voudrions, nous ne le pourrions pas. Notre concierge a été demander la permission de vous porter cette lettre, et il l'a obtenue; mais pour *vous seul*, et parce qu'il a dit que *vous étiez notre défenseur*.

» Nous vous demandons et nous ne demanderons qu'à vous de nous faire sortir de tout ceci *honorablement*.

» Si un seul des faits qu'on a jusqu'ici allégués contre nous était vrai; si nous avions une seule action à nous reprocher, vous connaissez notre fierté, nous serions incapables de vous appeler.

Notre délicatesse vous répond que nous ne voudrions à aucun prix compromettre votre patronage; car le patronage d'un honnête homme en est une garantie morale.

» Les réactions sont exigeantes; il faut transiger avec elles; aussi ne regarderons-nous pas beaucoup ni à l'atrocité des procédés dont celle-ci nous rend victimes, ni aux sacrifices de tout genre qu'elle nous a imposés jusqu'ici. Mais une chose sur laquelle nous ne transigerons point, c'est notre réputation. Nous la remettons dans vos mains. Ainsi c'est de vous que nous attendons et la désignation du tribunal, et celle du moment où nous devrons le réclamer.

» Puisque vous écoutez nos doléances, vous devez être le confident de ce qui nous arrive d'heureux. Notre position a ému de pitié notre concierge lui-même, à qui nous ne nous en plaignons jamais. En considérant les souffrances qu'on l'oblige de nous faire éprouver, il nous a dit tout à l'heure : « On me surveille plus à cause » de vous que je ne vous surveille. » Et en nous parlant des égorgements, qu'on est convenu d'appeler *les représailles des honnêtes gens*, et qui s'avancent avec rapidité de Marseille à Avignon, à Nîmes, à Uzès, etc., qui sont arrivés à Toulouse, et qu'on attend à Bordeaux, il vient de nous dire, dans l'hypothèse de notre assassinat sur notre paille :

« Si..... vient la nuit, je ne l'empêcherai pas, » mais certainement je ne ferai pas moi-même » ..... »

» Et notre honnête gardien paraît plus affligé que surpris de la prévoyance de l'événement.

» Cr FAUCHER, Cn FAUCHER.

» Mercredi 30 auguste 1815. »

Par les lettres suivantes, on verra que les deux prisonniers subissaient le régime d'un secret qui se resserrait de jour en jour. La plupart de leurs lettres, qui passaient toutes par le greffe, étaient supprimées, ainsi que celles qui leur étaient adressées ; les autres, sauf de très rares exceptions, n'étaient envoyées à leurs destinataires qu'avec plusieurs jours de retard.

« *César et Constantin à Mademoiselle Anaïs Faucher.*

» Jeudi 31 d'auguste 1815.

» Ma chère Anaïs, j'apprends qu'on supprime nos lettres. Celle-ci sera peut-être plus heureuse, son style la mettant plus à la portée des reviseurs du greffe du fort du Hâ [1].

« Nous jouissons d'une bonne santé, Dieu merci ; nous souhaitons que la présente vous trouve de même. Nous désirons que, grâce à Dieu, il en soit de même aussi de tous nos parents, amis, voisins, de tous ceux ou celles qui s'informeront

(1) Cette lettre parvint en effet tout de suite ; les autres ne parvinrent que longtemps après. — L'État-Major a gardé les numéros manquants.

de nous, et que nous embrassons tous du plus profond de notre cœur. »

» Nous avons reçu votre petite lettre du mardi 29, qui n'était pas numérotée. Ayez l'attention de numéroter toutes celles que vous nous adresserez.

» Ne croyez jamais rien de ce que nous vous ferons dire ; ne croyez que ce que nous vous écrirons. »

« *César à Mademoiselle Anaïs Faucher.*

» Du vendredi 1er septembre 1815. — Fort du Hâ.

» Ce n'est pas assez pour eux de nous faire souffrir, il faut encore qu'ils fassent souffrir ceux qui nous aiment. Et, bien certainement, nous sommes plus contrariés des contrariétés qu'ils vous imposent que de celles qui nous adviennent personnellement. Ils ne savent pas, ces gens-là, parce qu'ils ne savent rien de ce qu'apprend le cœur, qu'un des grands allègements aux peines qu'on ressent c'est la confiance, l'espérance au moins, que les personnes qu'on aime en sont affranchies. Cette opinion console l'âme, tenez, à peu près comme quand j'avais les yeux fatigués de la lumière, vous aviez la bonté de lire Racine. Le plaisir arrivait toujours à l'esprit, mais par une autre porte. Ainsi quand le *régime* que nous suivons pourrait nous paraître déplaisant, nous aimons à songer que vous jouissez de tout ce qui nous manque et la privation n'existe plus pour vos deux amis. C'est un ordre de compensations que nos ennemis ne connaissent pas.

» Mais pour faire tomber ma colère sur quelques-uns de ces messieurs, car il faut bien qu'ils me le paient tôt ou tard, je vais demander compte à mon *guichetier le reviseur* de ses indignes procédés envers vous et envers nous. Observez que c'est un être fantastique pour nous. Il nous enlace de partout et nous ne le voyons nulle part. Le concierge nous dit : « *Ce n'est pas moi.* » Chaque guichetier nous répète à son tour : « *Ce n'est pas moi* »; et cependant notre exploration s'exerce au greffe et ils nous disent : « *Nous* » *sommes forcés à cela; c'est bien malgré nous.* »

Je ne veux parler que de l'ouverture, de la suppression de nos lettres. Les autres griefs sont plus atroces à leur avis; eh bien! je m'arrête sur le plus léger, à leur dire : « *Guichetier revi-* » *seur*, je ne peux pas te voir, mais ton métier » est d'écouter et de prendre; écoute et prends » donc. Je ne connais de toi que tes pattes et tes » oreilles, et je vais frapper sur les unes et sur » les autres. D'abord, je te dirai qu'il faudrait » nous croire plus bornés qu'un guichetier pour » supposer que nous écririons, de notre prison, » des choses que tous les guichetiers du monde » ne pourraient pas lire; ainsi, tu vois que ton » exploration journalière n'aura que le résultat » désespérant pour tous les guichetiers, de » prouver l'innocence de leurs victimes. Ensuite, » dis-moi, qui t'autorise à soustraire nos lettres? » Si ton métier est de les reviser, ton devoir est

» de les rendre. Les transmets-tu à un tribunal
» quelconque? Tant mieux : au moins là je verrai
» des gens à qui je parlerai et je reverrai mes
» lettres. Il n'y en a pas une qui ne se moque du
» greffe du fort du Hâ et de tous ses habitués.
» *Mon jésuite* a été arrêté par toi. Sais-tu que tu
» te feras de mauvaises affaires avec la Société?
» J'entends avec *la Société de Jésus*. Elle vient
» d'être exhumée à Rome, et elle forme la véritable
» garde royale du monarque aux trois couronnes.
» Mais tu ne sais probablement pas pourquoi ils
» furent institués, ni peut-être l'époque de leur
» institution; un guichetier n'a pas besoin de
» savoir tout cela, pas plus que la cause de la
» disparition *des enfants de Jésus*, et de la suppres-
» sion de leur ordre. La cour de Portugal ne l'a
» pas oubliée et l'Espagne pourra peut-être se la
» rappeler avant la fin du siècle.....; mais tu ne
» sais pas que *Malagrida* a existé.

» Passons à ma seconde lettre. C'était une petite
» paraphrase sur une fable de *La Fontaine*.
» Qu'elle soit bonne ou mauvaise, cela ne regarde
» ni toi, ni aucun juge. Je peux dire toutes les
» bêtises qu'il me plaira dans mes lettres sans
» être justiciable d'aucun tribunal. Mon corres-
» pondant seul peut le trouver mauvais, et il en
» est quitte alors pour ne pas me lire. Je pourrais
» même écrire qu'un guichetier est un sot et un
» méchant sans que cette vérité, trop commune,
» pût motiver un acte d'accusation devant un
» conseil de guerre. Tu fais là un vilain métier,
» mon pauvre guichetier, et c'est un vilain mé-

» tier parce qu'il est hors de tes attributions, » surtout avec la perfidie que tu y mets, en nous » faisant dire sans cesse que nos lettres ne sont » pas ouvertes, que nous pouvons écrire avec » confiance. Tiens, mon pauvre guichetier, nous » ne serons pas tes dupes, et tu prendrais la » casaque la plus honorée et le masque d'un » homme délicat, que nous reconnaîtrions encore » le guichetier.

» Mais je m'occupe trop longtemps de toi. » Rentre dans ta loge et je resterai sur ma paille » où je vais appeler meilleure compagnie que » tous les guichets réactionnaires n'en renfer- » ment. »

» C'est vous et votre très petite société que je veux y appeler, bonne Anaïs; et j'ai bien fait de chasser ce malotru. »

« *Constantin à Mademoiselle Anaïs Faucher.*

» 1er septembre,

» Bonne Anaïs, nous écrivons, mon frère et moi, à côté l'un de l'autre, ou pour parler plus vrai, dos à dos, afin de nous soutenir l'un l'autre, et nous nous occupons tous les deux de vous, pour avoir tous les deux en même temps la satisfaction de nous occuper de quelqu'un que nous aimons bien. Nous savons que nos rapsodies passent sous les yeux des reviseurs au guichet, et cela ne nous empêchera pas de délirer à notre aise; d'abord, parce que délirer fait du bien quand la raison fatigue, et puis enfin qu'il est bien permis à des prisonniers de discourir à leur fantaisie, sur leur paille, dans leur cachot, quand ils sont sûrs que la personne à laquelle ils écrivent lira leurs folies avec autant de plaisir que leurs raisonnements..... et puis enfin ce n'est pas pour le plaisir de messieurs du guichet que j'écris.

» Nous sommes mieux aujourd'hui que jamais, car on nous a accordé une botte de paille de plus. Au dernier des hommes qui passent, je ne donnerais pas des draps comme celui que nous avons là. Mais, pour la couverture, c'est un objet de curiosité, et je voudrais pouvoir l'emporter avec moi pour la montrer en public : on paierait pour la voir. Mon bonnet de nuit et mon mouchoir pèsent plus qu'elle, et cependant elle est grande : mais elle a plus de cent ans, toujours servant sur la paille; elle n'a plus de corps, elle n'a presque plus d'âme, elle est devenue de la couleur d'une mauvaise carotte, et elle s'élève au moindre vent, comme les graines d'artichauts que vous voyez voler dans l'air. Nous craignons souvent de la perdre, parce que, dans notre cachot, il y a deux grandes ouvertures qui ne sont fermées que par des barres de fer; le vent entre là comme dans la rue, la pluie vient nous visiter sur notre paille, et la moindre rafale, le moindre tourbillon de vent, le moindre *biroulet* peut nous enlever notre couverture.

» Ah! voilà ***, ce pauvre ***, qui arrive bien triste, avec son beau chien et son maigre cheval. ***, changez donc cette vilaine bête; elle est usée, elle vous tuera. Bon ***, tout ceci vous afflige plus que nous, qui n'en sommes pourtant pas trop amusés. Mais voyez, mon cher, il n'y avait de difficile que les premiers jours. Ces messieurs avaient l'espérance de nous faire assassiner; ils ont manqué de belles occasions, les nigauds, et s'ils ne trouvent pas le moyen d'un égorgement dans les cachots, ils doivent renoncer à se défaire de nous dans cette réaction-ci.

» Quand il s'est agi de savoir si nous n'avions pas caché dans notre maison, à La Réole, un arsenal et une armée, qui pouvaient vaincre et saccager tout le midi de la France, le préfet a pris un arrêté, le commandant de la gendarmerie est parti de Bordeaux avec vingt-cinq gendarmes, et on y a joint soixante-dix officiers espagnols. Puis, M. le procureur général s'est armé de toute sa puissance.....

» Mais un citoyen sans armes est haché à coups de sabre en plein midi, sur la place publique. Oh! ma foi! cela ne regarde personne; et vous allez en juger vous-même. Le préfet administre..... Or, ce n'est pas administration : ainsi, qu'on se batte, qu'on se déchire..... La municipalité est chargée de la police; mais elle vous dira que ceci peut bien être police judiciaire; que dans le doute, très sagement elle s'abstient. M. le procureur général vous dira : « Mais j'ai autre chose à faire! — Et » vos substituts? — Ils ont autre chose à faire! » — Mais, monsieur, on vient de hacher sur la » place publique ce pauvre Sasportes! — Messieurs, ce sont des *représailles*. — Mais, mon-

» sieur, les tueurs étaient à peine nés quand il » a pu arriver des scènes semblables, et ceux » qu'ils tuent n'étaient pas nés ! — Eh ! ma foi ! » messieurs, vous êtes trop difficiles, et si on » vous écoutait, on n'en tuerait aucun ! »

» Mon cher ***, tranquillisez-vous cependant sur notre sort. Cette morale que je vous expose est celle de la Provence ; elle a brillé dans tout son éclat, aux applaudissements de ces messieurs, à Marseille, à Avignon, à Nîmes ; elle s'est un peu amortie en s'avançant à Uzès ; elle n'a démoli que vingt maisons dans cette petite ville, et tué une quarantaine de personnes. On l'attend à Bordeaux, dit-on, et elle est déjà arrivée à Toulouse ; mais elle y est bien morigénée ; elle n'y a assassiné que le général Ramel, en plein midi il est vrai ; et ces messieurs commencent à craindre les méprises pour eux-mêmes ; car Ramel était un bon royaliste et avait le premier arboré le drapeau blanc à Toulouse. Ainsi, d'une part, la crainte de ces messieurs pour les égorgements dont ils pourraient souffrir eux-mêmes ; d'autre part, l'opinion qui se calme et qui ne leur permettrait pas aujourd'hui ce qu'elle tolérait il y a un mois, cela doit vous rassurer sur notre compte. Et quant aux tribunaux judiciaires, militaires ou révolutionnaires, qui peuvent s'occuper de nous, soyez encore sans inquiétude : s'il y avait un moyen de nous trouver coupables le moins du monde, on nous aurait déjà jugés ; et ces messieurs n'ont rien à se reprocher auprès de la réaction..... »

« *César à Mademoiselle Anaïs Faucher.*

» Du lundi 4 septembre.

» J'ai bien de la peine que vous n'ayez pas reçu nos numéros supprimés. Ils vous auraient amusée, ou au moins distraite quelques moments. Je vous parlais de ***, de Bruno à qui nous recommandons toujours de s'occuper de calcul et d'écriture, et de cet aimable M. A***, à qui nous demandons de nous conserver son généreux intérêt. Observez, s'il vous plaît, qu'il n'y a rien dans tout cela qui ressente le moins du monde ni le fédéralisme, ni le bonapartisme, ni le jacobinisme, ni le républicanisme, ni aucun de ces vilains schismes qui altèrent la véritable doctrine..... Mais notre guichetier reviseur est comme ce confesseur qui, confondant un *ébéniste* avec un *janséniste*, refusa l'absolution au premier de peur de sauver le second. Nos guichetiers sont dans cet état où étaient les apôtres.

Avant qu'un feu divin fût descendu sur eux.

» Il faut que nous les gardions comme on nous les donne, car nous ne pouvons pas les changer.

» Nous vivons sous une dure oppression; eh bien, après qu'elle aura fini (car il faut bien qu'elle prenne fin), vous verrez que personne n'aura donné ces ordres atroces : on les aura ignorés. Et cela se dira sous de telles décorations, qu'il faudra, par honnêteté, faire semblant de le croire. Nous ne savons sur qui faire peser nos ressentiments, car personne ne se montre. Nous sommes environnés des plus épaisses ténèbres, et Satan lui-même, souverain du sombre empire, ne saurait mieux se manifester. Je serais tenté de dire comme Ajax :

> Grand Dieu ! rends-nous le jour, et combats contre nous.

» Mais les dieux ont leurs raisons pour en agir comme ils font, et ce n'est pas à nous, faibles créatures, à leur demander compte de leurs motifs.

> Sur ce vaste univers un grand voile est jeté :
> Mais dans la profondeur de cette obscurité,
> Si la raison nous luit, qu'avons-nous à nous plaindre ?
> Nous n'avons qu'un flambeau, gardons-nous de l'éteindre.

» Ce voile qui couvre les causes premières du monde physique, et peut-être quelques principes du monde moral, ce voile cache pour nous jusqu'aux agents immédiats de l'oppression qui nous écrase. Mais ce flambeau de la raison sert encore un peu ici, et il vous montrera, comme à nous, que nos lâches ennemis sont les instigateurs de ces procédés sans excuses. N'osant pas se présenter en face au grand jour, ils attaquent, ils tourmentent obscurément notre vie. Ce sont eux qui ont provoqué toutes les tentatives d'assassinat auxquelle notre *bien-jouer* nous a fait échapper depuis un mois. Ils voient qu'ils se sont mis en fausse mesure en provoquant de l'autorité les actes qui nous ont atteints et que l'instruction pourra manquer même de prétextes. Je suis convaincu que déjà ils ont dû recevoir quelques sèches remontrances sur la fausse attitude dans laquelle ils ont mis le tribunal saisi de notre affaire. C'est un conseil de guerre, à ce qu'on nous dit : eh bien, ce sont des militaires qui nous jugeront. Je sais bien qu'ils montent sur les sièges avec leurs infirmités morales comme avec leurs infirmités physiques. et qu'ils y entraîneront la sciatique, fruit d'un bivouac, comme les préventions qu'on leur aura données contre nous. Mais ils n'y porteront pas cet esprit de réaction qui obscurcit et flétrit les tribunaux civils. Il leur faudra des preuves pour condamner, et des allégations de feuilleton ou des bruits vagues qui ont la même source ne pourront rien sur eux. Ils nous déclareront innocents, j'en ai la conviction.

» Je vous avouerai même que j'ai un autre pressentiment, c'est qu'ils déclareront avant de nous juger, que, n'ayant pas de corps de délit, il n'y a pas lieu de nous mettre en jugement (1). Le conseil de guerre aura fait là tout ce qu'il pouvait, mais nos ennemis auront recueilli ce premier fruit de leurs manœuvres, qu'ils nous auront fait souffrir, et nous auront, pendant qu'on nous bâillonne, présentés à l'opinion comme de vils

(1) On a pu voir par les lettres précédentes qu'ils ne se trompaient pas sur leur position ; mais ils ne veulent ici que rassurer leur famille.

scélérats, et cela sous les yeux de l'autorité qui se tait.

— « Mais pourquoi, me direz-vous, l'autorité écoute-t-elle vos ennemis? » Les pourquoi nous mèneraient plus loin que je ne dois aller dans ce moment, et vous savez qu'un de mes axiomes est, *qu'un des plus grands torts qu'on puisse avoir, c'est d'avoir raison trop tôt*. La vérité et la raison sont comme l'aloès, elles ne fleurissent pas à toutes les températures, et on risque de faire périr la plante si on accélère la floraison.

» Il est toutefois une vérité qui est de saison et que je vais dire le plus poliment du monde à mon guichetier-reviseur ; c'est que je ne vois pas quel mal pourrait résulter de ce que cette lettre vous arrivât. Elle dit que nous ne sommes pas encore à notre aise, et on sait bien dans ma famille que nous sommes dans un fâcheux malaise depuis cinq semaines. Notre petite et si jeune famille y verrait au moins que nous supportons gaîment l'infortune, et ce serait une bonne leçon à lui donner. Et puis, quel bénéfice trouvez-vous à faire souffrir ces pauvres enfants? Si vous saviez quel mal vous leur faites en les privant de lire le bavardage de leurs oncles ! C'est joie au ménage quand on peut les lire : on les lit une fois, deux fois, et c'est de ces deux petites têtes à qui les commentera le mieux ou le plus.

» Guichetier-reviseur, laissez passer cette lettre pour la satisfaction de ces bons enfants. N'ayez pas peur que ces lettres soient très répandues; notre société, avant que nous fussions enlevés, était très resserrée, et vous savez que l'infortune ne grossit pas le nombre des amis.

» Adieu, guichetier; je reviens à ma petite-nièce. »

....

« *Constantin et César à Mademoiselle Anaïs Faucher.*

» 5 septembre 1815, à six heures du matin.

» Nous vous avons écrit hier un long numéro 8, pour nous distraire et vous distraire un peu; mais le capitaine ne l'a pas reçu. On laissera sans doute ce numéro 9. Conservez bien la série de nos numéros et de ceux que vous nous écrivez; nous saurons par là quelles sont les lettres qu'on nous vole..... » (1) « Ma bonne, je prends la plume de la main de mon frère, pour vous dire que nous vous aimons et que nous sommes vivement contrariés d'être obligés de vous le dire en aussi peu de mots; mais dès que nos lettres prennent un peu plus de volume, le *reviseur* dit comme le *bonhomme* :

Les longs ouvrages me font peur.

» Peut-être aussi n'aime-t-il pas les vers, car je me suis aperçu qu'il supprime toutes les lettres où j'en avais glissé. J'en suis fâché pour son goût, car tous ces vers étaient excellents; quoi

(1) Ceci est de César.

qu'il en soit de son goût en littérature, il laissera, j'espère, passer ce billet qui n'a pour but que de vous dire que nous ne sommes pas encore morts. Il faut que le reviseur n'ait pas de petite-nièce bien sensible, car autrement il ne se résoudrait pas à faire souffrir ainsi la nôtre, *et sans profit*; car je lui réponds que toutes les notes qu'il prendra dans notre correspondance ne pourront pas fournir un *alinéa* à notre acte d'accusation. »

« *César à Mademoiselle Anaïs Faucher.*

» Du mardi 5 septembre 1815, de midi à quatre heures.

» Ma chère Anaïs, aucune des lettres que nous vous écrivons depuis trois ou quatre jours ne passe, tant exiguë soit-elle. Celle de ce matin n'avait pas une page d'écriture, et elle n'a pas été plus heureuse que ses sœurs aînées. Celle-ci sera donc pour vous dire, en style de conscrit, que nous nous portons bien, Dieu merci, et que nous désirons que la présente vous trouve de même.

» Nous n'avons point reçu la lettre de votre petit frère : elle s'est arrêtée à la grille. Pour Dieu, qu'il ne nous écrive que bonjour et bonsoir; portez-vous bien; car bien qu'il soit assez déplaisant de ne recevoir que ce peu de mots de ceux qu'on aime, encore vaut-il mieux lire ce peu de mots que de ne pas lire du tout. Je pourrais m'appliquer cette même règle de conduite, et vous en seriez moins inquiète; car il est impossible qu'on soit tout à fait rassuré quand on ne voit que quelques caractères qui annoncent seulement l'existence physique de celui qui les trace.

» Adieu, ma bonne petite-nièce. Nous vous aimons bien tendrement; suppléez-nous auprès de nos amis.

» Dites à nos gens qu'ils ne peuvent pas nous donner une plus grande preuve d'attachement qu'en vous en témoignant beaucoup. Je suis bien sûr que vous n'oublierez pas que nous leur devons de la reconnaissance pour leur constant dévouement.

» Adieu, ma bonne Anaïs; nous vous embrassons.

» Nous avons reçu votre numéro 16, du 2. »

« *Constantin et César à Mademoiselle Anaïs Faucher.*

» Dimanche 10 septembre 1815.

» Ma chère Anaïs, voilà bien des jours que vous n'avez reçu de nos nouvelles. Nos derniers numéros étaient les 9 et 10 dont vous nous avez accusé réception.

Vous lirez cette nouvelle assurance de notre tendre amitié, ma chère Anaïs, le mardi 12 septembre. C'est le jour de notre anniversaire. Nous ne l'avons jamais fêté ensemble, et c'eût été une grande joie pour nous de le passer en famille. Mais, mes pauvres enfants, il n'y a eu pour vous deux, depuis que vous êtes avec nous, pas un jour de fête, pas un jour tolérable, et vous avez commencé une dure et rigoureuse année. Notre intention a pourtant toujours été de rendre heureux le printemps de votre vie, ne pouvant jamais s'assurer d'influer sur la carrière entière.

» Dans l'isolement absolu où nous sommes, il est des sentiments tendres qui reviennent avec plus de force; ils gagnent ce que perdraient d'autres affections, d'autres pensées; l'obligeance tout amicale de M. A*** nous revient toujours avec un nouveau charme. Ce n'est que dans la jeunesse qu'on a l'âme aussi ardente et généreuse, quand aussi on est né avec un caractère élevé et noble; car il faut tout cela. Faites-lui de tendres amitiés de notre part, et félicitez-le du courage qui lui fait ne pas craindre de hanter une maison battue de la tempête et menacée de la foudre. Une jeune demoiselle ne peut pas inviter de grands messieurs à dîner; mais invitez M. A*** et son digne camarade de Lot-et-Garonne à manger du fruit et à boire du vin blanc avec vous, le mardi 12 septembre. Faites-y ensemble commémoration de deux jumeaux qui à ce moment commencent leur cinquante-sixième année sans jamais avoir fait couler une larme de douleur et qui en ont séché tant qu'ils ont pu. »

« Je prends la plume de la main de mon frère pour vous donner non pas seulement signe de vie, mais signe de santé. Je ne vous ai jamais trompée, et je ne vous tromperai jamais. J'ai eu *trois accès* de violente fièvre à un jour d'intervalle. Le quatrième devait me prendre aujourd'hui à six heures et demie; déjà à cette heure il m'avait saisi par les pieds et par les mains; la tête n'était pas libre et ses étreintes glaciales commençaient à m'enlacer quand je vous l'ai combattue corps à corps avec un succès complet. Je me suis raffermi d'un grand verre d'excellent vin du Rhône aiguisé d'un peu d'eau-de-vie et chargé d'une grande cuillerée de sucre. Je me suis promené vigoureusement en me recommandant à l'amitié, et j'avais ma pensée portée sur vous et sur ceux qui nous aiment. Rien ne soutient et n'échauffe comme cela. Voilà midi tout à l'heure, et je n'ai que la chaleur qui résulte du combat, et ce sentiment de force que donne la victoire.

» Je vais vous quitter, pour ne pas laisser à cette vilaine fille du *Styx*, à cette huissière d'*Atropos*, le moyen de me surprendre.

» Croyez à ma tendre amitié, quand je touche à mon douzième lustre, comme si je n'en comptais que quatre, et dites à M. A*** que je désire ardemment cultiver un sentiment qu'il a fait naître chez nous, par des procédés qui n'appartiennent qu'à des âmes privilégiées. Adieu, nous vous embrassons de tout notre cœur. Quant à notre affaire, le sentiment de notre innocence ne nous laisse pas le moins du monde perplexes sur le résultat. »

XIII

Le 13 septembre seulement César et Constantin furent interrogés par le rapporteur du conseil de guerre. Il avait fallu plus d'un mois de combinaisons pour s'arrêter à quatre chefs d'accusation :

« 1° Avoir retenu, contre la volonté du gouvernement, un commandement qui leur avait été retiré ;

» 2° Avoir commis un attentat dont le but était d'exciter la guerre civile et d'armer les citoyens les uns contre les autres, en réunissant dans leur domicile des gens armés, qui y faisaient un service militaire et qui criaient : *Qui vive !* sur les patrouilles de la garde nationale ;

» 3° Avoir comprimé par la force des armes et par la violence l'élan de fidélité des sujets de Sa Majesté ;

» 4° Avoir embauché pour *les rebelles* et détourné de leurs drapeaux les soldats du roi, en les engageant à se joindre à *la bande de Florian.* »

Dans les lettres et mémoires des deux frères qui précèdent, on a déjà vu ce qu'il faut penser de ces accusations et comment ils y répondirent.

Nous y reviendrons en rapportant le jugement du conseil de guerre.

Ils écrivirent aussitôt à M. Ravez :

« *A Monsieur Ravez, jurisconsulte.*

» MONSIEUR,

» Nous avons subi notre interrogatoire, et les officiers qui viennent d'y procéder nous demandent de désigner sur-le-champ notre défenseur. Nous ne saurons en choisir *qu'après votre refus, auquel nous ne pouvons croire*, parce que nous ne pouvons deviner la cause qui le motiverait. Cependant si le *fatum* qui pèse sur nous nous y condamnait, nous vous conjurons de nous accorder *cinq minutes* d'entretien qui vous fixeront sur nos intérêts les plus sacrés. Vous ne refuseriez pas ce genre d'appui à des infortunés coupables. Vous l'accorderez au malheur immérité. Naguère, nous aurions cru pouvoir réclamer d'autres sentiments..

» Si vous avez la bonté de venir dès que vous aurez reçu cette lettre, nous vous recevrons dans le cabinet même de M. le rapporteur qui m'autorise à vous mander. Vous ne connaîtrez tout le prix de votre condescendance qu'après que nous l'aurons obtenue.

» Nous sommes, etc.

» Cr FAUCHER, Cn FAUCHER.

» 13 septembre 1815. »

Au major de la Bouterie, ils écrivaient, le lendemain, pour protester contre les nouveaux agissements dont ils étaient victimes et sur le but desquels il n'était pas possible de se méprendre :

« *A Monsieur de la Bouterie.*

» MONSIEUR LE MAJOR,

» Vous êtes entré dans notre cachot le 12 septembre, à deux heures et demie, et vous nous avez demandé de vous confier notre correspondance entière. J'écrivais; je vous ai donné ma lettre commencée; vous l'avez lue. Tout a été exploré avec un tel soin que vous avez réuni les morceaux de papier déchirés qui étaient dans nos poches, et vous nous avez dit que vous voyiez évidemment qu'il y avait eu erreur dans l'observation qui avait pu faire penser au gouverneur que les numéros 17, 18, 19, n'avaient pas passé sous ses yeux, et que pour le lui montrer avec évidence, vous nous demandiez de vous confier treize lettres qui nous restaient, que vous nous promettiez que ces treize pièces allaient nous être rendues dans un moment. Vous nous l'avez assuré.

» Nous vous avons fait remarquer, Monsieur le major, que neuf de nos billets avaient été successivement retenus et rendus, ensuite, au même instant, à nous et à l'homme obligeant qui, lui au moins, a l'humanité de s'occuper de nos besoins. Si ces billets étaient coupables, ils ont pu être retenus : mais comment en ce cas les a-t-on rendus? S'ils se bornent à donner des preuves de notre existence et à demander nos besoins journaliers, comment caractériser l'inquisition qui les fait retenir?

» Nous vous avons fait remarquer aussi les inconvenances du seul écrit qui nous soit parvenu de l'État-Major.

» Sur cela, Monsieur le major, vous nous avez dit qu'il allait être paré à tous ces inconvénients; que par un nouvel ordre, nos billets et lettres ne souffriraient plus de retard; que vous nous le promettiez, ainsi que vous nous assuriez la remise, *dans un moment*, des treize lettres que, *de confiance*, nous vous avions données.

» Dans un moment!..... Il va y avoir quarante-huit heures, et nos treize lettres ne nous sont pas remises!

» Et nos billets ne nous parviennent pas!

» Nous avons l'honneur de vous dire que le numéro 15 des billets à nous écrits, ayant été enlevé le dimanche 3, il nous avait occasionné des frais de procédure, qui se montent à 72 ou 80 francs. Avant-hier, nous aurions dû recevoir de notre avoué une pièce de procédure à signer : elle ne nous est point parvenue..... Voilà encore de nouveaux frais.

» *De minimis non curat prætor*; et nous reconnaissons que le préteur ne peut point s'occuper d'objets aussi minutieux que la fortune, la vie, l'honneur de deux citoyens, un peu légèrement jetés dans les cachots; mais vous, Monsieur le major, qui êtes descendu jusqu'à vérifier nos détails de correspondance, en nous jurant qu'elle ne serait plus interrompue, et que dans un moment on nous rendrait les pièces confiées à votre honneur, vous vous croirez sans doute intéressé à ce que votre promesse soit remplie. Cette lettre a pour objet de vous la rappeler. »

» Nous sommes, etc.

» Cr FAUCHER, Cn FAUCHER.

» 14 septembre 1815. »

César et Constantin comprenaient bien qu'il avait fallu torturer le sens et les mots de leur lettre au général Clausel pour en tirer les chefs d'accusation auxquels ils devraient répondre devant le conseil de guerre. Aussi pensèrent-ils devoir réserver leurs droits et protestèrent-ils auprès du chevalier de Ricaumont, capitaine rapporteur.

« *A Monsieur le chevalier de Ricaumont, capitaine rapporteur.*

» MONSIEUR LE CAPITAINE RAPPORTEUR,

» Dans l'absence de tout conseil, ne connaissant encore nul écrit qui légitime notre position dans le bagne des forçats au fort du Hâ, nous vous prions de vouloir recevoir, en vos mains, la protestation formelle que nous faisons ici, en vous déclarant que, par notre comparution devant vous, nous n'entendons nuire en rien à nos droits de citoyens français ni autres, nous les réservant au contraire expressément, ainsi que tous ceux auxquels nos rapports actuels ou futurs avec vous pourraient nuire dans l'ignorance forcée où l'on nous tient par le secret rigoureux auquel nous sommes gardés.

» Nous sommes, etc.

» Cr Faucher, Cn Faucher.

» Du 15 septembre 1815. »

Entre temps, ils avaient encore assez de courage pour écrire à leur nièce Anaïs des lettres comme celle-ci :

« *César à Mademoiselle Anaïs Faucher.*

» Du samedi 16 septembre, au soir.

» Ma bonne petite, je vous écris aujourd'hui sur papier de contrebande; je l'ai établi avec la moitié d'une feuille à la tellière. Je n'ai plus de papier à lettre, mais j'en attends que j'ai demandé depuis déjà quatre ou cinq jours, en désignant son format et sa qualité...

» Nous ne lisons pas même les gazettes. Nous avions demandé à M. M*** de nous procurer un abonnement de lecture pour trois ou quatre feuilles publiques, et il n'a pas répondu à cette demande. Je dois dire, à sa justification, que depuis cinq jours nous n'avons pas reçu de billet de lui : sans doute quelque police de guichet les a arrêtés. Mais ce qui nous contrarie bien autant c'est que nous ne vous lisons plus. Quand la consigne qui nous prive de tant de douces choses sera levée, vous aurez bien des choses à nous apprendre. Vous ne direz pas comme Agnès :

Le petit chat est mort.

» Mais vous nous raconterez tous les fagots qu'on aura faits sur notre compte durant que nous étions dans l'obscurité. Nous mettons à profit le repos qu'elle nous procure et nous avons complété notre système agricole de Boirac. Vous n'imaginez pas combien on découvre de choses dans le plus petit sujet quand on appuie longtemps le regard dessus. On demandait à Newton comment il avait découvert les lois de l'attraction : « *En y pensant beaucoup* », répondit-il. Pour nous, plus nous méditons sur Boirac, plus nous sentons s'accroître sa force d'attraction. Notre séjour y sera très fructueux et ne sera pas sans charmes. Je sais que vous en trouverez dans la vie paisible des champs; mais je vous prie de croire que nous ne cultiverons pas ce domaine comme des paysans; nous porterons dans notre agriculture les bienfaits des sciences, et ce ne sera pas en vain que nous aurons appris à analyser les terres. L'irrigation est ce qui nous embarrasse : nous savons bien ce qu'il faut faire, mais c'est la manière de *le faire le mieux possible* qui nous manque, d'autant que nous voulons convertir nos prairies basses en *luzernières*, ce qui complique le problème. Ce serait un jeu pour un habitant de la Lombardie, mais la pratique de ce bel art manque à ce pays-ci.

» Nous ferons pourtant quelque chose, et quelque chose de bon. Nous avons de nombreuses fontaines, et nous voulons que toutes soient ombragées par des *magnolias*. Partout où une source se montrera sur nos coteaux ou dans nos prairies, là un *grandiflora* viendra l'abriter et l'embaumer. Nos *deux moulins* joueront un rôle dans notre exploitation, et c'est pour cela que je désire donner à *ces deux machines* tout le degré de perfection dont elles sont susceptibles. Invitez M. A*** à entrer dans le premier moulin qu'il trouvera sur son chemin, et à descendre dans le premier moulin qu'il verra établi sur un ruisseau. La science n'a encore fait aucune visite à ces importantes usines, et quand elle voudra descendre jusque-là, elle rendra un service immense à la société. Nous avons le luxe des sciences, il nous reste à les approprier à nos besoins journaliers.

» M. Lavoisier avait découvert la décomposition et la recomposition de l'eau, et par conséquent détrôné ce prétendu élément, longtemps avant que M. Chaptal eût révélé aux arts la fabrication du *rouge d'Andrinople* qui nous a affranchis d'un tribut que nos manufactures payaient au commerce étranger. Ce n'est pas à un élève de la *savante école* que j'ai besoin de démontrer la véritable gloire attachée à l'application des sciences aux arts; il sait mieux que moi que l'immortel Pascal s'honorait d'avoir inventé la *brouette* à voiturer les hommes.

» Nous aimons à penser que vous recevez de nos nouvelles alors que nous sommes privés des vôtres; l'opinion contraire nous désespérerait. Nous habitons souvent avec vous, et je suis sûr que nous sommes souvent en communion de pensées, comme nous sommes toujours en communion de sentiments. »

Ce n'est que le 19 septembre qu'ils purent désigner leur défenseur. Ils désignèrent M. Ravez et lui firent passer un nouveau billet pour l'en prévenir.

Le 20, dans la soirée, ils reçurent de M. Ravez la réponse dont il s'agit dans la lettre suivante. Cette réponse n'a jamais été retrouvée : on en comprend la raison.

« *A Monsieur Ravez, jurisconsulte.*

» MONSIEUR,

» Votre billet d'hier matin nous fut porté par l'ordonnance qui avait été chargée de notre lettre, et fut lu par M. le capitaine rapporteur, en même temps que par moi. J'écrivis sous ses yeux ma seconde lettre, comme j'avais fait la première; il la cacheta et vous l'envoya par la même ordonnance, qui vint de sa part nous dire au fort du Hâ, où nous étions rentrés, que nous aurions de vos nouvelles dans l'après-midi.

» Nous avions quitté le cabinet de M. le capitaine rapporteur à trois heures et demie, et nous avions remis, d'accord avec lui, jusqu'après notre conférence avec nos conseils, la désignation des témoins que nous voulions faire appeler.

» A huit heures du soir, M. le capitaine rapporteur entra dans notre prison, accompagné des guichetiers et du concierge, celui-ci tenant une lettre à notre adresse, dont l'enveloppe était souscrite de votre main. M. le capitaine rapporteur nous aborda avec ces mots : « F..... ! messieurs, voulez-vous me donner la liste de vos » témoins ? Mon ordonnance attend depuis trois » heures, et je veux qu'elle arrive demain à La » Réole. Quelque chose que vous fassiez, vous » serez jugés vendredi; ainsi, f..... ! je vous en » préviens.

» — Mais, Monsieur le rapporteur, vous nous avez » permis de conférer avec notre conseil avant » cette désignation. Et on nous remet au moment » même, et je n'ai pas encore ouvert la lettre qui » doit nous fixer sur le choix de notre défenseur.

» — Eh bien, f..... ! que dit cette lettre de » M. Ravez ? »

» Je l'ouvris et en lus tout haut les premières lignes.

» Dès que je vis la nature des raisons qui vous forçaient à vous abstenir de nous prêter votre appui, je m'arrêtai; mais les mots *me forcent* avaient été prononcés : M. le rapporteur me pressa de continuer ma lecture. Je m'y refusai. Il me dit que s'il avait voulu lire votre lettre malgré moi, il l'aurait décachetée avant de me la rendre. Je lui répondis qu'il aurait ajouté par là un attentat à ceux dont nous sommes l'objet depuis quelque temps. Il voulut appuyer quelques assertions sur votre compte, par sa parole d'honneur. Nous lui opposâmes, comme nous l'avions fait quelques heures auparavant à M. le major de la Bouterie et à lui, votre caractère trop connu, trop éprouvé, pour que leurs allégations puissent jamais prévaloir contre une grande réputation si légitimement acquise. M. le rapporteur nous obligea de lui donner sur-le-champ les noms de nos témoins : nous les lui donnâmes sans avoir le temps de nous recorder pour le choix.

» Ce capitaine rapporteur ne nous cacha pas, dans la conversation d'hier matin, qu'il demanderait contre nous la peine capitale.

» Voilà, Monsieur, où nous en sommes.

» Nous allons tomber sous la hache qu'on aiguise depuis deux mois pour nous frapper. Nous tomberons avec le sentiment de notre innocence, mais avec le regret profond de laisser un nom chargé de toutes les iniquités dont il plaira à ces messieurs et à leurs auxiliaires de doter notre conduite. Si la combinaison de leurs efforts est parvenue à enchaîner votre âme indépendante et vertueuse, quels succès n'auront-ils pas sur les défenseurs que nous pourrions prendre? Nous n'avions qu'un patron : ils nous l'ont arraché, c'est nous avoir condamnés à mort. Nous saurons y marcher avec la fermeté que vous devez attendre d'hommes que vous honorâtes de votre amitié. Nous ne démentirons pas, dans nos derniers moments, l'estime que vous nous avez accordée. Nous emporterons votre souvenir, et ce sentiment suffirait pour nous donner des forces, si nous ne les trouvions dans notre cœur.

» Et nous sommes innocents.....

» Et les faux témoignages les plus maladroits en même temps que les plus audacieux, nous conduiront à une mort ignominieuse, quand la voix d'un homme énergique et habitué au genre d'argumentation que ces discussions exigent pourrait démasquer la calomnie et faire crouler l'échafaudage bâti pour nous tuer !

» Nous vous conserverons jusqu'à la fin les sentiments de la plus haute estime et d'une tendre reconnaissance.

» Cr Faucher, Ch Faucher.

» Le 20 septembre 1815. »

« Ces paroles si tristes, si résignées, dit Vaulabelle, étaient un dernier appel au sentiment du devoir ; leur ami n'eut pas le courage de désobéir aux ordres iniques qu'il avait reçus ; il garda le silence ! (1) »

(1) Le capitaine Monneins écrivait aux deux frères : « Je sors de chez M. Ravez que j'ai supplié de vouloir bien prendre votre défense, comme il vous l'avait promis ; mais il m'a montré une lettre du comte de la Porterie qui lui intimait l'ordre du gouverneur Vioménil de ne point se mêler ni directement ni indirectement de vos affaires. Lui ayant fait observer que sa réputation, son caractère et son attachement connu pour le roi devaient le mettre au dessus de toute crainte, il m'a répondu sèchement qu'il ne pouvait en aucune manière vous défendre, vu les circonstances présentes. »

— Sous la Restauration, M. Ravez devint président de la Chambre des députés, comte et premier président de la Cour royale de Bordeaux.

César et Constantin se croyaient d'autant plus autorisés à demander à M. Ravez de les défendre, que depuis quelques années, ils vivaient avec lui dans une sorte d'intimité.

Voici une de leurs lettres à M. Ravez et la réponse de celui-ci :

« *A Monsieur Ravez.*

» Les liens d'attachement et de parenté ne dispensent pas d'être juste, et la restitution est de devoir rigoureux envers ses proches et ses meilleurs amis. Or, nous avons retrouvé dans nos vieux débris une agate onyx d'un travail exquis qui appartient évidemment à M. Ravez : elle est du temps de Démosthènes et représente la tête d'Homère. Cette image du prince des poètes, produite dans le siècle et dans le pays du prince des orateurs, s'était bien fourvoyée en s'arrêtant chez nous. Elle arrive aujourd'hui à son adresse. Que M. Ravez veuille bien ne pas y méconnaître ses titres de propriété et nos obligations. C'est le désir et l'espérance de deux jumeaux qui disent de lui ce que les Grecs disaient du chantre d'Achille : Il échauffe, il éclaire, et personne ne s'avise d'en être jaloux.

» Nous, etc.

» César Faucher, Constantin Faucher. »

« Messieurs,

» Errant dans la Grèce qu'il enchantait par ses beaux vers, Homère trouva quelquefois sans doute un mauvais gîte. Les dieux de sa patrie furent eux-mêmes exposés à ce malheur. Le même sort lui était réservé en France, et je redoute pour moi ses imprécations contre Cumes. Mais aussi pourquoi lui donner mon adresse au sortir de chez vous ? Le prince des poètes regrettera son dernier logement ; et j'aurais trop à rougir devant lui si vous lui aviez lu la lettre aimable dont il était porteur et que j'ai si peu méritée.

» Dans l'humble milieu où m'a placé le hasard, je ne suis qu'un soldat et je n'ai que du zèle. Voilà mes seuls et faibles titres que l'indulgence de l'amitié et une sorte de partialité de famille (1) savent ennoblir, comme elles se plaisent à exagérer mes services. Du moins j'essaierai de suppléer aux qualités que je n'ai point, *par un attachement sincère envers les deux jumeaux* admirateurs de mon nouvel hôte, et aux obligations qu'ils ne me doivent point, par le désir *de leur être utile.*

» Daignez, Messieurs, en agréer l'assurance avec mes remerciments et les affectueuses civilités de celui qui est tout à vous.

» Auguste RAVEZ. »

» 12 novembre 1813.

César et Constantin s'adressèrent à de Martignac auquel ils avaient rendu des services. Il était en ce moment dans le département de Lot-et-Garonne : il ne répondit même pas, lui qui naguère écrivait des lettres dans ce genre :

Au général Faucher, palais des Consuls, pavillon de Flore.

Il y a une heure que je vous ai quitté, mon cher général, et je reviens vous trouver; j'espère que c'est une passion violente que vous m'avez inspirée, puisqu'elle ne permet pas que je reste éloigné de vous plus longtemps, sans avoir recours à mon esprit pour soulager mon cœur :

Du feu que vous avez fait naître
Vous avez là l'effet touchant;
Pourriez-vous ne pas reconnaître
Que c'est à ce beau sentiment
Que vous devez ce bout de lettre ?
Lisez; dans un petit moment,

(1) M. Ravez n'était pas leur parent; la mère de Mme Ravez était mariée avec un parent de la famille Faucher.

Malgré cet attendrissement
Que dans vos yeux je vois paraître,
Vous me trouverez plus, peut-être,
Intéressé qu'intéressant.

Voici le fait : Je n'ai point de nouvelles de Bordeaux. Je viens de chez Mme Caseaux qui m'a renvoyé jusqu'au 18. Je suis épuisé par l'endroit le plus sensible ; mon galant hôte ne veut plus me donner à dîner.

Or, dîner, vous le savez bien,
Est une chose indispensable.
Aimer est un bien délectable,
Sans qui les autres ne sont rien.
Mais, sans la table, sans le vin,
Malgré les héros de la fable,
L'amour peut s'en aller au diable ;
Un amant, quand il meurt de faim,
N'est point un amant agréable.

Vous, mon général, qui voulez que je sois aimable, vous me prêterez quelques-uns de vos moyens. Je ne suis pas exigeant ; ce n'est pas vos moyens d'éloquence, ce n'est pas vos moyens de science, ce n'est pas vos moyens de plaire, que je demande : c'est un peu de vos moyens d'existence.

En style bourgeois, je vous prie d'avoir la bonté de m'avancer la petite somme de six louis que je vous rendrai le 18, ou pour lesquels je vous donnerai un billet sur Bordeaux, à votre choix.

Pardon si je vous dérange,
Et vous fais perdre du temps ;
Mais à la fleur de ses ans,
Aller devenir un ange,
Parce que des insolents
Ne veulent pas que l'on mange,
La chose serait étrange.
Lorsque l'on a des amis,
On leur dit : Je vous en prie,
Sauvez, sauvez-moi la vie !

....

Faut-il que je vous annonce
Que j'attends votre réponse?

Serviteur.

MARTIGNAC fils.

Au général Faucher, au Palais consulaire, à Paris.

Paris, le 6.

Puisque la langue d'Apollon
Est la seule qui vous convienne;
Puisque montée à ce haut ton,
Votre oreille ne peut qu'à peine
Entendre un vulgaire jargon;
Puisqu'en buvant l'eau de la Seine,
Vous vous croyez encor dans le sacré vallon,
A boire de l'eau d'Hippocrène;
Je vais m'arranger de façon
Qu'enfin il faudra que j'obtienne,
Peut-être un oui, du moins un non.
O vous, au Parnasse mon maître,
Mon général, au champ d'honneur,
Mon voisin, dans le lieu qui tous deux nous vit naître,
Et mon ami, dans le fond de mon cœur;
C'est déjà la troisième lettre
Que dans l'espace de trois jours,
Imprudent, importun, peut-être,
Mais comptant sur votre secours,
J'ai, par mon jockey, fait remettre.
J'ai, dans ces trois jours, eu l'honneur
De me rendre deux fois moi-même
Au palais où votre grandeur
A placé son trône suprême.
Mais hélas! le destin jaloux
A fait chaque effort inutile.
Rien ne peut obtenir de vous

Un mot qui me serait plus doux
Que de la part d'un autre mille.
Je pense qu'il n'est pas besoin
De vous répéter ma demande;
La crainte de mon cœur est loin :
Votre âme est trop noble et trop grande
Pour que je ne sache pas bien
Que ce serait une injustice
Que de jamais ajouter rien
Quand on vous demande service.
Sans donc vouloir vous répéter
Mon instante et vive prière,
Je me contente d'ajouter
Que mon laid commissionnaire
Mérite confiance entière
Et que sur lui l'on peut compter.

E. Martignac.

César et Constantin firent demander par Anaïs à un autre avocat, un ami d'enfance, Gergerès, de vouloir bien les défendre. Les prières et les larmes de la brave enfant ne touchèrent point Gergerès. Les deux frères, ne pouvant croire à un refus définitif, écrivirent à leur nièce de retourner auprès de lui et de lui remettre une lettre d'eux.

« *César à Mademoiselle Anaïs Faucher.*

» Ma bonne Anaïs, nous vous envoyons une seconde lettre pour M. le capitaine rapporteur; mais portez-lui celle pour M. Gergerès. Envoyez une voiture cette nuit chercher M. Gergerès, à sa campagne. Il est impossible qu'il nous refuse de venir, quand il s'agit de notre tête. »

« *César à Mademoiselle Anaïs Faucher.*

» Du 21 septembre.

» Nous ne pouvons pas consentir, ma chère Anaïs, à prendre un autre défenseur que M. Gergerès. Sa présence seule nous défendra et ses conseils les plus rapides nous vaudront mieux que le parlage de tous les autres. Pour Dieu, ou ce qui vaudra autant, pour vous, au nom de votre tendresse pour vos meilleurs amis, allez, retournez dès ce soir chez M. Gergerès et ramenez-le en voiture.

» Quand nous ne le verrions que demain matin, nous sommes contents.

» Mon frère écrit à la hâte une lettre au capitaine rapporteur, pour lui demander de nommer M. Gergerès d'office. Cependant, vous sentez qu'il faut avoir la nomination de M. Émerigon. Ces deux nominations mettront, peut-être, M. Gergerès plus à son aise; mais faites sur tout cela ce que vous dira votre aimable guide.

» Adieu, c'est bien de tout le cœur que nous vous embrassons, lui et vous.

» Je vous le répète encore, retournez à la campagne, et ramenez-nous notre sauveur.

» Les papiers que vous venez de nous envoyer nous sont très utiles.

» Ramenez-nous notre sauveur. »

« *A Monsieur Gergerès, jurisconsulte.*

» MONSIEUR,

» Deux de vos anciens amis vous appellent, et demandent vos conseils pendant quelques moments. On ne leur donne que peu d'heures pour préparer leur défense ; ils vous attendent : vous lirez, vous les entendrez; si à la vue des charges et des dépositions, vous avez des doutes sur un seul fait, et que nous ne les levions pas à l'instant, vos amis ne demanderont pas à l'amitié des soins dont la conscience ou la délicatesse aurait à souffrir.

» Notre nièce vous porte cette lettre.

» Cr FAUCHER, Cn FAUCHER.

» 20 septembre 1815. »

« Nous avons été interrogés hier, et nous serons jugés après-demain par un conseil de guerre.

» 21 septembre 1815. »

Gergerès ne répondit pas plus que Martignac; il resta à la campagne.

Enfin, ils demandèrent encore à deux autres avocats, Émerigon et Desgranges-Bonnet, de les défendre devant le conseil de guerre.

« *César à Mademoiselle Anaïs Faucher.*

» Ma bonne petite, nous souffrons une fois plus pour vous que pour nous. Nous sommes véritablement affligés que M. Gergerès ne vienne pas; mais nous nous résignons; nous demandons à M. Desgranges-Bonnet.

» M. Gergerès n'eût-il fait que de paraître au tribunal, nous aurions été rassurés. Il faut y renoncer puisqu'il ne veut pas venir.

» Adieu, bonne amie; nous vous aimons bien.

» Si vous préférez demander la nomination d'office de M. Desgranges à M. Émerigòn, allez-y en notre nom; mais consultez toujours M. Gergerès fils.

» César FAUCHER.

Émerigon et Bonnet refusèrent.

L'échange des lettres qui suivent prouve à quels procédés scandaleux on avait recours pendant ce temps pour bâillonner les deux frères et les mettre dans l'impossibilité de préparer leur défense.

« *A Monsieur le major de la Bouterie.*

» MONSIEUR,

» Le 12 septembre, nous vous avions confié, *sur votre parole de nous les rendre dans un moment*, treize lettres que vous nous avez demandées, pour donner à M. le gouverneur la preuve que vous y voyiez, que c'est par un défaut d'attention qu'il avait pu croire que quelques lettres de notre correspondant nous étaient parvenues, sans au préalable avoir été lues par lui Nous sommes au 20 septembre, et malgré nos demandes répétées par écrit, auxquelles vous n'avez jamais répondu, ces treize lettres ne nous ont point été rendues.

» Ce même jour, 12 septembre, vous nous avez autorisés à vous envoyer, *ouvertes*, les lettres que nous écrivons à notre famille, et nos lettres d'affaires d'intérêt : vous nous avez assuré qu'elles seraient remises à leur adresse; qu'on allait nous rendre toutes les lettres retenues jusque-là, et que nul manque ni retard n'aurait dorénavant lieu dans notre correspondance, par le fait de l'autorité; que telle était la volonté du gouverneur. D'après cela, nous vous avons adressé, et vous avez reçu nos lettres ouvertes.

» Pas une n'est parvenue à son adresse.

» Depuis cet engagement, pris par vous au nom du gouverneur et au vôtre, de rendre toute liberté à notre correspondance à lettres ouvertes, elles ont été prises et retenues, et il n'a plus existé de correspondance pour nous.

» Nous ne chercherons point de terme propre à caractériser cette conduite; mais c'est à vous, monsieur, qui, *major*, êtes nommé, nous avez-vous dit, adjoint à notre capitaine rapporteur dans l'affaire qu'on attise contre nous, devant un conseil de guerre; c'est à vous, qui nous dîtes hier, lors de notre interrogatoire, pour lequel vous vous joigniez au capitaine rapporteur, que vous aviez montré à l'autorité toutes nos lettres, réclamant la restitution des treize lettres confiées à votre honneur, et que, sans motif, l'autorité vous avait refusé de les rendre; c'est à vous que nous adressons notre réclamation en ces termes :

» Notre correspondance n'appartient point à l'autorité. Il lui appartient, ou elle s'arroge le pouvoir, de l'arrêter, de la lire, de la surveiller; mais alors même c'est un dépôt sacré dans ses mains, si quelque chose y a ce caractère. Nous vous requérons et sommons de nous faire remettre sur-le-champ, ou de faire inscrire sans délai au procès, toutes les lettres, tous les billets écrits par nous ou à nous, et cela comme pièces à charge. L'autorité n'a pu les retenir qu'en ce cas. C'est une voie légale que la pudeur publique laisse à l'autorité pour nous les rendre : et celle-là constatera encore, par surabondance, une mesure d'oppression, un nouveau déni de justice.

» Chaque instant, depuis trente heures, continue à nous montrer tant d'oubli des lois envers nous, tant de soins pour empêcher notre défense, et une suite de conduite de l'autorité qui, hier au soir encore, a essayé, par des outrages, de nous porter à des représailles qui pussent justifier des mesures de rigueur propres à nous priver de tout moyen de faire voir la vérité, et à nous bâillonner dans notre défense, que nous ne pouvons pas nous regarder comme étant en présence de l'impartialité.

» Nous avons, etc.

» C[r] Faucher, C[n] Faucher.

» 20 septembre 1815. »

« *A Monsieur le capitaine rapporteur.*

» MONSIEUR,

» Dans le peu de moments que vous laisse la détermination de nous traduire devant un conseil de guerre, soixante heures après nous avoir entendus pour la première fois, et sans nous donner le temps de faire venir les preuves nécessaires, dont la plus près est à dix postes de Bordeaux; quand cependant l'autorité accusatrice nous a tenus cinquante et quelques jours au secret, arrêtant notre correspondance, même celle autorisée par elle-même, et nous ayant mis et tenus ainsi dans l'impossibilité de prévoir un chef quelconque d'accusation, et de nous précautionner des moyens de le détruire; quand surtout l'autorité militaire qui, en prétendant nous juger, avait le devoir de s'abstenir de tout point de contact avec le défenseur désigné, voulu par nous; quand cette autorité est tellement intervenue, ce nonobstant, dans nos rapports avec cet homme plein d'honneur et de sentiments élevés, qu'il a été forcé de nous refuser son appui; dans cet état de choses, nous vous demandons de changer la consigne mise contre nous au fort du Hâ, ne nous permettant de voir que notre nièce et M. Ravez. Il ne peut ni ne doit y avoir d'exception pour nous dans les mesures qu'ordonne la loi; nous demandons à être traités comme les autres prévenus dans notre position.

» Puisque le défenseur de notre confiance est forcé de ne pas nous défendre, et dans le doute quel est celui, quels sont ceux qui, appelés par nous, voudront venir auprès de nous ; dans le besoin où nous sommes aussi de consulter, pour suppléer des preuves qu'on ne veut pas nous laisser le temps de nous procurer, et quand on nous prive ainsi de moyens de défense; nous demandons que, comme tous les autres prévenus dans notre position et sans exception à notre détriment, réprouvée par la loi et par la morale publique, il soit donné pour consigne au fort du Hâ de nous laisser parler aux personnes qui, appelées par nous ou reconnues par nous, se présenteront pour nous être utiles.

» Nous n'avons pas quarante heures d'ici à notre jugement, et nous n'avons ni défenseurs pour nous, ni à notre disposition les pièces accusatrices que nous devons pourtant connaître à l'avance, pour en démontrer la calomnie.

» Nous avons, etc.

» Cr Faucher, Cn Faucher.

» 20 septembre 1815. »

« *L'adjudant-commandant, chef de l'État-Major de la 11e division militaire,*

» *A Messieurs Faucher frères.*

» Messieurs,

» Votre lettre de ce jour, dont M. le rapporteur vient de me donner lecture, et dans laquelle vous dites que le défenseur que vous avez choisi [1] *est forcé de ne pas se charger de votre défense,* m'engage à vous déclarer que jamais il n'a existé, de la part de l'autorité militaire, aucune prohibition de cette espèce.

» Je vous salue.

» Comte DE LA PORTERIE. »

« *A Messieurs Faucher.*

» MESSIEURS,

» Vous avancez, dans la lettre que vous m'avez adressée hier, 20 du courant, que l'autorité est tellement intervenue dans vos rapports avec le défenseur que vous aviez choisi, qu'il a été forcé de vous refuser son appui.

» Cette assertion, messieurs, est contraire à la vérité, et vous le savez mieux que personne. Mais il y a plus, elle est essentiellement calomniatrice; et je dois, comme rapporteur du conseil par lequel vous devez être jugés, vous sommer, ou de m'en faire parvenir sur-le-champ le désaveu formel, ou de me faire connaître la raison et les motifs sur lesquels vous l'appuyez. J'attends votre réponse. Elle réglera la conduite que j'aurai à tenir dans cette circonstance.

» Je ne dois pas perdre au surplus cette occasion de vous donner par écrit, ainsi que je l'ai déjà fait

(1) M. Ravez.

plusieurs fois verbalement, l'assurance que vous pouvez choisir tel défenseur que vous jugerez convenable, et que vous êtes autorisés, comme vous n'avez jamais cessé de l'être, à jouir, sous ce rapport, de toute la liberté et de tous les avantages que la loi vous accorde.

» Vous devez comprendre, messieurs, qu'il importe que la réponse que j'attends de vous me parvienne sous le plus bref délai.

» J'ai l'honneur de vous saluer.

» *Le Capitaine rapporteur,*
» Le chevalier DE RICAUMONT. »

« *A Monsieur le capitaine rapporteur.*

» MONSIEUR LE CAPITAINE RAPPORTEUR,

» Nous recevons au moment même votre lettre de ce jour, et elle aurait le droit de nous étonner, si les procédés qu'on a avec nous depuis près de deux mois laissaient encore à quelque chose le droit de nous surprendre.

» Votre lettre est simulée répondre aux lettres que nous eûmes l'honneur de vous écrire hier au soir, et vous nous aviez déjà répondu ce matin. Vous étiez, il y a quelques heures, auprès de nous.

» Vous nous avez demandé si nous avions reçu de bonne heure cette lettre, et puis vous nous avez demandé, de la part de M. le comte de la

Porterie, la copie de la lettre que nous reçûmes avant-hier au soir de M. Ravez, et que vous accompagnâtes dans notre chambre. Nous vous avons refusé cette copie, que le même sentiment qui justifie le refus aurait dû empêcher de faire demander.

» Vous avez alors, devant nous, intimé l'ordre au concierge, de la part de M. le comte de la Porterie, de ne plus laisser entrer notre petite-nièce, de ne pas nous laisser sortir de notre chambre (de laquelle nous ne sommes sortis qu'hier avec votre permission et celle de M. le major de la Bouterie, pour rester renfermés dans le greffe, donnant des ordres successifs à notre petite-nièce, seule personne qui soit arrivée jusqu'ici auprès de nous, et qui n'y a paru que ce jour et un moment la veille; elle recevait de nous les renseignements propres à nous trouver un défenseur). — Vous avez ordonné qu'on fît entrer notre conseil dans notre chambre, où nous n'avons ni chaises, ni table; et tous les autres détenus, sans exception, parlent à leurs conseils dans le greffe, ou dans le petit jardin qui y tient.

» Nous le répétons, c'est vous, monsieur, qui accompagnâtes dans notre chambre, à neuf heures du soir, avant-hier, la lettre que nous écrivait M. Ravez; vous aviez lu et cacheté vous-même les deux lettres que nous lui avions écrites dans la matinée, et vous lûtes en même temps que nous la première réponse qu'il y fit.

» Vous nous demandâtes avec un emportement que rien ne justifiait, et *d'étranges expressions*, de vous lire cette dernière lettre : j'en brisai le cachet, et en lus les premières lignes à haute voix. Quand je vis l'impression qu'elles vous faisaient, je dus me taire. Vous insistâtes et voulûtes me contraindre à continuer ma lecture. Je persistai à m'en défendre. Vous me dîtes que si vous aviez voulu lire cette lettre malgré moi, vous l'auriez décachetée avant de me la rendre. Vous savez ce que je vous répondis. Vous voulûtes appuyer de votre parole d'honneur quelques assertions contre M. Ravez. Nous y opposâmes, avec toutefois les égards qu'on n'a pas toujours eus pour nous, la haute réputation d'un homme qui l'a élevé au dessus de toutes les atteintes.

» Mon frère et moi avions employé de semblables moyens pour écarter, le matin même de ce jour, les doutes que M. le major de la Bouterie et vous, aviez voulu nous donner sur la loyauté du caractère de M. Ravez. Dès ce moment, et avant ce moment, M. de la Bouterie et vous, connaissiez les raisons alléguées par M. Ravez, puisque vous aviez ouvert les lettres qu'il nous avait écrites et que vous les lui aviez renvoyées, en lui fixant les étroites limites qu'il ne devait pas franchir, en lui dictant, pour ainsi dire, sa réponse.

» Nous bornons ici la nôtre, monsieur; nous attendrons l'effet de vos menaces.

» Nous avons l'honneur de vous saluer.

» Cr Faucher, Cn Faucher.

» Au fort du Hâ, le 21 septembre 1815. »

« *A Monsieur le major de la Bouterie.*

» Monsieur,

» Le secrétaire de M. le capitaine rapporteur nous porta hier au soir, au moment où nous étions déjà en chemise pour nous jeter sur notre paille, les lettres de notre nièce, que nous vous avions confiées, il y a *onze* jours, et de petits billets retenus par ordre de l'État-Major, quoique remis *ouverts* à la grille, et se bornant à nous demander ce que nous voulions pour notre dîner, etc. ; mais ce n'est, permettez-moi de vous le dire, monsieur le major, qu'un semblant de restitution, et des gens d'honneur ne donnent ni ne reçoivent de *semblants*.

» Vous avez reçu de nous des lettres *ouvertes* pour notre nièce, avec promesse de votre part de les lui faire parvenir : vous ne l'avez pas fait.

» Nous vous demandons de nous rendre ces lettres, ainsi que les numéros 3, 4, 5, 6, 7 et 8, qu'on avait retenus à l'État-Major, quoique envoyés ouverts et adressés également à notre nièce.

» Vous avez pris, le 12 de ce mois, l'engagement de nous les renvoyer, et nous réclamons plus directement de vous encore les numéros 1, 2, 3, 4, 5 et 6, que vous avez reçus de moi.

» Ce numéro 6 vous a été remis par moi-même le jour de mon interrogatoire. J'ai besoin de ces lettres pour ma défense. S'il y en a à charge, faites-les joindre aux pièces, et que mon conseil et moi puissions en prendre communication; celles qui vous sembleront insignifiantes sont par cela même d'une nécessité indispensable dans ma défense.

» C'est ce que vous n'entendez pas peut-être: mais c'est au tribunal que j'ai le droit de m'en servir, et je ne me fatiguerai pas à vous en expliquer les moyens. Je vous prie de nous faire cette double restitution dans le jour. C'est demain que vous nous traduisez devant le conseil de guerre.

» J'ai l'honneur de vous saluer.

» César Faucher.

» Fort du Hâ, le 21 septembre 1815. »

Quelques heures séparaient à peine les deux victimes de leur comparution devant le conseil de guerre. Ils demandèrent qu'on leur nommât un défenseur d'office.

« *A Monsieur le capitaine rapporteur.*

» Monsieur,

» Nous vous prions de nommer *d'office* pour nos défenseurs, MM. Gergerès père, et Desgranges-Bonnet, jurisconsultes.

» Dans les circonstances où nous nous trouvons placés, nous croyons devoir demander cette *nomination d'office.*

» Nous avons l'honneur de vous saluer.

» Constantin Faucher.

» 21 septembre 1815. »

Le chevalier de Ricaumont répondit :

« *A Messieurs Faucher frères.*

» Bordeaux, 21, 9 heures du soir.

» MESSIEURS,

» Je vous envoie la lettre demandée (1).
» Je vous salue.

» Le chevalier DE RICAUMONT. »

« *A Monsieur Desgranges-Bonnet, jurisconsulte.*

» Bordeaux, le 21, à 9 heures du soir.

» MONSIEUR,

» J'ai l'honneur de vous prévenir que je vous ai nommé d'office défenseur des sieurs Faucher frères. Je viens à l'instant de recevoir d'eux une lettre qui me témoigne leurs désirs à cet égard. Le conseil de guerre est convoqué pour demain matin, 22, à sept heures.

» J'ai l'honneur, monsieur, de vous saluer avec une considération distinguée.

» *Le capitaine rapporteur du premier conseil de guerre permanent de la 11e division militaire,*

» Le chevalier DE RICAUMONT. »

Cette lettre ne fut pas remise à son destinataire. — Qu'importait? Au milieu de la nuit, on nom-

(1) Celle qui suit.

mait un avocat d'office pour le lendemain ! Quelle monstrueuse dérision !

Dans cette même soirée, César et Constantin avaient écrit au gouverneur de Vioménil :

« *A Monsieur le comte de Vioménil,*
» *Gouverneur de la onzième division militaire.*

» MONSIEUR LE GOUVERNEUR,

» C'est en votre nom, et de par votre autorité, qu'on nous dénie la justice, qu'on nous prive de nos moyens de défense, dans l'accusation capitale portée contre nous. C'est donc à votre autorité que nous devons recourir pour faire cesser les mesures tyranniques qui pèsent sur nous depuis plus de cinquante jours, qu'on aggrave incessamment, et avec lesquelles on veut nous conduire à la mort dans peu d'heures.

» Nous demandons à Votre Excellence de nous faire traduire sur-le-champ devant elle, pour qu'elle ne puisse pas encourir le reproche que, sous son commandement, on nous a menés à la mort, après nous avoir fait souffrir par ses ordres, et en nous bâillonnant dans notre défense.

» Votre Excellence saura de nous des vérités qu'on lui cache sans doute.

» Nous sommes, etc.

» Cr FAUCHER, Cn FAUCHER.

» Au fort du Hâ, 21 septembre 1815.

» Mademoiselle Anaïs Faucher, notre petite-nièce, vous remet cette lettre. »

— « Victimes d'une lâcheté sans exemple, ces » hommes dont la vie était une carrière toute » d'honneur et de loyauté; pour lesquels la » fortune reçue de leurs pères n'était qu'une » sorte de dépôt qu'ils restituaient en bienfaits » répandus autour d'eux; ces patriotes qui avaient » mis leur influence au service des proscrits de » tous les régimes; ces hommes ne purent » trouver dans Bordeaux, ville peuplée de » légistes, un seul avocat qui consentît à venir » les défendre contre l'accusation de crimes » purement imaginaires ! (1) »

Aussi le poète Dupaty a-t-il pu dire dans son poème des *Délateurs* :

Deux frères, compagnons de supplice et de gloire,
Unis par le berceau, la tombe et la victoire,
Trouvèrent cent bourreaux et pas un défenseur !

(1) Vaulabelle. *Histoire des deux Restaurations.*

XIV

César et Constantin se présentèrent seuls devant le conseil de guerre.

Le capitaine Monneins leur avait écrit :

« J'apprends que l'un de vous est dangereu-
» sement malade. Si votre santé ne vous permet
» pas de vous défendre, je ne suis pas orateur,
» mais ma faible voix suffira, je l'espère, pour
» prouver votre innocence. Ainsi, je vous défen-
» drai, si vous daignez accepter mes faibles
» services. »

Et sans attendre la réponse il poussa l'héroïsme de l'amitié jusqu'à demander l'autorisation de défendre les deux frères. On l'enferma au château Trompette, et il ne fut remis en liberté que le lendemain de l'exécution.

Le 22 septembre, le 1er conseil de guerre permanent de la 11e division militaire, convoqué par le comte de Vioménil, lieutenant général, s'assembla au château Trompette. Il était ainsi composé :

Le chevalier de Gombault, colonel de cavalerie, *président*;

Bontemps-Dubray, chef d'escadrons; Boisson, capitaine commandant le château Trompette;	*Juges.*

Montureux, capitaine adjoint à l'État-Major; Collas, lieutenant au 10e régiment de ligne; Moulinié, sous-lieutenant d'infanterie de ligne; Favre, sergent-major de la garde nationale d'élite;	*Juges.*

Dupuy, capitaine au 10e régiment de ligne, faisant les fonctions de *commissaire du roi*;

De la Bouterie, chef d'escadrons, adjoint à l'État-Major, *rapporteur*, nommé par le lieutenant général commandant la division, en remplacement de M. de Ricaumont, légitimement empêché; assisté d'Auguste Lamarque, *greffier*, nommé par le rapporteur.

Avant de quitter le fort du Hâ, César et Constantin écrivirent à Anaïs :

« *César à Mademoiselle Anaïs Faucher.*

» Du 22 septembre.

» Ma bonne amie, *** vous remettra cette lettre. Nous avons bien eu du plaisir à l'embrasser.

» Ayez une portion du courage que nous portons au conseil de guerre, et vous vous rassurerez. Nous avons calme dans la tête et sérénité dans l'âme. Le cœur ne nous manque pas et nous serons dignes de ce qui nous aime.

» Dans la bonne fortune, nous ne fûmes pas

fiers ; nous ne nous avilirons pas dans la mauvaise.

» Embrassez pour nous notre excellent ami. Je vous embrasse particulièrement comme je vous aime.

» Adieu, bien bonne, adieu. »

La populace qui, depuis la veille, stationnait à la porte du fort du Hâ, accueillit les deux prisonniers à leur sortie par des huées stupides qui devinrent bientôt des vociférations féroces. Une voiture devait les conduire au château Trompette ; mais la foule, lâche et cruelle, s'opposa à ce qu'on s'en servît, et l'autorité militaire obéit honteusement à sa volonté. Pendant tout le trajet, les deux frères furent en butte aux plus ignobles insultes qu'encourageait l'absence ou le silence de la police.

Dès que le calme se fut établi dans la salle du conseil de guerre, César lut d'une voix ferme la protestation suivante :

« Je déclare avant tout que je ne me regarde pas comme étant devant mes juges légitimes, n'entendant ni reconnaître, ni légitimer en rien, par une comparution forcée, l'irrégularité des mesures employées contre moi, me réservant au contraire expressément l'intégralité de mes droits de citoyen français et autres. J'en demande acte à Bordeaux, en entrant au tribunal de guerre, le 22 septembre 1815.

» *Signé :* César FAUCHER, Constantin FAUCHER. »

Après cette lecture, ils demandèrent un ajournement qui leur permît de se pourvoir de défenseurs.

Le conseil déclara que le *refus* des défenseurs et *l'impossibilité d'en trouver un*, avant sa réunion, ne pouvaient retarder la convocation ni la tenue de sa séance, en conformité de l'article 20 de la loi du 11 brumaire an V.

En conséquence, on passa outre aux débats.

Lorsque le président leur demanda leurs nom, prénoms, âge, profession, lieu de naissance et domicile, ils répondirent :

« Nous nous appelons César et Constantin Faucher, âgés de cinquante-six ans, citoyens français, natifs et domiciliés de La Réole, ne renonçant pas au bénéfice légitime qui résulte des grades et qualités que nous ont valus nos services et les blessures reçues à la défense de la patrie, mais déclarant que nous prenons habituellement le titre de citoyens français, car les autres ne sont, à nos yeux, qu'une désignation des fonctions dont on quitte les décorations en cessant de les exercer. »

On a vu plus haut les quatre chefs d'accusation qui avaient été retenus. L'interrogatoire fut une nouvelle édition des questions qui avaient été posées aux accusés par le procureur général; les réponses de César et de Constantin devant le conseil de guerre furent celles qu'ils avaient développées dans leur correspondance avec ce magistrat. Nous ne les reproduirons pas de nouveau.

Nous ne donnerons aussi que l'analyse des dépositions des témoins. Ils étaient presque tous de La Réole; tous avaient parfaitement connu les deux jumeaux; le plus grand nombre en avaient reçu des bienfaits. Leurs réponses, dictées par les questions elles-mêmes, furent presque toutes dans le sens de l'accusation. Avec elle, les uns dirent que Constantin, en qualité de maire de La Réole, avait fait enlever de la sous-préfecture trente-cinq bustes de Louis XVIII que César avait fait jeter dans la Garonne à Bordeaux; d'autres déclarèrent que, le 9 juin, on avait vu les deux frères parcourir les rues de La Réole, en costume d'officiers généraux, et proclamer Napoléon II empereur des Français; quelques-uns parlèrent de la fédération réolaise dont les accusés étaient les chefs et dont les membres montaient chez ces derniers la garde, pendant la nuit, et percevaient des taxes arbitraires; ils ajoutaient que, dans la nuit du 29 au 30 juillet, une patrouille de la garde nationale avait été interpellée d'un *Qui vive!* par un factionnaire placé dans la cour de la maison des deux frères; enfin, un petit nombre des témoins raconta que les accusés avaient fait arrêter un homme parce qu'il avait arboré un drapeau blanc : toutes choses qui étaient, suivant l'accusation, et les témoins l'approuvaient, capables de comprimer l'élan de fidélité de la population pour Louis XVIII!

César et Constantin éprouvèrent un sentiment pénible en entendant ces dépositions perfides et mensongères; mais ils furent plus particulièrement frappés au cœur en voyant, parmi les témoins à charge, le maire de La Réole, Arnaud de Peyrusse. Ils avaient été liés avec lui par une longue amitié; Mme de Peyrusse leur avait dû sa mise en liberté après le neuf thermidor, et Mme Lavaissière-Loubens, sa mère, leur devait la conservation de ses biens. Voici des extraits de deux lettres de cette dernière :

« *Au citoyen César Faucher.*

» C'est à vous, citoyen, que je dois la liberté de ma fille. Je viens vous en rendre mille actions de grâces; c'est un adoucissement à mes malheurs que d'alléger ceux de ma pauvre petite que je chéris et qui aime bien sa maman. Sa situation, dont elle ignore l'horreur, déchire mon âme; c'est de vous, cher citoyen, que j'attends des secours. Vous êtes juste, vous avez le cœur excellent; vous seriez assez généreux pour secourir un infortuné lors même qu'il aurait des torts contre vous; je dois donc m'attendre avec raison que n'en ayant qu'en apparence, vous voudrez revenir sur mon compte. »

« *Au citoyen César Faucher.*

» J'attends de vos soins obligeants, mon cher César, le succès de mes demandes. Rappelez-vous tous mes malheurs; ils ont été plus cruels que la mort même; rappelez-vous que vous êtes le parent de mes enfants, que leur père était votre parrain; enfin que vous servirez une famille qui n'a jamais connu l'ingratitude, qui n'oubliera jamais que ce fut vous qui la rendîtes à la vie. »

Si nous ne nous étions fait un devoir de ne rien avancer sans en avoir les preuves écrites, nous dirions, d'après les assertions de contemporains, que le maire de Peyrusse devait aussi aux deux frères la conservation de ses biens et sa radiation. On a même assuré qu'il en convint au conseil de guerre.

La déposition des deux officiers qui commandaient, Duclos, le détachement de nègres, et Warnet le détachement d'infanterie qui passèrent en bateau à La Réole le 22 juillet, fut une des plus importantes.

Ils déclarèrent qu'ils n'avaient nullement été sollicités par les deux frères de s'arrêter à La Réole; que seul le drapeau tricolore qui flottait à l'une des fenêtres de leur maison avait attiré leur attention et les avait décidés à débarquer. Ils dirent comment les généraux Faucher leur avaient fait donner des billets de logement. Ils racontèrent ensuite les scènes de désordre au milieu desquelles leurs soldats avaient abattu le drapeau blanc, affirmant que, non seulement les deux frères n'étaient pour rien dans cet acte, mais que même ils en avaient vivement blâmé les auteurs.

C'était aussi, d'après eux, pour faire cesser l'agitation qui s'était produite à La Réole depuis l'arrivée de leurs détachements, que Constantin les avait engagés à quitter la ville et, pour leur en fournir un prétexte, à aller se joindre, du côté de Marmande, au corps de partisans de Florian. Mais ils avaient bien compris que c'était pour se débarrasser d'eux et non pour les détourner de leur devoir.

Enfin Duclos et Warnet affirmèrent que les Faucher ne leur avaient ni conseillé ni ordonné de piller la maison Verduzan.

Pendant tous les débats, les deux accusés firent preuve de la plus grande énergie, de la plus rare fermeté. Ils soutinrent et démontrèrent, avec une étonnante présence d'esprit, que la plupart des inculpations flétrissantes dirigées contre leur honneur avaient été inventées par certains fonctionnaires, leurs ennemis personnels. Ils insistèrent longuement sur les difficultés que leur famille avait eues avec le procureur du roi de La Réole, J.-J. Dumoulin; ils montrèrent comment ces difficultés avaient fait naître à leur égard, dans l'esprit de ce dernier, d'abord une animosité évidente, puis une haine acharnée, dont tous leurs amis n'auraient pas, autrefois, hésité à témoigner. A cette occasion, ils retracèrent aussi les odieuses machinations dont ils avaient failli être victimes dans l'affaire du parc de Saint-Ferme.

C'est avec le plus grand calme, avec la plus parfaite dignité, qu'après avoir développé leurs moyens de défense, les deux frères s'élevèrent à des considérations générales et exposèrent tous les actes de leur vie comme fonctionnaires et comme soldats. Ils furent éloquents [1], les contemporains ont été unanimes à le reconnaître, surtout lorsqu'ils démontrèrent que les griefs de l'accusation visaient une conduite qui leur avait toujours été inspirée par le patriotisme. N'avaient-ils pas, dans tous les temps, exposé leur vie pour le salut du pays : en Vendée, où ils avaient reçu vingt-huit blessures; pendant les Cent Jours [2],

(1) Edmond Géraud, dans un livre qui a été composé avec les fragments d'un journal intime, c'est-à-dire avec des impressions notées chaque jour, dit : « M. Ravez n'a point défendu les frères Faucher; ce sont eux-mêmes qui ont plaidé leur cause ; ils ont été fort éloquents. » (*Un témoin des deux Restaurations*; page 297.)

(2) Aujourd'hui encore on rencontre des personnes qui acceptent sans contrôle une tradition représentant les frères Faucher comme ayant été bonapartistes. — On a pu voir, par leurs actes mêmes, que cette imputation ne reposait sur aucun fondement. En 1815, excepté dans l'armée, il n'y avait plus de bonapartistes. « L'opposition était générale, quoi qu'on vous en dise aujourd'hui; on ne rencontrait de bonapartistes dans aucune classe de la population, excepté dans les fonctionnaires publics. « Qu'il tombe et que la France se relève ! », tel était le mot d'ordre public, des anciens jacobins, des légitimistes et du peuple ! » (*Lamartine peint par lui-même,* page 7.)

Dans le même ouvrage (page 23), Lamartine raconte : « Lorsque le roi se retira à Gand, je fus un de ceux qui l'accompagnèrent jusqu'à Béthune. Il y eut là deux partis en présence : ceux qui voulaient émigrer à la suite du roi, et ceux qui, croyant leur devoir satisfait en ayant escorté le roi jusqu'à la frontière, répugnaient à la franchir. Je fus du nombre des derniers. *Plus de devoir hors de la patrie contre la patrie.* »

Mais *tout pour la patrie dans la patrie,* pensaient les frères Faucher; et c'est ainsi qu'ils avaient servi sous Napoléon pendant les Cent Jours !

en organisant la défense contre les envahisseurs de la patrie ?

Devant des esprits moins prévenus, les paroles ardentes et convaincues des deux accusés auraient fait rejeter sans hésitation les chefs si peu solides, si peu sérieux de l'accusation puisée seulement dans les mesquines questions qui animent toujours les partis politiques. Mais les royalistes qui les entendaient étaient aveuglés par la passion, dominés par leur haine, leurs préjugés ou leurs intérêts : il n'y avait plus de place dans leur raison pour un mouvement d'indépendance; il n'y avait plus de place dans leur cœur pour un sentiment d'humanité. Justice, patrie : ils ne voulaient pas, ils ne pouvaient plus comprendre.

César et Constantin le savaient; mais ils avaient voulu, jusqu'au bout, de leur mieux dans les conditions iniques où on les avait placés, défendre leur honneur, beaucoup plus que leur vie. Ce fut César qui parla le dernier en faisant à l'avenir un appel simple et touchant du jugement qui allait les frapper.

Citons ici un fait surprenant, unique dans les annales judiciaires. N'ayant eu que quelques heures dans la nuit pour préparer leur défense, les deux frères, pendant les débats, prenaient successivement la parole. Les auditeurs furent vivement surpris de voir avec quelle facilité chacun suivait les idées de celui qui cessait de parler. De la même taille, portant les mêmes vêtements, ayant le même son de voix, lorsque la fatigue contraignait l'un d'eux à s'asseoir, l'autre continuait aussitôt sa pensée, et le premier se taisait déjà depuis longtemps qu'on croyait encore l'entendre.

Le réquisitoire fut basé tout entier sur la lettre confidentielle écrite par les deux frères au général Clausel. La plus violente passion et la partialité la moins déguisée firent trouver au ministère public, dans cette pièce, des arguments et des commentaires dont le conseil n'avait certes pas besoin pour se former une opinion. Il conclut en appelant sur les deux accusés toutes les sévérités du Code.

Le conseil de guerre déclara à l'unanimité que César et Constantin étaient coupables :

1° D'avoir retenu contre la volonté du gouvernement un commandement qui leur avait été retiré ;

2° D'avoir commis un attentat dont le but était d'exciter la guerre civile et d'armer les citoyens les uns contre les autres, en réunissant dans leur domicile des gens armés, qui y faisaient un service militaire et qui criaient : *Qui vive!* sur les patrouilles de la garde nationale ;

3° D'avoir comprimé, par la force des armes et par la violence, l'élan de fidélité des sujets de Sa Majesté.

A l'unanimité aussi le conseil déclara non coupables César et Constantin d'avoir embauché pour les *rebelles* et détourné de leurs drapeaux les soldats du roi, en les engageant à se joindre à *la bande de Florian.*

Sur le réquisitoire du commissaire du roi, le conseil condamna à l'unanimité César et Constantin Faucher à la PEINE DE MORT, conformément aux articles 91 et 93 du Code pénal, ainsi conçus :

ART. 91. — « L'attentat ou le complot dont le but serait d'exciter la guerre civile, en armant et en portant les citoyens à s'armer les uns contre les autres ; soit de porter la dévastation, le massacre et le pillage dans une ou plusieurs communes, sera puni de la peine de mort. »

ART. 93. — « Ceux qui sans droit ou motif légitime auront pris le commandement d'un corps d'armée, d'une troupe, d'une flotte, d'une escadre, d'un poste, d'une ville, d'un port ;

» Ceux qui auront retenu, contre l'ordre du gouvernement, un commandement militaire quelconque, seront punis de mort. »

César et Constantin entendirent la lecture de leur jugement sans que leur visage trahît la moindre émotion. On put les voir seulement se prendre par la main et s'étreindre longuement avec effusion (1).

La loi accordait vingt-quatre heures aux deux condamnés pour se pourvoir en revision.

(1) Le *Mémorial bordelais* qui, depuis leur arrestation, n'avait cessé d'accabler les deux frères d'outrages et de calomnies, dit, dans son numéro du 24 septembre, « *qu'ils entendirent leur sentence avec une fermeté qui ne se démentit pas* ».

XV

César et Constantin, mis aux fers aussitôt après le jugement du conseil de guerre, refusèrent tout d'abord de se pourvoir en revision. Il fallut les instances d'Anaïs pour les décider.

Les accusés ne comparaissent pas devant le conseil de revision. Un avocat soutient les moyens de cassation; le commissaire du gouvernement défend le jugement attaqué, et le conseil prononce. Il fallut de nouveau chercher des avocats pour faire valoir les moyens de nullité que présentait la procédure. La première demande fut faite à M. Roullet, avocat consultant. Ce jurisconsulte était au moment de partir pour la campagne; il répondit qu'il ne refuserait pas ses conseils à César et à Constantin et il se rendit de suite auprès d'eux. Il leur dit qu'il était prêt à les défendre, mais que son peu d'habitude de plaider lui faisait désirer, dans l'intérêt des deux frères, la formation d'un conseil de défense. M. Denucé, bâtonnier, désigna pour former ce conseil, dont il faisait partie, Me Albespy, ex-bâtonnier, Me Émerigon, bâtonnier nommé pour l'année suivante, Me Gergerès, le plus ancien membre du conseil de discipline. Les deux derniers devaient porter la parole.

César et Constantin rédigèrent pour eux plusieurs notes, que nous reproduisons, sur les moyens de nullité que présentait le jugement.

« Le président du conseil de guerre, le colonel de Gombault, devait se récuser, puisque sa famille et la nôtre sont en inimitié ouverte depuis plus de cinquante ans.

» La composition du conseil de guerre n'était pas régulière. Nous étions généraux de brigade : le jugement rendu sous la présidence d'un colonel, c'est-à-dire d'un officier inférieur en grade aux officiers condamnés, est radicalement nul.

» Plusieurs juges du conseil n'avaient pas le grade que leur attribuait l'ordonnance du gouverneur.

» La communication des pièces nous a été faite trop tard et, par suite, sans utilité : cela est contraire aux règles de la procédure.

» Le conseil de guerre a été renouvelé depuis le 31 juillet, jour de notre arrestation ; la loi prononce qu'en ce cas, il ne pouvait pas s'occuper de notre affaire.

» Les conseils de guerre n'emploient, dit-on, que des moyens rapides, et les membres de ceux de Bordeaux comptent les heures, pour hâter, brusquer notre défense. On cite la loi du 13 brumaire. Mais si elle est appliquée avec cette rigueur aveugle contre le prévenu, elle doit aussi avoir servi de règle pour l'information. L'article 12 de cette loi ordonne de procéder à l'information *sur-le-champ*. Arrêtés le 31 juillet, nous avons été entendus les 8 et 9 août, et remis à l'autorité militaire. Le comte de la Porterie, le major de la Bouterie, etc..., sont venus le 20 août au fort du Hâ, ordonner de nous mettre au cachot, et ce n'est que le 7 septembre qu'on a entendu le premier témoin ; donc la disposition de la loi a été violée ; elle voulait que l'information eût lieu sur-le-champ.

» Les témoins entendus et ceux à entendre doivent être tenus séparés et sans communication. Nous offrons de prouver que les témoins se sont retirés pêle-mêle, dans la nuit du 22 au 23 septembre ; que des témoins entendus et des témoins qu'on ne devait entendre que le lendemain, ont été coucher dans la même chambre, dans le même lit.

— » L'information ni aucun acte quelconque n'indique ni n'annonce que César Faucher ait fait un acte quelconque de général, depuis le 21 juillet. Constantin est seul prévenu sur ce point. Et cependant on condamne César sur ce point qui lui est étranger dans toute la procédure. (*Toutefois on ne perdra pas de vue, en faisant valoir ce moyen, que s'il ne devait amener la cassation du jugement qu'en faveur de César, on doit l'abandonner, parce qu'il veut partager le sort de son frère.*) — (Ceci est de la main de César.)

— » Art. 6 de la loi du 15 brumaire an VI : « Si le jugemen est annulé par le conseil de revision, les prévenus et les pièces doivent être renvoyés devant le conseil de guerre *le plus à portée* d'entendre les témoins et de vérifier les faits. » — La Réole est juste à égale distance de Bordeaux et d'Agen ; Bazas, par la route d'usage, est plus près d'Agen que de Bordeaux, et comme nous abandonnons tous les témoins à décharge entendus, et que nous en appelons de Marmande, etc..., dès lors le conseil de guerre *le plus à portée*, n'est pas le 2e conseil de Bordeaux, mais le conseil de guerre d'Agen.

— » Contre la rapidité voulue par les chefs pour la tenue du conseil de revision. — (Cette séance avait été fixée au 27 septembre ; mais par une disposition dont les motifs n'ont pas laissé de traces écrites, elle eut lieu le 26.)

— » Préambule du Conseil des anciens : « Les délais prescrits par la Constitution pour les cas ordinaires pourraient compromettre le salut et la gloire de l'État. »

» C'est pour les cas d'urgence qu'elle prescrit des mesures promptes.

» L'autorité militaire a pensé que nous étions dans les *cas ordinaires* dont parle le préambule, puisqu'elle n'a pas agi *sur-le-champ* pour l'information. »

Le conseil de revision se réunit le 26 septembre. Il était composé de :

Le maréchal de camp, comte de Puységur, *président* ;

Le colonel, adjudant-commandant, prince de Santa-Croce, *juge* ;

Le chef de bataillon d'artillerie Lacoste; Le chevalier de Bois-Saint-Lis, capitaine adjoint à l'état-major de la place; Le vicomte de Fumel, capitaine-adjoint à l'état-major de la place;	*Juges.*

Le président et les quatre juges avaient été nommés par le lieutenant général comte de Viomênil, commandant la 11e division militaire.

Pilloy (André), *greffier*, nommé par le président;
Lucot d'Hauterive, commissaire ordonnateur, nommé par le président.

Aussitôt après les formalités d'usage, Me Émerigon prit la parole en ces termes :

« Les frères Faucher ont demandé à l'ordre des avocats de leur donner des défenseurs. Cet ordre, qui place la défense des accusés au nombre de ses devoirs les plus impérieux et les plus sacrés, ne pouvait, sans déshonneur, repousser la demande qui lui en était faite en la personne de son chef; il a même voulu que l'ordre tout entier participât, en quelque sorte, à cette défense; c'est pour cela qu'il en a chargé l'ex-bâtonnier, le bâtonnier en exercice, le bâtonnier déjà nommé pour la prochaine année du Palais, et le plus ancien membre du Conseil de discipline.

» Nous ne pouvons croire que cette conduite, que ce pénible dévouement, soient critiqués ou blâmés par aucun de ceux dont nous sommes jaloux de conserver l'estime.

» Ils ont assez hautement éclaté, dans les temps affreux que nous venons de traverser, les nobles sentiments qui animent les avocats du barreau de Bordeaux. Tous nous avons constamment refusé de participer à des jugements ou à des arrêts rendus au nom de l'usurpateur. Cet honorable silence, qui n'a été rompu que pour la défense des accusés, ne sera pas oublié par nos concitoyens.

» Hé bien ! le motif qui nous portait alors à sacrifier jusqu'à notre vie, s'il le fallait, pour conserver l'honneur, ce motif est encore celui qui nous dirige en ce moment. Il nous était impossible de repousser la voix suppliante de deux hommes frappés par une condamnation capitale, et sur la tête desquels la mort a déjà levé sa faux menaçante.

» Chargé plus particulièrement, avec Me Denucé, chef actuel de l'ordre des avocats, de la défense de César Faucher, nous ne devons nous occuper ni de ses opinions, ni de sa conduite, ni même des délits qui lui sont imputés. Notre ministère se borne à examiner la procédure instruite contre lui, le jugement rendu le 23 de ce mois, et à présenter au conseil de revision les moyens que nous croyons suffisants pour faire annuler le jugement du conseil de guerre : nous sommes donc ici les défenseurs de la loi plutôt que les défenseurs des accusés. »

Ainsi, des avocats qui chaque jour s'honoraient de défendre, à la cour d'assises, les hommes accusés des plus grands crimes, s'excusaient d'exercer leur ministère en faveur d'hommes poursuivis pour délits politiques !

Ils se disaient *les défenseurs de la loi plutôt que ceux des accusés* ! — Mais alors, en demandant l'annulation du jugement qui les avait condamnés, ce n'était donc pas un acte de justice qu'ils réclamaient ? Leur intervention n'avait-elle pas pour but d'arriver à une revision du procès, afin de donner aux accusés le temps et les moyens nécessaires de prouver leur innocence ? — Et c'étaient leurs avocats eux-mêmes qui avouaient leur culpabilité ! — Étrange moyen de défense !

Ces avocats, ils étaient tellement dominés par l'idée de s'excuser à l'avance des paroles qu'ils allaient prononcer, qu'ils s'oubliaient jusqu'à prononcer eux-mêmes la censure de leur conduite et de celle de leurs collègues qui n'avaient pas voulu défendre les deux frères ! Me Émerigon ne disait-il point que, *dans la défense de César, ses avocats ne devaient s'occuper ni de ses opinions ni de sa conduite* ? — Et lui-même avait refusé de le défendre devant le conseil de guerre !

Après le singulier exorde de la défense, Me Émerigon, assisté de Me Denucé, puis Me Gergerès, assisté de Me Albespy, présentèrent successivement *six moyens* de cassation auxquels ils s'étaient arrêtés. Ils le firent avec une extrême circonspection, en rappelant, à chaque instant, les droits et les devoirs de la défense, pour bien indiquer qu'ils se dégageaient de toute solidarité avec les accusés.

Ils ne firent aucun retour sur les faits de la

cause, et se tinrent strictement dans la lettre de la loi qui, en revision, limite le débat à l'examen des moyens de cassation invoqués. Mais la loi n'interdit pas aux défenseurs de revenir sur les faits, quand ils peuvent y trouver des arguments de nature à donner plus de force à leur démonstration de la nécessité légale de l'annulation d'un jugement.

Ce que les avocats auraient dû faire par devoir, le commissaire du roi le fit par passion et comme pour outrager cruellement une dernière fois les accusés. Non seulement il reprit tous les faits, tous les griefs, jusque dans leurs moindres détails, mais encore il en ajouta de toutes sortes, complètement étrangers aux premiers débats et surtout à la revision. Toute la vie des deux frères fut travestie par cet étrange organe du ministère public dans un pathos sans nom où l'exagération politique et la violation flagrante de la loi le disputaient à la sottise grossière et à l'ignorance grotesque.

Lucot d'Hauterive s'exprima ainsi :

« MESSIEURS,

» La magistrature suprême dont vous êtes investis par la loi confie à vos consciences et à votre honneur le dernier espoir des condamnés. Quel que soit le rang des hommes, quelle que soit la peine que leur inflige la loi, vous veillez religieusement, sans doute, *à ce que les accusés n'aient été privés d'aucun des moyens protec-*

teurs qui leur étaient accordés; mais votre scrupuleuse équité doit plus spécialement encore s'éclairer du flambeau de la vérité, *dans une affaire où le glaive de la justice, suspendu sur deux têtes, les frappera quand vous aurez irrévocablement prononcé* (1).

» La destruction si rapide de deux êtres vivants, pensant, agissant, espérant encore, commande de douloureuses méditations et vous impose une tâche qui serait trop pénible si elle n'était impérieusement commandée par la loi dont vous êtes les organes impassibles.

» Appelé, par un ministère rigoureux, à porter la parole dans une affaire aussi grave, je ne saurais me défendre d'une sorte d'émotion; les êtres sur le sort desquels vous allez prononcer sont des hommes que leur naissance, leur éducation et leurs lumières *eussent peut-être rendus recommandables dans un siècle moins prodigue de crimes*. Mon embarras redouble, Messieurs, en me voyant dans la nécessité de répondre à des jurisconsultes aussi célèbres qu'éloquents; les principes et le noble courage du barreau *de la ville fidèle*, ne se sont point démentis sous l'oppression de l'interrègne, et le ministère que quatre de ses membres les plus distingués remplissent d'office en ce moment est l'hommage le plus honorable rendu au malheur et leur acquiert de nouveaux titres à l'estime publique.

(1) L'orateur ne met pas en doute que la sentence que le conseil va prononcer ne soit fatale.

» Deux frères, se glorifiant d'*une horrible solidarité*, placés sous l'égide de la clémence royale, osaient lever audacieusement leur tête *hideuse d'un demi-siècle de crimes*. Après vingt-cinq ans d'absence, assise sur le trône des rois ses aïeux, Sa Majesté avait défendu aux tombeaux d'accuser les dévastateurs de la France. Les tombeaux restaient silencieux. Les parents des victimes laissaient vivre leurs bourreaux !

» *Les frères Faucher existaient à La Réole !* (1)

» *Avides de nouveaux crimes*, ils accoururent à Paris, quand l'ennemi du monde y apparut de nouveau (2), menaçant la France des jours de deuil de 1793. Exécuteurs de ses ordres, ministres de ses vengeances (3), les frères Faucher furent envoyés au *nommé* Clausel, si digne de tels agents (4).

(1) Les parents des victimes de la Révolution française peuvent accuser leurs bourreaux, leurs plaintes ne s'élèveront jamais ni contre César, ni contre Constantin. Nous avons lu plus de soixante lettres de royalistes en vue qui restèrent en relations amicales avec les deux frères jusqu'en 1814.

(2) C'est faux. Il fut établi devant le conseil de guerre que César et Constantin étaient à Paris depuis le mois de décembre 1814.

(3) Quelles vengeances ont-ils exercées au nom du gouvernement impérial ? Quelles personnes ont été poursuivies au nom de Napoléon dans les arrondissements de La Réole et de Bazas ? — Que ceux qui disent encore que les frères Faucher furent bonapartistes répondent à ces questions !

(4) Clausel fut un officier général distingué. Ses camarades d'armes et les pays ennemis témoins de sa valeur attestèrent toujours qu'il fut exempt de reproches. Les habitants des 11e et 20e divisions, dont il était gouverneur pendant les Cent Jours, lui devaient des remerciements et non des injures pour sa conduite à cette époque.

» Ils furent tous deux chargés par lui de missions particulières et d'un commandement supérieur dans les arrondissements de La Réole et de Bazas, déclarés en état de siège (1). César, élu membre *du club patriotique*, connu sous le nom de Chambre des représentants, fut jugé, *par la bande*, propre à remplacer, dans ces belles contrées, les proconsuls régicides dont Bordeaux n'a point encore perdu le souvenir (2) ; Constantin se fit élire maire de La Réole. Dès lors la révolte, la dévastation, le pillage, les concussions, la guerre civile, furent organisés dans les deux arrondissements *livrés à la fureur des frères Faucher* (3).

(1) Le général Clausel ne leur donna aucune mission particulière.

(2) La Chambre des représentants n'envoya aucun de ses membres en mission dans les départements.

(3) Des calomnies aussi atroces, aussi absurdes, ne mériteraient aucune réponse. Le département fut déclaré en état de siège le 7 juillet. Dès que le désastre de la bataille de Waterloo y fut connu, on insulta tout ce qui portait l'uniforme militaire. Des provocations eurent journellement lieu. Les soldats, aigris par la conduite des habitants, dont l'exaltation était extrême, conservèrent cependant dans ces temps difficiles une attitude qui en imposa malgré leur faiblesse numérique. Ils ne se servirent de leurs armes que pour repousser les attaques dirigées contre eux à Bordeaux. Leurs chefs n'employèrent leur influence et leur autorité qu'à maintenir la discipline. Si les soldats se portèrent partiellement à quelques excès, ils furent punis ou sévèrement réprimandés. Encore ces excès se bornèrent-ils presque toujours à quelques clameurs. Il ne fut jamais attenté à la vie ni à la liberté d'aucun citoyen. Les propriétés ne furent ni dévastées, ni pillées. A Bazas seulement, un faible détachement de troupe s'étant rendu pour rétablir l'ordre, un soldat entra dans une maison et y prit une montre. Constantin, à son arrivée, en ayant été instruit, ordonna la recherche dans les sacs, en offrant le

» Cependant les nobles alliés du meilleur des rois le ramènent dans la capitale, le 8 juillet. Sa Majesté y répandit de nouveau les trésors d'une clémence inépuisable ; elle pardonna de nouveau aux traîtres si récemment comblés de ses faveurs.

» C'est plus spécialement depuis cette époque que les frères Faucher se sont rendus coupables des crimes qui les ont fait traduire par devant le premier conseil de guerre, et, je dois me hâter de le dire, Messieurs, ces crimes n'appartiennent ni aux opinions politiques, ni aux circonstances : Ce sont des crimes contre la société tout entière ; des crimes prévus par le Code pénal de toutes les nations civilisées ; c'est la guerre civile, laissant après elle tous les maux qui l'accompagnent, proclamée, organisée, dirigée par les frères Faucher ; c'est la rébellion à main armée contre l'autorité légitime reconnue (1) ; c'est la violence et la force des armes employées afin de comprimer l'élan du peuple dans la manifestation de

pardon si le coupable restituait la montre sur-le-champ ; elle fut rendue à celui à qui elle appartenait. Le calme revint dans tout le département dès qu'on fut convaincu que le drapeau blanc n'y serait arboré qu'en vertu d'ordres supérieurs.

(1) Lucot d'Hauterive réunit, dans ses paroles passionnées, les plus criantes invraisemblances. Louis XVIII est rentré à Paris le 8 juillet ; mais ce même 8 juillet, le drapeau blanc n'a pas pu flotter dans toute la France, en raison de l'éloignement de beaucoup de départements ; celui de la Gironde était du nombre. Le ministre de la guerre n'a pas considéré, le 16 juillet, à Paris, que les généraux César et Constantin Faucher fussent en révolte, puisqu'il leur ordonnait de rester sur leurs foyers. Cet ordre n'a été connu, et n'a pu être connu à La Réole, que le 21 dans la nuit, et le 22 ils étaient sans fonctions. — Où est la rébellion ?

ses sentiments de fidélité pour cette autorité légitime reconnue ; ce sont des taxes arbitraires, des réquisitions de toute espèce frappées par les frères Faucher, qui les rangent dans la classe des justiciables des conseils de guerre (1). »

Lucot d'Hauterive examina ensuite brièvement les moyens de nullité présentés par la défense en s'y arrêtant beaucoup moins que sur les faits de la cause et ceux qu'il y introduisit, sortant ainsi des bornes que lui fixait sa mission, pour dépeindre, dans ce moment d'exaltation de tous les esprits, ces deux frères infortunés sous les traits les plus capables d'exciter à leur égard l'indignation du public et des juges. Il ajouta :

« Que le supplice des frères Faucher, commandé par la loi, apprenne aux conspirateurs subalternes, aux complices des rebelles, quels que soient leur rang et leur fortune, que la persévérance dans le crime fatigue la clémence, et que la société, lasse d'une trop longue impunité, sollicite et obtient de la loi vengeance des atten-

(1) Lucot d'Hauterive s'est rappelé que lorsqu'il était à l'armée, en Allemagne, les taxes arbitraires, les réquisitions illégales étaient du ressort des conseils de guerre. Mais, puisqu'il lui plaisait d'accuser César et Constantin de ces nouveaux crimes, il aurait dû au moins les faire connaître, s'ils étaient vrais. Pourquoi le premier conseil de guerre avait-il gardé le silence sur des faits aussi graves ? On ne pouvait cependant l'accuser d'indulgence. — La vérité, c'est qu'il ne fut frappé aucune contribution ni taxe par César et Constantin Faucher.

tats commis contre la société ! Puisse cet exemple contenir dans l'obéissance ces hommes qui, se confiant en leur obscure complicité, méditaient peut-être de nouveaux crimes ! Qu'ils s'efforcent de jouir en paix de cette impunité que veut bien leur accorder le roi qu'ils ont trahi au mépris des serments les plus solennels : qu'ils aillent, loin de la société qu'ils ont outragée, cacher leurs honneurs et leurs dignités flétries, et ces décorations royales obtenues par un sacrilège ; heureux, s'ils peuvent un jour ne pas jouir sans remords de ces biens honteux qu'ils ne doivent qu'à la dépouille des nations et à la généreuse bonté du roi ! »

Pour la forme, Me Émerigon rappela aux juges l'énoncé des moyens de cassation : voici ses dernières paroles :

« Tel est, Messieurs, le résumé rapide des moyens que chacun de nous a fait valoir : c'est à vous à les peser dans votre conscience. Quant à nous, notre ministère est fini, et notre parole va cesser. Le devoir que nous venons de remplir *n'a pas été le moins pénible de ceux que notre profession nous impose*. Mais l'homme courageux n'hésite jamais quand il s'agit de remplir un devoir. D'ailleurs, nous trouverons dans notre cœur et dans celui de tous les gens de bien, le *dédommagement* le plus consolant et le plus doux, le seul que nous ayons jamais ambitionné. »

Ainsi, l'énergumène Lucot d'Hauterive s'était permis de reproduire et de discuter à nouveau les faits jugés par le premier conseil, il s'était permis même de créer de nouvelles accusations et de les présenter sous les couleurs les plus propres à réveiller et à exciter les préventions que l'esprit de parti et toutes les passions haineuses n'avaient dans ce moment que trop soulevées, et les avocats gardèrent le silence ! — N'avaient-ils pas le droit et le devoir de répliquer, de démontrer la fausseté de ces imputations ? — Cette tâche était bien facile ; mais ils se turent.

Ils se turent, après avoir confessé, par l'organe de Me Émerigon, que le devoir qu'ils venaient de remplir n'avait pas été *le moins pénible de ceux que leur profession leur imposait !*

Eh quoi ! défendre des prévenus, les arracher à la mort suspendue sur leur tête, est un devoir pénible à remplir ! N'est-ce pas ce qui honore le plus la profession d'avocat ? Sa gloire repose-t-elle seulement dans la défense de quelques misérables intérêts ? Et que sont ces intérêts auprès de la vie d'un citoyen ? Quel est l'avocat qui ne sort pas du barreau et ne rentre pas dans le silence de son cœur et de sa maison, mille fois plus satisfait, après avoir enlevé à l'échafaud un accusé, que lorsqu'il a maintenu, par son éloquence, un avide plaideur dans une possession souvent injuste ?

Le conseil de revision confirma le jugement du conseil de guerre à la majorité de trois voix contre deux.

XVI

César et Constantin entendirent avec fermeté la confirmation de leur jugement.

Ramenés au fort du Hâ, ils s'occupèrent aussitôt de donner des instructions précises et détaillées, sans se plaindre et sans faiblir, à Me Malardeau, notaire à Marmande et leur ami, pour régler quelques affaires et disposer de tous les biens qu'ils laissaient. Ils n'oublièrent, dans leur testament, aucun de ceux qui avaient été à leur service.

Ils s'entretinrent longuement avec Me Hennocq, avocat, auquel ils remirent des notes abondantes destinées à un mémoire de réhabilitation; puis ils passèrent toute la nuit du 26 et la matinée du 27 à écrire des lettres à leurs amis et à leurs parents. Toutes ces lettres sont empreintes de la même facilité, de la même présence d'esprit que dans des temps heureux. Ils parlent de leur condamnation comme si elle leur était étrangère.

Voici la lettre touchante qu'ils écrivirent à leur neveu :

« *Constantin et César à Casimir Faucher.*

» Des cachots du fort du Hâ, ce 26 septembre 1815.

» Mon cher Casimir, la catastrophe terrible qui vous prive de vos deux meilleurs amis, est pour vous un coup de foudre. Nous ne vous en parlons que pour vous dire quelle est l'époque où nous vous laissons le soin de nous remplacer, de vous occuper du bonheur de votre sœur et de vos frères. Vous avez succédé à ce très regrettable Alexandre; soyez en sa place et, comme lui, le chef de la famille; vous êtes, comme lui, selon notre cœur. Nos dispositions dernières vous donnent nos biens entre vous quatre; mais nous voulons que l'administration vous en appartienne seul et sans rendre compte jusqu'à deux ans révolus après la majorité de celui qui réclamera sa portion. — Notre testament vous donne ce droit, et nous vous conseillons de vous aider toujours de notre meilleur ami, M. Malardeau [1].

» Nos recommandations, et nous vous chargeons de les faire valoir auprès des trois autres, c'est que vous restiez unis en ayant soin de votre père. Si quelque chose survivait à la dissolution de notre être, nous serions au milieu de vous; mais notre tendresse est comme la pensée, elle

(1) Ce testament ne fut pas exécuté, les biens des frères Faucher ayant été confisqués. — Le testament olographe fut longtemps en possession de M. Faucher de la Ligerie. — A l'avènement du second empire, on conseilla à ce dernier de mettre à profit cette pièce pour obtenir la restitution des biens des deux jumeaux; mais il ne demanda que des bourses pour ses deux fils aux lycées de La Rochelle et de Bordeaux. Il mourut en 1864 et le subrogé tuteur de ses enfants égara ce testament conservé comme une pieuse relique. Les deux petits-neveux des jumeaux sont devenus officiers de marine.

est indestructible tant que les objets de l'affection existent.

» Ainsi, vous devez tous vous dire toujours dans vos moments de peine : Le cœur de nos meilleurs amis les partageait à l'avance ; et dans le temps de vos prospérités, dites-vous encore : Leur cœur les a goûtées à l'avance en nous les désirant continues.

» Adieu, mon ami ; cette lettre est commune au bon Gustave et à vous : votre sœur et votre frère nous entourent de leurs larmes et vous êtes tous les quatre les objets les plus vifs de nos regrets. L'attendrissement que vous nous causez diminue seul la sérénité de notre âme. Nous allons recevoir la mort avec la conscience de n'avoir jamais fait que le bien, d'avoir séché autant de larmes que nous l'avons pu et de n'en avoir jamais fait volontairement répandre.

» Adieu ; nous vous embrassons tendrement.

» François Lanneluc Francis est notre ami : il sera pour vous ce qu'il est pour nous ; nous vous le recommandons expressément.

» Constantin FAUCHER. »

« Les sentiments exprimés par mon frère sont bien dans mon cœur et je n'ajoute quelques mots que pour que vous voyiez les caractères tracés par celui que vous aimiez tant et dont le souvenir ne s'effacera jamais de votre pensée.

» Oh ! oui, mon cher Casimir, nous vivrons toujours en vous. Je ne vous recommande pas vos frères ; votre âme n'a pas besoin de cette recommandation : mais dans les sollicitudes que vous causera leur avancement, n'oubliez pas que notre Anaïs doit tenir la première place, puisque son sexe la prive de tous les avantages du nôtre et que ses destinées sont fixées par nos mœurs, et qu'elle ne peut connaître de prospérité que celle que vous lui procurerez. Je suis certain que dans la satisfaction que vous donnera son bonheur, vous éprouverez une jouissance de plus, par la pensée que vous aurez acquitté notre dette autant que la vôtre, si ce bonheur est votre ouvrage.

» Adieu, mon digne ami; Gustave sait bien qu'il est dans notre cœur à côté de vous; ainsi il regardera comme adressées à tous les deux les expressions de notre tendresse. Mon frère vous recommande Francis, et vous savez que je partage son affection pour cet excellent enfant. Son dévouement pour nous ne s'est jamais démenti.

» Adieu encore; je vous embrasse comme je vous aime.

» César Faucher. »

Voici celle qu'ils écrivirent au maréchal Marmont :

« Dans une heure, nous ne serons plus; mon frère et moi allons être fusillés, par une de ces erreurs que justifient les exaltations populaires.

» Nous ne pouvons pas sortir de la vie sans adresser un dernier adieu et rappeler notre reconnaissance à un des hommes qui l'a rendue plus chère par ses bontés dignes d'une âme grande et noble. »

Depuis leur mise en jugement, l'autorité militaire avait déployé des mesures extraordinaires. Des pièces de canon et un fort piquet de troupes étaient jour et nuit sur la place du fort du Hâ.

Le 27 septembre, à l'aube, le rappel retentit dans les rues de Bordeaux; à neuf heures, la garde nationale, les gardes royaux à cheval, la légion de Marie-Thérèse, étaient sous les armes. Toutes ces troupes furent échelonnées, en double haie, depuis le fort du Hâ jusqu'à Plaisance, c'est-à-dire sur un parcours de plus de trois kilomètres.

Dans la nuit, des crieurs avaient commencé à annoncer la feuille mensongère et calomniatrice, le *Mémorial bordelais*, qui *donnait tous les détails* de la grande nouvelle. — « *Demandez*, clamaient-ils, de leur voix stridente et avinée, *demandez le jugement et la condamnation des jumeaux de La Réole, des généraux Faucher!* » Et ils proclamaient, avec leur accent du terroir, les noms des juges du conseil, des *sauveurs de la société*, disaient-ils.

Des êtres louches, des bêtes fauves à forme humaine, applaudissaient à ces atrocités et ceux qui étaient moins féroces se taisaient, en voyant que l'autorité laissait faire.

A dix heures, un roulement de tambours, suivi des sons éclatants d'une musique joyeuse, annonça à la foule houleuse et hurlante qu'elle allait enfin pouvoir se repaître de l'horrible spectacle qu'elle attendait avec impatience.

Craignant qu'au dernier moment leur sensibilité n'affaiblît leur courage, les deux frères s'embrassèrent en silence avant de quitter leur cachot. Tous ceux qui les virent à ce moment furent profondément frappés de leur calme (1).

César et Constantin portaient, par habitude, des habits pareils. Ce jour-là, ils avaient des polonaises et des pantalons blancs en molleton, le col de la chemise rabattu. Ils avaient la tête nue.

L'abbé Rousseau eut l'audace de se présenter pour leur offrir son ministère : pour s'en débarrasser, ils dirent qu'ils étaient protestants.

Se prenant par le bras, ils vinrent se placer au milieu du peloton d'exécution. Ils firent à

(1) Au moment où ils sortaient de leur cachot, une personne qui se trouvait près d'eux leur témoignait le regret qu'elle éprouvait de les voir condamnés à mort ; César lui répondit : « Le temps ordinaire de la vie est de soixante ans ; nous en avons cinquante-six ; ainsi, ce n'est que quatre ans qu'on nous vole. »

— « Le matin, César avait demandé un barbier et s'était fait raser ; comme, pour cette opération, on lui avait ôté son bonnet, il le reprit ensuite en disant qu'il pourrait bien s'enrhumer s'il restait tête nue. » (*Un témoin des deux Restaurations*, Edmond Géraud.) — « Quelqu'un s'étant introduit dans leur cachot à la suite du geôlier, l'un d'eux se leva d'un air enjoué, s'approcha du curieux et lui présentant une poignée de paille : « Monsieur est amateur apparemment ? Monsieur veut-il prendre cette chaise ? » (*Idem.*) — « Comme on les pressait de terminer leurs préparatifs : « Ah ! ma foi, qu'on attende un moment, dit Constantin ; j'espère bien qu'on ne partira pas sans nous ! » (*Idem.*)

pied le trajet du fort du Hâ à la prairie désignée pour le lieu du supplice, en face du cimetière de la Chartreuse. Pendant ce trajet qui dura plus d'une heure, ils conservèrent le même sang-froid, la même fermeté. La sérénité de leur visage attestait le calme de leur âme et leur dédain des insultes; leur front découvert ne décelait aucune irritation, aucun regret. Ils saluaient, en souriant, les personnes de connaissance qu'ils apercevaient sur leur passage [1].

« Une dame placée à une fenêtre peu élevée, et qui se faisait remarquer par la vivacité de ses acclamations, agitait un mouchoir qu'elle laissa tomber. César quitte aussitôt son frère, s'avance sous la fenêtre, ramasse le mouchoir qu'il rend en souriant à la dame, et reprend sa place dans le funèbre cortège.

» Vingt-deux ans auparavant, on les avait vus marcher ainsi au supplice, et déjà ils posaient le pied sur l'échafaud, lorsqu'un représentant du grand et terrible pouvoir qui défendait la France contre l'Europe, avait arrêté le bras du bourreau et rendu aux deux frères la vie et la liberté.

» Par un hasard qui pouvait devenir providentiel, la fille de Louis XVI, de ce roi pour lequel ils avaient alors failli mourir, se trouvait à Bordeaux peu de jours auparavant; des revues, des

(1) « Ils marchaient tête nue, regardant autour d'eux sans morgue, sans affectation, mais avec l'apparence d'une fermeté bien réfléchie. Cette résolution ne s'est pas démentie jusqu'au dernier moment. » (*Un témoin des deux Restaurations,* Edmond Géraud.)

fêtes, des bals avaient célébré son séjour; mais, lorsqu'ils arrivèrent à la Chartreuse, nul ne parut cette fois avec leur grâce. » (Vaulabelle. *Histoire des deux Restaurations.*)

Ils refusèrent de se laisser bander les yeux et de se mettre à genoux; ils allèrent, d'un pas ferme, se placer devant le peloton d'exécution, se tenant toujours par la main. César commanda le feu : tous deux tombèrent, César tué, Constantin blessé au ventre; il se souleva sur les mains et regarda son frère. Un soldat s'approcha et lui plaçant le canon de son fusil contre l'oreille l'étendit raide mort.

Ce coup de feu avait à peine retenti qu'on entendit des hommes des classes élevées, des grandes dames, mêler leurs acclamations et leurs applaudissements de joie aux hurlements sinistres de la foule. A la nuit un tombereau transporta les deux cadavres au cimetière de la Chartreuse, où ils furent enterrés dans la même fosse. Ce n'est qu'en 1830 que des mains pieuses ont pu leur faire élever un modeste monument.

Le lendemain de leur exécution, en l'apprenant, la duchesse d'Angoulême s'écria : « Quelle faute d'avoir fusillé les Faucher ! »

C'était plus qu'une faute; c'était un assassinat juridique.

MAIRIE DE BORDEAUX

1re SECTION DES DÉCÈS DE 1815.

1204 Faucher (César).
1205 Faucher (Constantin).

L'an mil huit cent quinze, le trente octobre, avons inscrit l'acte de décès des sieurs César Faucher et Constantin Faucher, frères jumeaux, âgés de cinquante-six ans, natifs et domiciliés de La Réole, département de la Gironde, décédés à Bordeaux le vingt-sept septembre dernier.

L'Adjoint du Maire,
CASTELNAU.

XVII

Tous les documents qui précèdent établissent, beaucoup mieux que la plus habile discussion des faits ne saurait le prouver, que l'exécution des frères Faucher fut un assassinat juridique. L'énormité même de la peine qu'ils subirent paraîtra à tout esprit impartial la condamnation de ceux qui la prononcèrent ou la laissèrent exécuter. Toute appréciation ajoutée aux documents authentiques serait donc superflue, si les réflexions qu'ils suggèrent ne devaient pas gagner à être précisées et réunies. Nous les reproduisons brièvement.

Les deux frères furent condamnés :

1° « *Pour avoir conservé contre la volonté du gouvernement le commandement qui leur avait été retiré.* »

On l'a vu, leur lettre au général Clausel fut présentée comme la pièce la plus importante du procès, celle d'où l'on tira le plus de preuves de leur culpabilité.

Or, le maréchal Saint-Cyr, ministre de la guerre, ordonna à César et à Constantin de cesser leurs fonctions et de rester sur leurs foyers. Cet ordre du 16 juillet leur fut transmis par le général en chef Clausel; et le 22, à l'aube, suivant l'ordre de ce même général en chef, le drapeau blanc flottait dans les arrondissements de La Réole et de Bazas. Constantin lui écrivait : « Nos fonctions de général cessèrent avec la journée du 21 juillet. » Donc, dès le 22, ils étaient redevenus de simples citoyens.

On ne pouvait leur faire un crime d'avoir conservé jusqu'à cette époque le commandement qu'ils avaient. Quoique le gouvernement impérial eût été renversé, le général comte Clausel n'en continuait pas moins de gouverner la 11e division. Aucune autorité royale n'y avait été installée. Les ordres seuls du gouverneur devaient être exécutés. Si César et Constantin eussent fait arborer le drapeau blanc avant le 22, sans un ordre suprême, le général en chef pouvait les faire traduire devant un conseil de guerre comme ayant tenté d'exciter la guerre civile, et dans ce cas, la loi prononçait contre eux la peine de mort. Au surplus, le général Clausel était seul responsable des ordres exécutés d'après les siens, pendant l'exercice de ses fonctions; et il y fut maintenu jusqu'au 28 juillet, par le gouvernement royal. Nul autre parmi les officiers généraux placés sous lui n'a été poursuivi. Et cependant, le drapeau blanc n'a flotté nulle part dans le département de la Gironde, pas même dans la ville fidèle de Bordeaux, avant le 22 juillet. Ce n'est donc point pour ce qui est antérieur au 22, que César et Constantin furent condamnés.

Constantin est condamné *pour avoir fait acte de général le 22*, en donnant ordre à la gendarmerie de Bazas d'enlever et de conduire à

Bordeaux le sieur Duluc, officier mis précédemment à sa disposition par le général Clausel et que la populace menaçait de tuer. Mais ce fait, en le supposant criminel, ne concerne nullement César. Rien ne prouve qu'il ait fait acte de général depuis le 21. Il n'a donc point conservé, contre la volonté du gouvernement, le commandement qui lui avait été retiré. Par quelle fatalité succombe-t-il, sous ce chef, devant le premicr conseil de guerre, et pourquoi le second, celui de revision, ne casse-t-il pas un jugement entaché d'un vice aussi grand ? Il est vrai que César écrit qu'il veut partager le sort de son frère. Trait d'amitié qui seul conduirait ces deux frères à l'immortalité, si leurs malheurs, leurs talents, leur courage, n'avaient inscrit déjà leur nom à côté de ceux dont la patrie s'honore. Ainsi, parce qu'un prévenu veut tomber sous le coup de fusil qui doit frapper le compagnon de son infortune, quoiqu'il soit innocent du délit qui pèse sur la tête de ce dernier, un tribunal accepte un pareil sacrifice, et les confondant l'un avec l'autre, les envoie tous les deux à la mort !

Mais, d'ailleurs, cet attentat, dont Constantin est le seul coupable, quel est-il ? En conservant le commandement qui lui avait été retiré, et dont il avait déclaré, quelques moments avant, cesser les fonctions, a-t-il écrit, a-t-il agi pour se mettre à la tête de quelque parti ? A-t-il provoqué la guerre civile, déchiré le sein de la patrie ?..... Il apprend qu'un individu est menacé de périr à Langon, victime de la fureur populaire. Il oublie, absorbé par un élan d'humanité, qu'il n'est déjà plus ce qu'il était quelques instants plus tôt. Il écrit, en mêlant l'accent de la prière au ton de l'autorité, à un officier de gendarmerie de sauver ce malheureux du danger qui le menace, en l'enlevant et en le déposant entre les mains de l'*autorité royale*. Voilà son crime ! Voilà cette terrible prolongation de pouvoir ! Voilà le funeste usage qu'il en a fait ! La loi prononce la peine de mort, *si le commandement est pris sans motif légitime*. Ceux qui comptent la vie des hommes pour quelque chose trouveront peut-être ce motif assez légitime pour conserver un commandement pendant quelques heures. A Rome, on accordait la couronne civique à celui qui sauvait la vie à un citoyen : en France, en 1815, on le condamnait à mort ; on faisait plus : on y condamnait son frère César ; César qui n'avait rien écrit, César qui n'avait rien ordonné !

2° « *Pour avoir commis un attentat dont le but était d'exciter la guerre civile et d'armer les citoyens les uns contre les autres, en réunissant dans leur domicile des gens armés qui y faisaient un service militaire et qui criaient « Qui vive ! » sur les patrouilles de la garde nationale.* »

Ah ! sans doute, ils méritent le dernier supplice ceux qui arment les citoyens les uns contre les autres. Mais ici ce sont des citoyens qui opposent à une attaque injuste une défense légitime. César et Constantin se rendent au premier acte de l'autorité. Devaient-ils reconnaître la volonté d'individus qui mettaient leurs passions à la place des lois, et qui voulaient venger leurs querelles, leurs haines particulières, et non des délits dont ils ne pouvaient se rendre juges? Les gardes royaux n'avaient aucun ordre d'arrêter César et Constantin, et cependant ils menaçaient leur vie. César et Constantin n'étaient-ils pas, comme ils le disaient eux-mêmes, rentrés dans le droit naturel? Lorsque l'autorité est sans force pour protéger les citoyens, peut-elle leur interdire d'accueillir les offres de ceux qui veulent les défendre ou périr avec eux?

On dira peut-être que, dans ce moment, la voix des magistrats était écoutée; mais les outrages commis, en plein jour et sous leurs yeux, dans la maison et sur les enfants du sieur Albért; mais les recherches de la personne de ce sieur Albert, pour exécuter sur lui les menaces homicides de ces soldats armés; mais les mêmes outrages commis sur la dame Peyroulet, la dame Bousquet, le sieur Charrier, etc., dans les mêmes circonstances; mais la prière que font ces magistrats, au commandant sans mission d'une force armée sans mission, de contenir sa troupe; mais l'état violent dans lequel était cette ville pendant leur séjour, et le calme parfait qui succéda après leur départ, tout cela ne prouve-t-il pas assez que la loi était sans force et le magistrat sans autorité, et qu'à leur place régnaient la confusion et l'anarchie? Si le sieur Albert et les autres personnes attaquées par cette tourbe en armes, eussent, dans ce moment de dissolution sociale, repoussé la force par la force, auraient-ils commis un crime? Non sans doute. Cependant les mêmes menaces, et bien plus violentes encore, d'attenter à la vie des généraux Faucher, se faisaient entendre de toutes parts; et ce qui n'eût pas été un crime pour les autres, le serait deveuu pour eux? Albert fils, jeune soldat retiré depuis peu du service, osa seul résister à la force armée, et cependant il n'a pas été accusé *d'avoir commis un attentat, dont le but était d'exciter la guerre civile.*

Parcourons la lettre au général Clausel.

« Dans cet état de choses, notre maison est
» réellement en état de siège; et au moment où
» nous vous écrivons, nos armes sont là, nos
» avenues éclairées, et le corps de la place en
» défense, et nous ne craignons pas la désertion
» de la garnison. »

On voit là un rassemblement armé! Mais quel est son but? Celui de repousser l'agression des gardes royaux ou des gardes nationaux venus avec eux. Un autre paragraphe de cette lettre le prouve évidemment.

« Nous enlèverions ces messieurs, et comprime-
» rions leurs satellites; ce serait l'affaire de deux
» heures en plein midi, avec les seules forces que
» notre population bonne nous offre; *mais nous*
» *craignons que cet acte de juste défense ne puisse*
» *être le signal de la guerre civile, ou tout au moins*
» *ne contrarie les dispositions de notre général,*
» *spécialement encore chargé de tout ce qui tient à*
» *l'ordre public.* »

Quoi! ceux qui craignent que leur défense

naturelle devienne le signal de la guerre civile, auraient armé les citoyens dans le but d'exciter la guerre civile ? Si ce rassemblement d'hommes armés avait pour but la guerre civile et non pas une défense légitime, pourquoi n'a-t-il eu lieu qu'après l'arrivée des gardes royaux et la manifestation de leur dessein ? Pourquoi s'est-il dispersé aussitôt après leur départ, sans attaquer un seul individu, sans tirer un coup de fusil ? Et ces hommes armés ne se réunissaient que la nuit. Ils entraient tous les soirs, dans la maison, par les deux portes principales, autour desquelles rôdaient des espions. Il a donc dépendu de l'autorité d'en empêcher la réunion.

Si César et Constantin avaient voulu lever l'étendard de la révolte, auraient-ils offert leur maison au maire comme lieu de sauvegarde pour les lois et les autorités méconnues ? Auraient-ils instruit ce magistrat de la réunion des citoyens qui venaient chez eux pour les protéger contre tout attentat ? Auraient-ils prié le général Clausel de faire retirer les gardes royaux de La Réole ? Et si ce général en chef était un rebelle et eux ses agents, comment aurait-il remis lui-même leur lettre au préfet ? Et ces soldats, qui envoyèrent aux deux frères une députation de quarante-cinq sous-officiers pour les solliciter de les conduire à la défense de la patrie sous les enseignes tricolores, ont-ils été mis en mouvement ? Si César et Constantin eussent été des rebelles, n'eussent-ils pas accepté leurs offres ? N'eussent-ils pas rallié ces nombreux militaires des armées de Bayonne et de Toulouse qui passaient à La Réole pour se rendre à Bordeaux ? Et ceux qui, le 22, brûlèrent les drapeaux blancs, n'eussent-ils pas été en relations avec le partisan Florian, dont le corps n'était qu'à quelques lieues ? Rien ne prouve mieux qu'ils ne prirent part à aucun mouvement que la décision du conseil de guerre portant (quatrième chef d'accusation) *qu'ils n'ont point embauché pour les rebelles.*

Il faut un commencement d'action pour constituer le crime. Il faut des armes, des munitions et des hommes pour organiser la guerre civile ; et ils n'avaient ni canons, ni fusils de calibre, ni magasins, ni soldats.

On dira peut-être que l'on a pu considérer comme un commencement d'action les mots *Qui vive!* qui se firent entendre dans la cour de leur maison, au moment où une patrouille passait pendant une nuit obscure. Mais il est constant au procès que ce ne fut ni César ni Constantin qui les proférèrent et que jamais ils ne donnèrent aucun ordre à cet égard. Que l'on n'oublie point combien d'envie, combien de haine nourrissaient depuis longtemps contre eux des hommes habiles à saisir toutes les occasions favorables à leur vengeance. Ne peut-on pas penser que ces mêmes hommes mettant à profit le moment de confusion qui régnait alors, les craintes habilement ménagées que la présence des gardes royaux inspirait à César et Constantin, auront corrompu quelqu'un de ceux qui leur avaient offert leur secours, et que ce traître, prévenu de l'heure et du moment où une patrouille devait passer dans la rue, qui n'était séparée de la cour que par un mur de clôture et un portail, aura crié *Qui vive!* mots dont les meneurs se réservaient l'avantage?

Que l'on ne dise point que cette supposition est hors de toute vraisemblance. Le 22 juillet au soir, des nègres tirèrent, dans divers quartiers de la ville, plusieurs coups de fusil qui y répandirent l'alarme et l'épouvante. On présenta les deux frères comme les provocateurs de ces désordres et il a fallu que le premier conseil de guerre déclarât qu'ils n'en étaient point coupables, pour détruire l'impression de ce chef d'accusation ménagé et présenté par les mêmes individus. Cependant l'histoire de ces nègres réunis à ceux qui étaient depuis quelques jours à La Réole, fut bien connue : on n'ignora pas qu'un projet de pillage avait été sourdement répandu depuis deux ou trois jours; que le prétexte de leur conduite indisciplinée était le défaut de paiement de leur solde, tandis qu'il est certain que la veille ou le matin du même jour, ils avaient reçu tout l'arriéré de cette solde; qu'à midi de ce même jour, le sous-préfet de La Réole distribua 5 francs ou 2 fr. 50 par homme, pour empêcher, disait-on, qu'ils ne troublassent la tranquillité publique; que vers sept heures du soir, en plein jour, les premiers coups de fusil se firent entendre, sans que les dépositaires de l'autorité y missent la moindre opposition, quoiqu'ils eussent à leur disposition la gendarmerie et quatre ou cinq cents hommes de la garde nationale; que cette fusillade dura jusqu'à deux heures après minuit et que si ces nègres eussent voulu piller la ville, comme on disait qu'ils en avaient l'intention, ils l'auraient pu, puisque nulle force ne voulait s'y opposer; que s'ils ne le firent point, c'est parce que telle n'était pas leur volonté ou les ordres qu'ils avaient reçus.

Qui doit être soupçonné, qui doit être regardé comme les moteurs de ce trouble? Ceux qui ont payé ces nègres, ou ceux qui ne les ont pas payés? Si donc on a pu concerter cette aventure des nègres et l'attribuer à César et à Constantin, pour en faire un chef d'accusation, qui a empêché qu'on ne s'assurât d'un agent pour crier *Qui vive!* Et légalement ce cri était-il un motif tellement exclusif de toute interprétation favorable qu'il pût constituer un chef d'accusation à mort? — Si une sentinelle en évidence l'eût proféré en couchant en joue la patrouille qui passait; si elle eut fait feu; si, au bruit du coup de fusil, les généraux Faucher fussent venus, à la tête de leurs défenseurs, l'attaquer et la combattre, dans un temps d'ordre et de calme, et lorsque l'anarchie n'autorise pas à se défendre quiconque est menacé dans ce qu'il a de plus cher, la liberté et la vie; — nul doute alors qu'ils eussent dû être considérés comme coupables d'attentats contre l'ordre public. Mais leurs juges n'auraient-ils pas dû se reporter aux circonstances où ils étaient? N'auraient-il pas dû penser que, puisque ce cri n'avait été proféré par aucun des deux frères, dont le son de voix était très caractérisé et connu de tout le monde à La Réole, quelqu'une des personnes qui étaient chez eux avait pu le prononcer, par peur ou par trahison, et avec l'intention réfléchie de fournir à leurs ennemis une arme pour les perdre? Il n'y a peut-être pas d'homme qui, dans le cours de sa vie, ayant entendu un bruit alarmant, n'ait crié : *Qui vive!* sans savoir si ce bruit provenait d'êtres bien ou mal intentionnés ou d'une force légalement armée. Ce cri, pour être considéré comme un commencement d'action, comme un cri de guerre, et par un conseil de guerre, qui doit toujours être composé de militaires, devait donc, dans cette circonstance, réunir avec lui les mots sacramentels qui lui en donnent le caractère. Or, ces mots *Qui vive!* prononcés isolément, ne le constituent point : ils doivent, pour l'acquérir, être accompagnés de ceux-ci : *Halte-là!* Nul militaire ne peut ni ne doit l'ignorer. Cependant ce sont des militaires qui ont jugé que les mots : *Qui vive!* que l'on a dit avoir été prononcés seuls, dans la cour d'une maison attaquable de tous côtés, dont la principale entrée, du côté de cette cour, n'était close que par un vieux portail qu'on aurait pu renverser à coups de pied; ce sont des militaires, disons-nous, qui ont jugé que ce cri : *Qui vive!* était un cri de guerre, et qu'il était suffisant pour condamner deux officiers généraux à mort! Mais encore ces mots : *Halte-là! Qui vive!* pour être cris militaires doivent être prononcés par une sentinelle placée ostensiblement ou sur des remparts, ou devant un corps de garde. Si on n'y répond pas, elle suppose que c'est l'ennemi qui s'avance, et elle appelle la force destinée à le combattre. Mais ici, il n'y avait rien de tout cela ; rien qui constituât le service militaire ; ni sentinelles, ni rondes extérieures : rien donc qui autorisât des juges militaires à considérer comme cri militaire, comme commencement d'action, celui qu'on dit avoir été entendu.

La haine avait répandu et accrédité que la maison des frères Faucher était une forteresse. Sous le rapport militaire, cette maison, qui se composait de quatre autres, réunies à la principale, ne pouvait être défendue. Elle était bâtie au pied d'un rocher, dominée par un vaste jardin ; ce jardin avait trois issues closes de vieilles portes. Ses murs de clôture, de huit pieds de hauteur, donnaient, du nord au sud, à des ruelles et à d'autres jardins; du sud à l'ouest, il y avait trente-cinq pieds au dessous des cours qui séparaient la maison principale d'une autre qui servait d'écurie et de grenier à foin; de l'ouest au nord, à quarante pieds au-dessous, d'autres jardins que baignait un ruisseau. Cette maison communiquait par un arceau bâti en bois à deux autres maisons placées sur le bord de la Garonne. Toutes ces maisons avaient sept entrées; leur position, leur étendue eussent exigé beaucoup plus de monde pour les défendre que pour les enlever, même à une première attaque. Maître du jardin, on l'eût été de la maison et de ses dépendances. Le jardin n'offrait aucun moyen de retraite à ceux qui s'y seraient trouvés ; ils n'auraient pu se retirer qu'en passant sous des galeries faciles à balayer pour les assiégeants.

3° « *Pour avoir comprimé, par la force des armes et par la violence, l'élan de fidélité des sujets de Sa Majesté.* »

On ne peut, en vérité, exprimer le sentiment qu'inspire ce chef d'accusation. Comment des officiers généraux qui ont cessé leurs fonctions au premier, au seul ordre qu'ils aient reçu, ont-ils pu comprimer l'élan du peuple? Le comprimaient-ils par la force des armes, lorsqu'ils étaient assiégés dans leur maison par les gardes royaux?

Une note de Constantin nous donne l'explication de ce crime.

« Les magistrats qui ont puni, ne fût-ce que
» d'une heure de prison, ceux qui ont crié : *Vive*
» *le roi!* ceux mêmes qui les ont soumis à deux
» questions, ont comprimé l'élan. »

Ainsi, voilà les juges de César et de Constantin s'arrogeant le droit d'examiner leur conduite des Cent Jours, lorsqu'ils exerçaient les fonctions de maréchaux de camp à l'armée des Pyrénées-Occidentales. Cependant César et Constantin n'avaient fait qu'obéir, ainsi que tous les fonctionnaires, à un gouvernement *de fait*, qu'avait reconnu *de fait* la totalité de la France : et quelle loi punit de mort un fonctionnaire qui a fait arrêter légalement un citoyen dont la conduite pouvait alors amener la guerre civile?

L'ordre du jour du général en chef, comte Clausel, qui déclare le département de la Gironde en état de siège, porte : « Les autorités civiles et

» militaires se concerteront pour arrêter les
» mesures propres à garantir, dans la crise pré-
» sente, la sûreté des personnes, des propriétés,
» et la tranquillité publique.

» Les commandants militaires traduiront devant
» les conseils de guerre spéciaux, les espions, les
» embaucheurs, les prévenus de tous délits ten-
» dant à troubler la tranquillité intérieure, à
» protéger les ennemis de l'État et empêcher les
» citoyens et les soldats de se porter à la défense
» de la patrie. »

Il était donc de leur devoir de faire arrêter *les prévenus de tout délit tendant à troubler la tranquillité intérieure;* et si l'on entendait par ces mots, *comprimer l'élan de fidélité des sujets de Sa Majesté*, l'opposition à ce que les drapeaux blancs fussent arborés avant le 22 juillet, c'était bien peu connaître, ou avoir bientôt oublié quelle était, à cette époque, la disposition des esprits et surtout celle des soldats. A quels troubles, à quels maux, n'eussent pas exposé la société, des fonctionnaires qui eussent toléré des individus élevant des signes ou faisant entendre des cris contraires à l'ordre alors établi, avant d'y être autorisés par les magistrats, tandis que tous ceux qui n'auraient pas été de l'opinion de ces individus isolés, se croyant forts des lois du moment, se seraient précipités contre eux avec toute la violence qu'inspirent les révolutions? Toutes les routes étaient alors couvertes de troupes. A quels excès ne se seraient pas abandonnés des militaires, fiers d'avoir combattu avec gloire, pendant vingt-cinq ans, sous les enseignes tricolores, s'ils en eussent vu d'une couleur différente illégalement érigées sur leur passage ?

Et d'ailleurs, leur conduite fut imitée par la plupart des fonctionnaires de l'arrondissement de La Réole, sans doute d'après les ordres du sous-préfet, et à son exemple, puisque lui-même fit abattre le drapeau blanc chez le sieur Merle, avoué; cependant ils ne furent jamais considérés comme rebelles, ni comme prévenus d'avoir comprimé l'élan de fidélité des sujets de Sa Majesté.

Le sous-préfet, en parlant du drapeau blanc de l'avoué Merle, avait dit au baron de Montalembert, à l'officier Dumontet et au lieutenant de gendarmerie : « Je viens de le faire enlever, parce que je n'en souffrirai jamais aucun dans l'arrondissement jusqu'à ce que le préfet l'ordonne. »

Pellegrue avait eu les drapeaux blancs dès le 12 juillet. Une fête publique y fut donnée. César et Constantin, voyant que les drapeaux ne causaient aucun trouble, ne dirent rien, fidèles à leur système. Mais le maire Distrac, ancien émigré, fit scier l'arbre au pied, vers le 18, et fit disparaître tous les drapeaux blancs de sa commune.

Mais quels faits positifs pouvait-on imputer sur ce point aux frères Faucher ? Est-ce le cas de M. de Marin ? M. de Marin, propriétaire à Sainte-Croix du Mont, avait mis un drapeau blanc à sa maison, lorsqu'il apprit l'entrée du roi à Paris. Le commandant des troupes cantonnées à Saint-Macaire le fit arrêter et conduire à La Réole.

Constantin, pour le soustraire à la fureur des soldats, le fit conduire en prison. Douze heures après, il était libre.

Une observation qui n'est peut-être pas inutile, c'est que Constantin commandait les arrondissements de La Réole et de Bazas; que César n'avait aucun commandement territorial, qu'il était seulement maréchal de camp à l'armée des Pyrénées-Occidentales. Il paraît donc difficile qu'il eût pu en comprimer l'élan.

Serait-ce encore pour ne pas le séparer de son frère, que le conseil de guerre le condamna sous ce chef qui ne le concernait pas?

Enfin une note de Constantin établissait qu'il n'avait pas pu comprimer l'élan par la force des armes, n'ayant ni un soldat, ni une cartouche à La Réole. En effet, des lettres de lui au général Pégot, comme au général Clausel, disaient qu'il n'en fallait point; qu'il répondait du calme avee les seuls moyens du pays.

Il est un dernier point sur lequel une réflexion s'impose. A l'occasion de leur procès, le *Mémorial bordelais*, l'ordonnateur Lucot d'Hauterive et, un peu plus tard, Martignac fils, accusèrent les frères Faucher d'avoir fait traîner leurs concitoyens à la mort. La populace, que dans les moments de troubles il est si facile de faire crier, et cette foule de gens qui colporte les *on dit*, sans en chercher le but ni la cause, répétèrent et propagèrent les mêmes imputations.

Mais est-il probable, est-il même possible que des hommes rentrés sur leurs foyers peu de temps avant que la Terreur n'expirât au milieu de ses horribles convulsions, pour y rester étendus sur un lit de douleurs, aient pu exercer une influence aussi funeste et capable de faire monter des victimes sur un échafaud dont ils descendaient à peine eux-mêmes? Le pouvaient-ils lorsqu'ils étaient à l'armée? Le pouvaient-ils lorsqu'ils étaient devant le tribunal révolutionnaire de Rochefort? Le pouvaient-ils, enfin, lorsqu'ils étaient à La Réole, aux prises avec la mort, par suite de leurs blessures? La Terreur n'aurait-elle donc agité sa faux destructive que depuis le mois de mars jusqu'au mois de juillet 1794, temps où les deux frères étaient chez eux? Quelles craintes pouvaient-ils inspirer aux membres des tribunaux révolutionnaires pour les obliger à suivre leurs volontés?

Voici encore des faits qui établissent combien ces imputations sont fausses. César fut député en 1795 par l'arrondissement de La Réole, près les comités du gouvernement. A cette époque, Robespierre avait été renversé de son trône de sang, et tous ses adhérents, entraînés par sa chute, n'osant se montrer, vivaient environnés de l'horreur et de l'indignation qu'inspirait encore le régime atroce dont ils avaient été les affreux instruments. Ils étaient sans aucune espèce de crédit; se présenter avec leur suffrage eût même été un crime; il n'a donc pu être député par des hommes de ce parti exécré. C'est donc par la voix seule qui pouvait alors se faire entendre, par celle des bons citoyens, qu'il a pu être appelé à cette fonction. Peut-on penser qu'ils l'eussent confiée à un homme avide de troubles et dégouttant encore du sang de ses concitoyens?

Des lettres nombreuses qui leur furent adressées à cette époque confirment cette appréciation.

Voici ce que le comte de Marcellus écrivait à César :

Vous m'avez prouvé trop efficacement, cher citoyen, combien vous aimez à m'obliger, pour que je n'aie pas recours à vous avec confiance dans une affaire qui me tient bien au cœur. Je commence par vous prévenir qu'il s'agit d'une famille infortunée et innocente : ces deux motifs sont bien puissants auprès de vous; et vous connaissant comme je vous connais, je crois vous rendre service en vous mettant à même de secourir la vertu malheureuse. C'est de la famille Descoraille que je veux parler. Vous n'ignorez pas combien elle doit m'intéresser. Il s'agit des enfants de ma sœur et de leurs parents. Leurs vertus ont des droits sur votre âme sensible, et leur position doit vous toucher..

Adieu, cher et obligeant citoyen; croyez que mes sentiments d'estime, de gratitude et d'affection, dureront autant que ma vie.

M. Dunoguès écrivait à César :

Permettez-moi, mon cher concitoyen, d'espérer qu'à titre de parent, de condisciple et d'ami, je me réclame de votre bienfaisance ordinaire. Veuillez être, soit auprès de votre digne ami, soit au Comité de législation, l'appui de notre cause.

Encore une indiscrétion de ma part, mon cher concitoyen; me la pardonnerez-vous? Tout mon espoir est dans votre bienfaisance.

Sans vos bons offices dans cette rencontre, mon cher concitoyen, nous avons pour perspective la misère la plus affreuse. Veuillez accumuler aux bienfaits que j'ai déjà ressentis de vous, ce nouveau service d'un intérêt bien majeur. Et que mon amitié pour vous soit enracinée dans mon âme sous le double rapport de l'inclination et de la reconnaissance.

....

Votre nouvel avancement, mon cher concitoyen, m'a causé une joie bien sentie; j'aurais satisfait, avec plus de célérité, au besoin de la transmettre, si j'eusse plus tôt connu votre adresse.

Vous ne pouviez recevoir une nouvelle récompense de vos services, dans une occasion, ni sous des auspices plus heureux. Ils vous ont placé dans une époque non moins essentielle à la félicité publique que le 5 thermidor, et vous avez été un des premiers sauveurs du système de bien, de justice et d'humanité, sans lequel nous n'existerions déjà plus.

C'est dans le sentiment de l'enthousiasme, mon cher concitoyen, que je vous félicite d'avoir ainsi bien mérité de la patrie, tandis que votre frère contribue au bonheur des gens de bien de son pays en y maintenant le bon ordre et la tranquillité.

Admettra-t-on que c'est de La Réole et de ses environs qu'on leur eût ainsi écrit s'ils avaient été les bourreaux de leur pays? Et ne verra-t-on pas enfin que ces infâmes calomnies n'ont eu d'autre fondement que la haine de quelques hommes trop lâches pour se présenter à découvert et dont les Lucot d'Hauterive et les Martignac ne furent que les échos?

Nous n'ajouterons qu'un mot à ces réflexions, en l'empruntant à l'historien que nous avons cité plusieurs fois, de Vaulabelle : « C'est un des plus grands malheurs des temps de réaction politique de voir la justice faillir trop souvent à ceux qu'elle devrait protéger. Emportés par la lâcheté, ses interprètes, loin de lutter contre les passions dominantes, s'en font, au contraire, les instruments serviles; leur action, au lieu de se montrer tutélaire, vient en aide à l'arbitraire et à la violence; et le glaive que la loi leur a donné pour défendre le faible contre le puissant, mis au service du parti victorieux et des proscripteurs, ne frappe et n'atteint que les vaincus et les proscrits. »

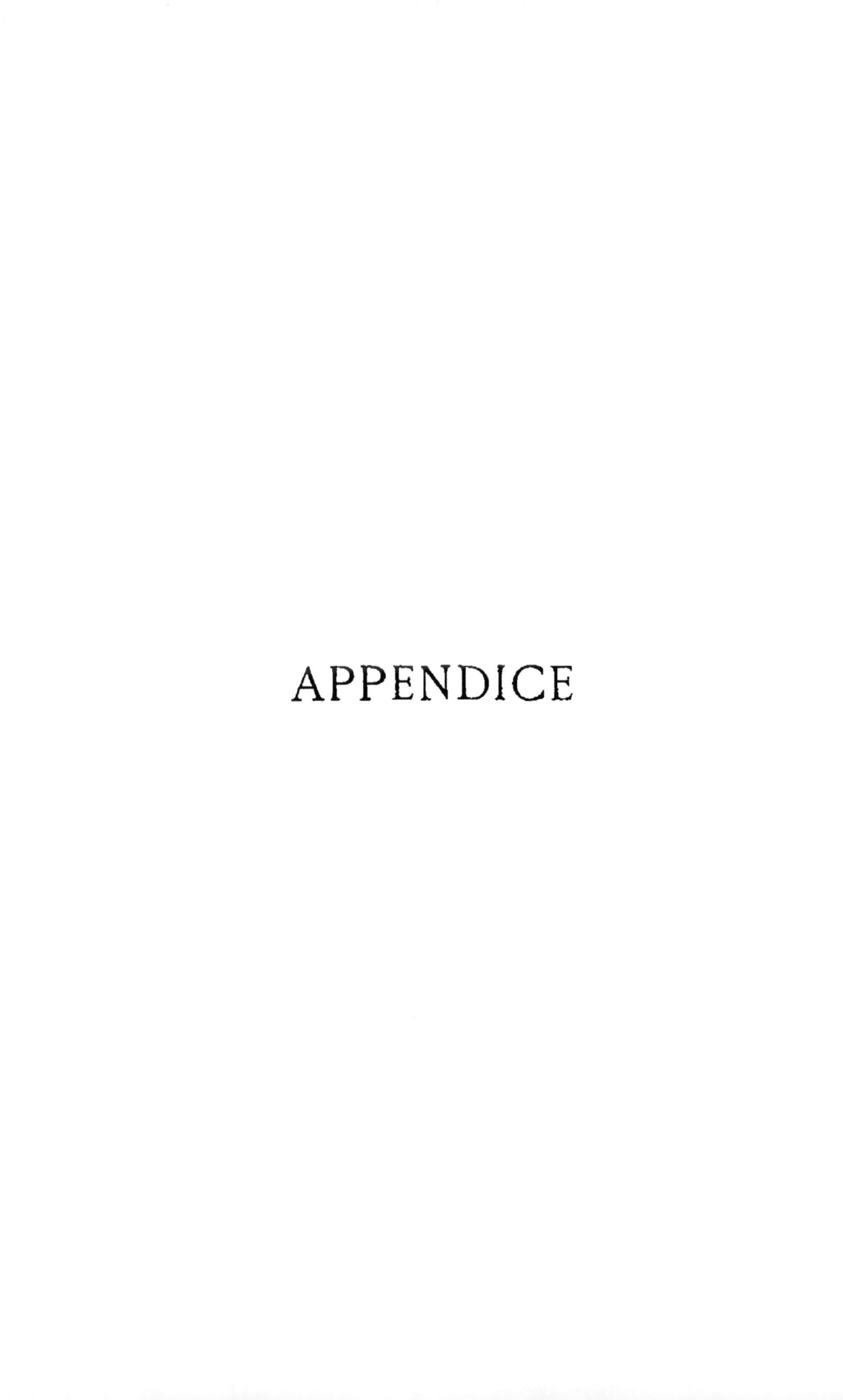

APPENDICE

JUGEMENT

D'un détachement colonial qui détruisit des drapeaux blancs à La Réole, le 22 juillet 1815.

César et Constantin Faucher étaient fusillés depuis plus de deux mois. On devait croire que la haine et la calomnie avaient épuisé contre eux leurs traits. Mais les hommes pour qui la diffamation est un besoin n'attendaient que l'occasion de se signaler de nouveau en leur prodiguant des outrages, sûrs, du moins cette fois, de n'être point démentis par ceux qui en étaient l'objet.

Le *Mémorial bordelais* descendit le premier dans l'arène.

La cour d'assises de la Gironde devait juger les individus, qui, le 22 juillet, avaient détruit des drapeaux blancs à La Réole. Voici comment le *Mémorial* rapportait ces faits :

> Lundi prochain, 11 de ce mois, doivent comparaître devant la cour d'assises trente individus prévenus des plus graves attentats, et qui sont habituellement désignés dans le public sous le nom de *fédérés de La Réole*.
>
> Le 22 juillet dernier, vers midi, un détachement du 1er bataillon colonial, composé d'hommes de couleur, et organisé sous le gouvernement de Bonaparte, arriva inopinément dans la ville de La Réole où il n'avait point reçu l'ordre de s'arrêter. Ce détachement était commandé par le nommé Casimir Duclos, employé dans ce bataillon en qualité de lieutenant, et par Joseph Varret, sous-lieutenant au 44e de ligne, arrivé dans le même bateau qui avait transporté ce détachement à La Réole.

Il paraît que cette troupe était appelée par des malveillants, *associés d'intention aux deux hommes dont les crimes ont reçu dans nos murs une juste punition.* Ces deux hommes et leurs nombreux agents n'avaient pu voir, sans fureur, rétablir le drapeau blanc sur les tours et les clochers de la ville, et ils tentaient tous les moyens de troubler la joie publique et d'opprimer les citoyens dévoués au roi dont ils avaient retenu l'élan pendant près de quatre mois.

Leur vœu coupable se réalisa; car les hommes composant cette petite troupe, après s'être rangés en bataille sur la principale place, se portèrent, accompagnés de quelques perturbateurs, à l'église Saint-Michel, enlevèrent le drapeau royal, le brûlèrent après l'avoir indignement lacéré sur cette même place où, quelques jours auparavant, un détachement du 5e régiment des chasseurs à cheval avait fait éprouver le même sort au drapeau blanc placé sur l'église Saint-Pierre. La maison d'un respectable ecclésiastique fut assaillie, et des efforts furent faits pour enfoncer les portes. Le sous-préfet fut obligé de faire à ces rebelles l'avance d'une partie de leur solde, sur la promesse de leurs chefs de s'éloigner; mais cette promesse fut éludée. Pendant tout le jour, la ville de La Réole fut en proie aux plus vives alarmes; la vie des habitants honnêtes ne paraissait point en sûreté; chacun tremblait de voir son domicile violé; des cris de rage se faisaient entendre de toutes parts. Le soir, des coups de fusil furent tirés; des passants furent poursuivis, et, pendant cette affreuse journée, cette soldatesque sans frein, encouragée par ses chefs, était aussi excitée par quelques mauvais sujets qui s'honoraient de faire partie de la *fédération*.

A la nuit, cette troupe quitta la ville et se porta dans la commune de Montagoudin; elle assaillit la maison de M. de Verduzan, força les portes, maltraita le seul domestique qui l'habitait. Les armoires y furent décrochetées par l'ordre de Duclos et de Varret, et tout y fut mis au pillage. Partie du linge et des effets fut livrée à la troupe; mais l'argenterie et l'argent monnayé furent la part des deux chefs qui, pour exécuter cette entreprise avec sécurité, avaient placé des sentinelles à la porte de toutes les maisons du voisinage, afin d'empêcher les habitants de se concerter et de se défendre.

La commune de Beaupuy fut ensuite envahie, et le maire

contraint à fournir des vivres. Heureusement, ce maire prévoyant avait expédié un exprès pour Marmande, dont la garde nationale prit aussitôt les armes et se porta à la rencontre de ces brigands qui, après un léger combat où un garde national perdit la vie, mirent bas les armes et se rendirent sans condition.

Parmi les prévenus, vingt-trois ont fait partie du détachement armé et les sept autres sont des habitants de La Réole (1).

(Extrait du *Mémorial bordelais*, n° 112, 10 décembre 1815.)

L'article du *Mémorial bordelais* donna lieu à la lettre suivante :

A M. Lavigne jeune, propriétaire du journal « le Mémorial Bordelais », rue Porte-Dijeaux, 17, à Bordeaux.

La Réole, le 12 décembre 1815.

MONSIEUR,

Nous venons de lire dans votre journal du dimanche 10 courant, que le lendemain lundi 11, trente individus, dont vingt-trois militaires du 1er régiment colonial, et sept, dits fédérés de La

(1) Il faut que le *Mémorial bordelais* compte bien sur l'indulgence de ses lecteurs. En commençant cet article, il dit que les *trente* individus mis en jugement sont habituellement désignés, dans le public, sous le nom de *fédérés de La Réole* ; et, en le finissant, il dit que *vingt-trois* ont fait partie du détachement colonial, et que les *sept* autres sont de La Réole. Parmi les sept il y avait *une femme et deux enfants*. Vingt-sept hommes qui veulent piller une ville de quatre mille habitants, qui y restent près de vingt-quatre heures sans que l'autorité paraisse vouloir les arrêter; qui craignent que les habitants de Montagoudin, petit village dont les maisons sont peu nombreuses, n'opposent de la résistance, y prennent des précautions dont ils n'ont pas fait usage à La Réole ! !... L'invraisemblance de ces détails n'a pas besoin d'être démontrée.

Réole, doivent être jugés. Ces individus sont accusés d'avoir enlevé, mutilé et brûlé des drapeaux blancs dans la ville de La Réole, et d'y avoir pillé, ainsi que dans la commune de Montagoudin, les maisons de quelques habitants désignés comme royalistes. Vous dites que « ces militaires avaient été appelés par deux hommes dont ils étaient les complices, qui ont subi dans les murs de Bordeaux la peine de leur crime ».

Ce que vous avancez, Monsieur, est faux. Ce n'est point par l'ordre des frères Faucher que ces militaires sont venus à La Réole, que les drapeaux blancs ont été détruits, et c'est encore moins par leur ordre que les maisons de quelques habitants ont été pillées.

Nous n'ignorons pas que des ennemis des frères Faucher avaient, après l'arrestation des nègres à Marmande, et lors de leur premier interrogatoire, insinué à ces brigands de déclarer que *tout ce qu'ils avaient fait n'était qu'en vertu d'ordres à eux donnés par les frères Faucher*. Vous avez suivi, et vous avez rendu compte, dans votre journal, les débats de la cause importante des frères Faucher portée devant le conseil de guerre de la 11e division militaire. Vous avez donc pu remarquer, Monsieur, que les juges ayant reconnu la fausseté de la déposition de deux témoins à ce sujet, il ne fut plus question, dans le cours des débats, d'imputer aux frères Faucher les désordres et les crimes commis par le détachement du régiment colonial.

On ne voit rien non plus dans le jugement qui ait rapport à l'affaire des individus du régiment colonial ; et nous ne savons pas, Monsieur, pourquoi, de votre autorité privée, vous vous permettez d'insulter à la mémoire des frères Faucher en les désignant complices de ces malfaiteurs.

Les frères Faucher étaient aussi accusés d'avoir embauché pour les rebelles et détourné de leurs drapeaux des soldats du roi, en les engageant à joindre la bande de Florian. Ils furent déclarés non coupables de ce dernier fait, qui seul peut se rapporter aux nègres.

Les frères Faucher qui, pendant vingt-cinq ans, se firent remarquer par leur attachement à la cause républicaine, ont pu être rebelles envers leur roi et s'armer contre son autorité : le glaive des lois les a frappés pour ce fait, et ils sont dans la tombe.

Une tête cassée pour désertion, rébellion ou trahison, ne déshonore pas une famille. Mais un individu condamné pour avoir ordonné le pillage ou le vol est flétri : son nom et sa famille sont marqués du sceau de la réprobation, et les liens qui l'attachaient à la société sont rompus. Ainsi, il importe à l'honneur de la famille Faucher que deux de ses membres ne soient point avilis. Car il est facile de prouver que les faits dont vous les accusez, ainsi que le libelle injurieux sorti des presses de la veuve Cavazza, ont été inventés par les ennemis des frères Faucher ; mais comme la haine et la calomnie cherchent à les accréditer, nous devons, par tous les moyens, faire connaître leur fausseté !

Les frères Faucher étaient nos amis, nos parents et nos bienfaiteurs. Nous sommes si certains de leur innocence dans cette cause et dans tout ce qui les concerne, hors leur jugement, que nous vous déclarons, et s'il était nécessaire nous le déclarerions dans un tribunal et à la face de la France, que nous sommes prêts à nous mettre en leur lieu et place, et encourir la peine qui leur serait réservée s'ils étaient vivants.

Nous avons l'honneur de vous saluer.

Casimir Faucher, Gustave Faucher.

Il n'est pas nécessaire de suivre cette cause dans tous ses développements, parce qu'elle ne se rattache nullement au procès des frères Faucher. Mais il ne sera pas inutile de faire mention de ce qui leur est relatif.

Dans la séance du samedi 16, le substitut du procureur général, en examinant séparément les divers faits consignés dans l'acte d'accusation, et en indiquant les témoignages qui se rapportaient à chacun d'eux, soutint que tous, à l'exception du vol fait au sous-préfet de La Réole, étaient prouvés et justement qualifiés par l'accusation ;

mais ce magistrat ne parle pas de César et de Constantin.

La séance du dimanche 17 fut consacrée à entendre la défense des prévenus. De Martignac fils était chargé de celle de Varret, et en outre de présenter le tableau général de la procédure.

Le *Mémorial bordelais* publia la plaidoirie de M. de Martignac. Voici les passages où il parlait des frères Faucher :

Si vous croyez qu'il faut une épreuve et une punition, vous les infligerez; mais vous penserez que la société peut être vengée et le repos public assuré, sans que l'humanité ait à déplorer la mort d'un homme que sa jeunesse seule semblerait défendre contre elle.

Messieurs, le sang a tant coulé sur le sol français depuis quelques années, qu'il est permis d'en devenir avare; les crimes qui vous sont dénoncés aujourd'hui sont, vous n'en doutez pas, l'*ouvrage des deux frères*, dont La Réole conservera longtemps l'effrayant souvenir. Ces deux coupables ont payé *leurs forfaits* de leur vie: vous ne confondrez pas l'égarement avec *le crime*, l'erreur d'un jour avec la *scélératesse* de vingt-cinq années, j'oserai même dire la victime avec *les bourreaux*.

(Extrait du *Mémorial Bordelais*, nº 121, 19 décembre 1815.)

On vendit séparément, dans les rues de Bordeaux, les passages de cette plaidoirie publiés par le *Mémorial bordelais*.

Comment de Martignac fils pouvait-il employer des moyens aussi odieux pour défendre son client? Lui était-il permis de chercher à le sauver aux dépens de l'honneur de ceux qui ne pouvaient se défendre du fond de leur tombeau? Il ignorait donc que l'honneur est un bien mille fois plus cher que la vie; qu'il lui survit, qu'il est la plus précieuse des propriétés de famille, et que si César et Constantin, dans le silence de la mort, ne pouvaient plus se faire entendre, la voix de leurs parents parlerait pour eux ?

De Martignac oubliait qu'ayant recherché à Paris, sous le Consulat, l'amitié de César, il n'avait cessé d'être en relation avec les deux frères jusqu'à la fin de 1814, c'est-à-dire presque jusqu'à la fin des *vingt-cinq ans de scélératesse.*

FÊTE DE SAINT LOUIS A LA RÉOLE

(*25 août 1816*).

Cette rage qui fait tout entreprendre lorsqu'on a la certitude de ne courir aucun danger, caractérisa bien quelques ennemis de César et de Constantin Faucher.

Le 25 août 1816, fête de saint Louis, la garde nationale de La Réole, revenant de la messe et de la parade, ayant en tête le sous-préfet Pirly, passa, dans la rue Lamar, devant la maison Faucher, où n'avait jamais paru le cortège d'aucune cérémonie religieuse civile ou militaire : lorsqu'elle fut arrivée devant une des portes et sous une des fenêtres de cette maison, on lui fit faire halte; aux cris de : *Vive le Roi !* on mêla ceux : *A bas les Faucher !* prononcés et longtemps répétés avec l'accent de la fureur, et cela onze mois après la fin tragique de César et de Constantin.

On ne s'en tint pas à ces démonstrations atroces d'une haine qui survivait après tant de temps à la mort de ces deux frères : des gardes nationaux sortirent de leurs rangs et assaillirent une porte et un mur de clôture à coups de baïonnette et de crosse de fusil. Cette scène se passait et continuait sous les yeux des autorités, sans que l'on songeât à la faire cesser, lorsque des gardes nationaux honnêtes, révoltés de semblables excès, manifestèrent leur indignation contre ceux de leurs camarades qui en étaient les auteurs ou les instruments. Le sieur Saint-Quentin, qui n'appartenait à aucune magistrature, pas même à la garde nationale, parvint à les rappeler dans leurs rangs et à faire remettre le cortège en marche.

Rien ne s'ignore dans une petite ville, et l'on savait bien que Mlle Anaïs Faucher était alors seule dans cette maison, celui de ses frères qui, dans ce moment, habitait La Réole, étant parti pour Bordeaux.

Casimir Faucher, neveu de César et de Constantin, avait réuni, en vue de la réhabilitation de ses oncles, des documents très volumineux et très importants. La veuve de Casimir Faucher avait chargé une personne de La Réole, de laquelle nous tenons ces détails, de les vendre pour l'aider à vivre. Le mandataire s'empressa de les offrir au conseil municipal. Mais la commission nommée par cette assemblée refusa d'acquérir cette précieuse collection, non à cause du chiffre du prix demandé (600 francs), mais parce que les jumeaux de La Réole avaient été accusés de bonapartisme !

On ne commente point de pareilles inepties.

Le 7 novembre 1892, l'auteur de ce livre, voulant préciser quelques points de détail, particulièrement sur des dates et des chiffres, demanda à M. le général Ferron, commandant le 18e corps d'armée, l'autorisation de consulter, dans les archives du conseil de guerre, certaines pièces du dossier des frères Faucher.

Il est bien évident qu'il n'entendait pas demander la moindre communication des pièces qui avaient précédé ou suivi les débats, mais au moins de ce qu'on appelle les notes d'audience, de ce qui a pu être dit en audience publique.

Le 18 novembre, l'auteur recevait la réponse suivante :

18me CORPS D'ARMÉE
—
ÉTAT-MAJOR
—
1re section.
—
No 1921.

« *Le général Ferron,*
commandant le 18e corps d'armée, à M. Dalbaret,
publiciste,
14, rue Cabirol, à Bordeaux.

« Bordeaux, le 18 novembre 1892.

» Monsieur,

» Par votre lettre du 7 novembre courant, vous m'avez demandé l'autorisation de consulter, dans les archives du conseil de guerre de Bordeaux, le dossier du procès des généraux Faucher, en 1815.

» J'ai le regret de vous faire connaître qu'il ne m'est pas possible de vous donner satisfaction.

» Il est, en effet, de règle constante de ne donner qu'aux parties connaissance des pièces de procédure, en raison des graves inconvénients qui pourraient résulter de leur divulgation.

» Il me paraît d'autant plus *nécessaire* de ne pas me départir de cette règle, que cette affaire dite « des Jumeaux de La Réole » touche à des passions politiques non encore éteintes et qu'il ne convient pas de les raviver en publiant les documents officiels de l'époque.

» Agréez, Monsieur, l'assurance de ma considération distinguée.

» *Signé* : Général Ferron. »

Le dernier paragraphe de cette lettre est trop curieux pour nécessiter des commentaires, mais il méritait d'être placé sous les yeux du lecteur.

Le ministre de la guerre, M. de Freycinet, répondit, lui, qu'il refusait une autorisation que l'auteur ne lui demandait pas.

En effet, l'auteur, dans une lettre qu'il adressait au ministre, à la date du 20 novembre 1892, lui donnait une copie de sa lettre du 7 au général Ferron, puis une copie de la réponse de celui-ci, reproduite plus haut.

Il terminait ainsi :

« Je fais appel à votre haute appréciation, Monsieur le ministre, au sujet du dernier motif que veut bien me donner M. le général Ferron, pour appuyer son refus et que je ne me permettrai pas de commenter.

» Je me bornerai, Monsieur le ministre, à vous prier de considérer que, dans le livre que je vais publier et qui, s'il n'a pas d'autre valeur, aura du moins celle d'être une tentative en faveur d'une œuvre de justice et de réparation trop tardive, on verra, avec étonnement, figurer à côté des nombreux documents authentiques que je possède, le motif de refus que je vous signale.

» Je suis, etc. »

— Voici la réponse de M. de Freycinet :

MINISTÈRE
DE LA GUERRE

DIRECTION
DE LA CAVALERIE

Bureau
de la
justice militaire.

N° 4118.

RÉPUBLIQUE FRANÇAISE

« Paris, le 5 décembre 1892.

» *Le Ministre de la guerre à M. Dalbaret, publiciste, à Bordeaux.*

» MONSIEUR,

» J'ai reçu la lettre que vous m'avez adressée dans le but d'être autorisé à consulter dans les archives du conseil de guerre de Bordeaux le dossier du procès des généraux Faucher, en 1815.

» J'ai l'honneur de vous faire connaître qu'il est de principe absolu, dans le service de la justice militaire, de ne communiquer les procédures qu'aux magistrats dûment saisis d'une instance qui s'y rapporte.

» Dans ces conditions, j'ai le regret de ne pouvoir donner suite à votre demande.

» Agréez, Monsieur, l'assurance de ma considération distinguée.

» *Signé* : DE FREYCINET. »

Il est bon de remarquer que la lettre du général Ferron dit que les pièces de procédure ne peuvent être communiquées *qu'aux parties*, et que celle du ministre dit *aux magistrats dûment saisis d'une instance qui s'y rapporte.* — Il faudrait s'entendre.

Est-il bien sûr, d'ailleurs, qu'on *pourrait communiquer* soit aux *parties*, soit à des *magistrats*, TOUTES les pièces relatives à l'assassinat juridique des généraux Faucher?

Voici une chanson qui, vers 1835, était très connue à La Réole et dans les environs :

Cessons de chanter les amours,
Les fleurs, les bosquets, les fillettes;
Du printemps laissons les beaux jours,
Laissons les dieux des amourettes,
Laissons la chanson, le rondeau,
La romance et la gaudriole :
Français, pleurons sur le tombeau
Des deux jumeaux de La Réole. (*Bis.*)

Oui, là reposent ces héros,
De nos guerriers les vrais modèles;
Pour d'éclatants, nobles travaux,
Furent, comme des criminels
Mis à mort, quel triste tableau !
D'y penser, j'en perds la parole.
Français, pleurons sur le tombeau
Des deux jumeaux de La Réole.

Je les ai vus, ces conquérants
Recevoir les deux épaulettes
De colonel en même temps,
Pour prix de nombreuses conquêtes.
Jusque-là pour eux tout fut beau,
Mais la France changea de rôle,
Ce qui fut cause du tombeau
Des deux jumeaux de La Réole.

Quoi ! c'est la Restauration
Qui s'est souillée d'un pareil crime !
Que maudit soit toujours son nom,
Car elle a fait une victime.
Mais Dieu mit fin à ce fléau :
Renversant eux et leur idole,
Il fit triompher le drapeau
Des deux jumeaux de La Réole.

Oui, leurs bourreaux sont dans l'enfer,
Rongés de remords, de souffrances,
Tourmentés du noir Lucifer,
Tandis qu'eux ont des jouissances.
Quel bonheur ! pour prix du Très-Haut,
Parmi les preux du pont d'Arcole
Sont là, brillants comme un flambeau,
Les deux jumeaux de La Réole !

(*Auteur inconnu.*)

***

De 1827 à 1832, au Théâtre des Nouveautés, fondé par Langlois, sur une partie de l'ancien passage Feydeau, fut joué un drame de MM. Rougemont et Alexis Comberousse, intitulé *les Jumeaux de La Réole*, et que les chroniques du temps citent comme ayant obtenu du succès.

Paris. — Imprimerie A. Bellier et Cie, 7, rue Baillif.

www.ingramcontent.com/pod-product-compliance
Ingram Content Group UK Ltd.
Pitfield, Milton Keynes, MK11 3LW, UK
UKHW020157250726
13967UKWH00003B/1110